# 家は買うものでなく
# つくるものでもなく
# 育てるもの

佐々木善樹

CONTENTS 目次

# 第3章 「ツクリ」の育て方 081

装丁・本文デザイン：
溝端 貢（ikaruga.）、福田拓真

# 序章

# 家は「買うもの」ではなく「つくるもの」でもなく「育てるもの」

家は「育てる」という感覚を持つことが大切です。家はどこかの段階で完成するものではないのです。それは、その家で暮らす人が時の流れの中で日々成長し老化し、変化してゆくからです。第1章では自ら「新築」した家に自ら「リノベーション」を繰り返してゆく住み方こそ理想だと記しています。

家には時の流れの中においても変わらずになくてはならない部分と、柔軟に変化してゆかなければならない部分があります。前者は構造や断熱といった性能の部分です。そして後者は間取りや設備です。前者を「器」と呼び、主に第2章で記します。後者は「ツクリ」として第3章で記します。

家をつくるには大きなお金が必要です。一生に一度の大仕事と構えざるを得ないために、この時とばかりにできることをすべてやろうとしてしまいま

す。その結果として最大限のローンを組むことになりますが、「育てる家づくり」のお金の考え方は違います。第4章では新築をしながらリノベーションを繰り返してゆくための軍資金、お金のしくみを記します。

**家**づくりは「依頼」によって始まるものではなく、自らの「学び」からしか始まらないのです。自分にはどんな家が必要なのかと「学び」の中から自問自答してゆく作業、そして次に、建築家と共につくるという「共創」のプロセスが大切だと考えます。第5章では設計の進め方について記します。

**家**の工事は工務店に頼むものという考え方を少しだけクールに見直して、「必要な部分だけを頼むことはできないか」と考えます。第6章では、「育てる家づくり」を楽しむ方法として、すべてを工務店に頼まないことを記しています。

**家**を「育てる」という視点で考えると、そこには本当の意味での完成はないのかもしれません。あえて未完成な育てがいのある状態から暮らし始めるのが面白いと考えます。そもそも完成させることを目的とする必要はないのではないか。第7章では「育てる家づくり」のケーススタディとして具体的な育て方の例を示します。

**家**は暮らしながらリソート（Re＋Thought＝再思考）するのが良い。従って一度に完成させるのではなく、未来への可能性を残した未完成な家が理想です。終章では、リソートの過程にこそ家づくりとそこで暮らすことの醍醐味があると記します。同時にこれからの時代の建築家のやるべきやくわりもそこにあると示します。また本書を書くに至った思いも記しています。

**家**づくりの事例として巻末に、「育てる家づくり」の1つの解を図面として紹介します。

**本**書は最初に0章を置き、〝「育てる家づくり」の秘密〟として概要を記しています。まずはここを読めば「育てる家づくり」とは何なのかについての全体像が理解できます。この0章の中は1項から7項で構成されています。これは、その後の1章から7章に連動しています。例えば0章の2、〝「器」から始める家づくり〟は、そのまま第2章のタイトルとなっています。

本書を読み終えた時、「家は育てるもの」という感覚を持ってもらえたら幸いです。

佐々木善樹

# 0章 「育てる家づくり」の秘密

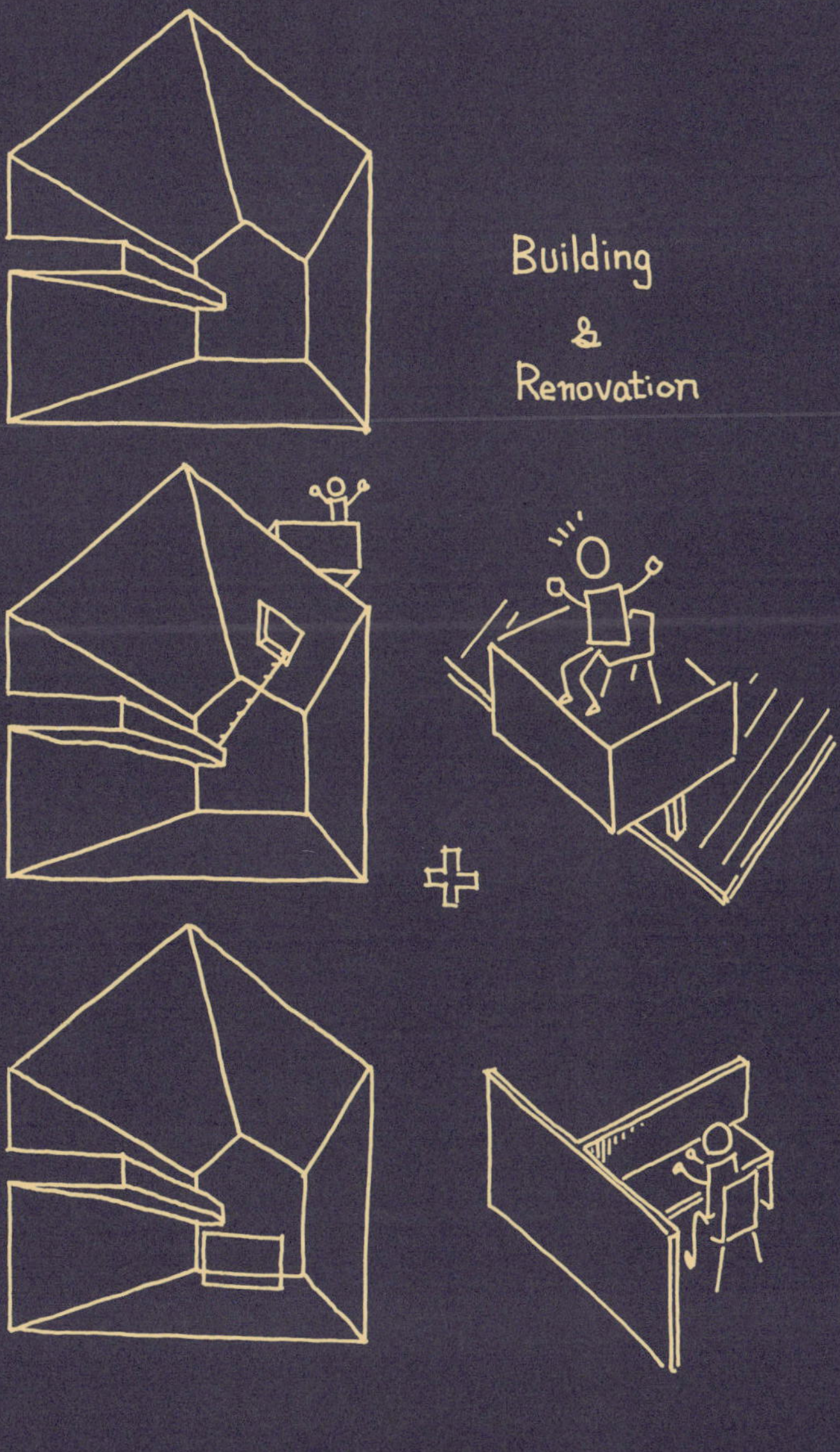

# 01

# 「新築」&「リノベーション」という考え方

『自らつくった家に自らリノベーションを繰り返してゆくイメージです。時間をかけて育ててゆく、「建てて終わりではない家」のことです。「家づくり」は「暮らし方づくり」なのだともいえます。』

① 住みながら手を加えてゆくことが前提の家づくり

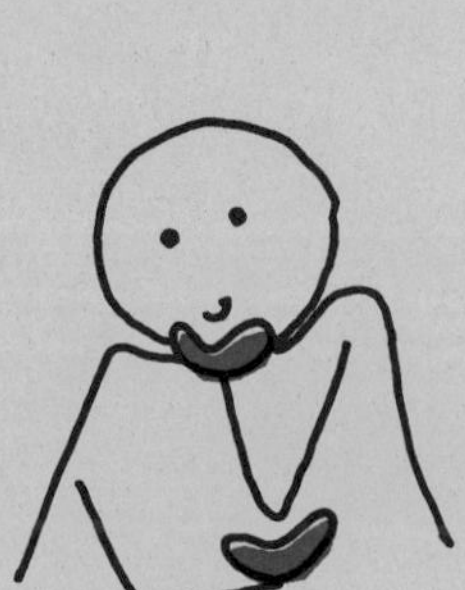

これまでの家は「建てて終わり」の家づくりでした。ハウスメーカーや工務店、例え建築家に依頼をしても、数カ月の間に一気につくりあげてしまう家づくり。内容の質はさまざまでも、一度に完成まで持ってゆく家づくりの方法に変わりはありません。供給側（ハウスメーカーや工務店）からすればとても良い家づくりの方法です。一気につくってすぐに利益が上がるからです。ダラダラとやっていては売り上げが上がらないわけです。そして完成後の定期点検はあるものの、連絡なきは良い知らせとばかりに疎遠になってゆきます。

家はこれまでずっと何を疑うこともなく、こうやってつくられてきました。しかしそれではダメなのです。家は建てたあとが大切なのです。建てたあとのことを最初の設計の段階から考慮した家づくりが本当の家づくりなのです。住みながら必要に応じて、少しずつ手を加えてゆくことで家は育ってゆきます。大変だと思うでしょうか。面倒だと思うでしょうか。しかし本来、家とはそういうものだったと思います。当然のことながら家は住み手のものです。そうである以上、これはやむを得ないことなのです。そしてこれはとても楽しい家づくりの始まりなのです。発想を変える必要があります。

「人」も「家」も、時の流れの中で予期せぬいろいろなことが起こるものです

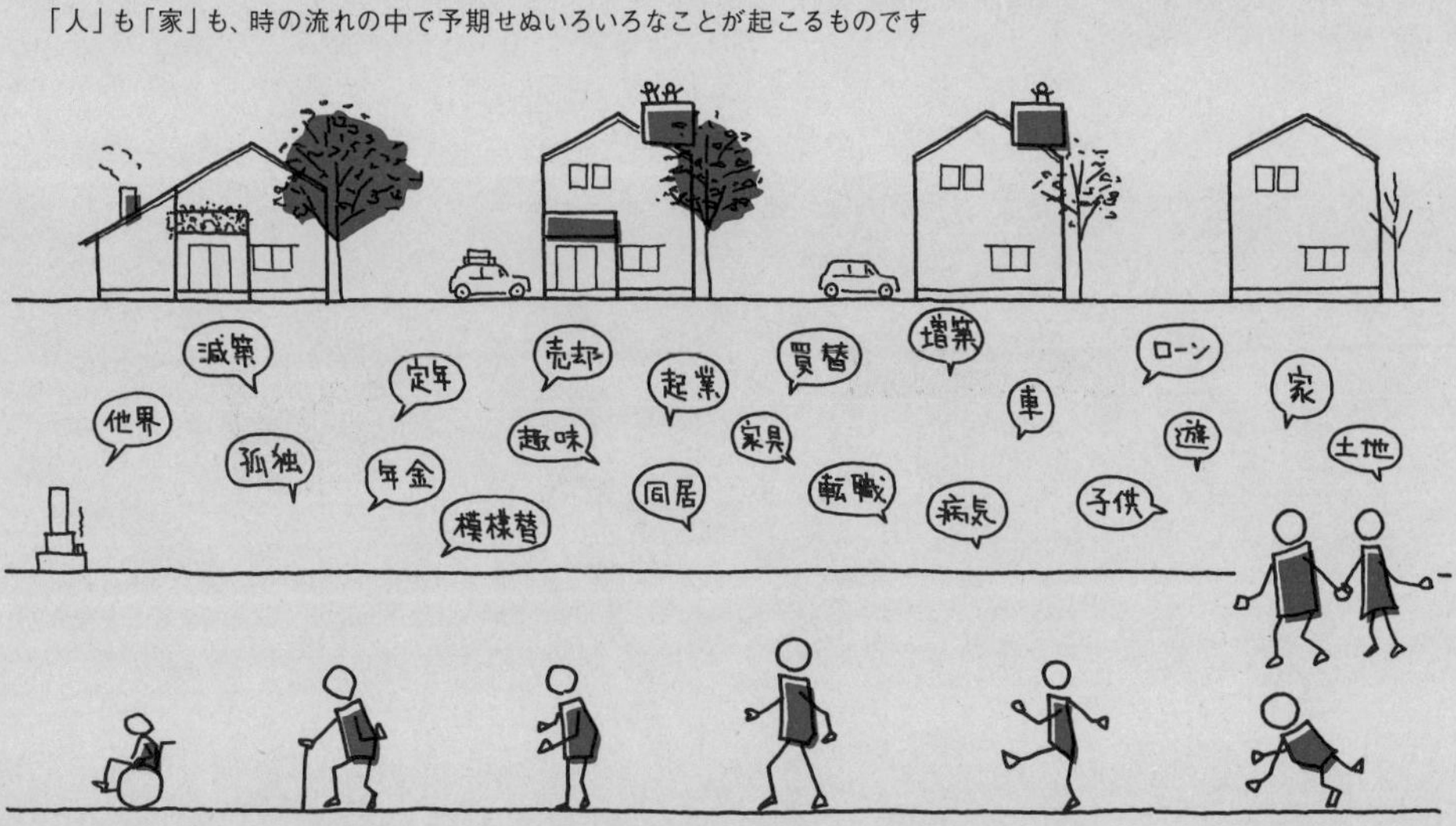

## ② 将来のためのしくみを考える

「育てる家づくり」とは、自らが新築した家に自らがリノベーションをしてゆくような家づくりです。「新築＆リノベーション」な家づくりです。5年後の家族の姿をイメージしてみる。10年後、20年後、30年後はどうでしょうか。今すべてを考える意味も必要もないと思います。その時のために今準備をすることは20年後のための住宅を考えることではなく、その時にリノベーションができるためのしくみづくりなのです。まずは長い間の何回ものリノベーションに耐えられるしっかりした「器」、魅力のある「器」をつくることが最初にやるべき大切なことです。

# 02

# 「器」から始める家づくり

## 『家は最小限の「器」から始めるの

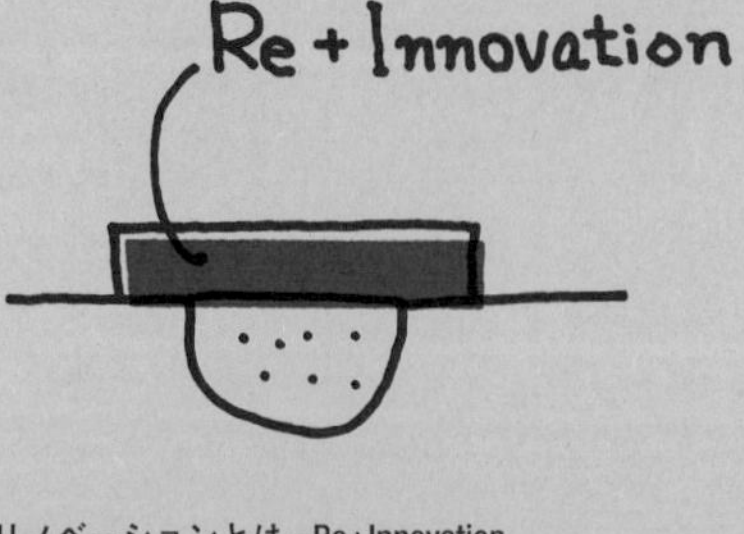


**リノベーションとは =Re+Innovation**
新たな要素や意味を加えることで、これまでとは別の全く新しい価値のあるものへと変化させてゆくことをいいます。凹んだところを戻すのではなく、新しい何かを加えることでプラスアルファのものへと刷新してゆくイメージです。

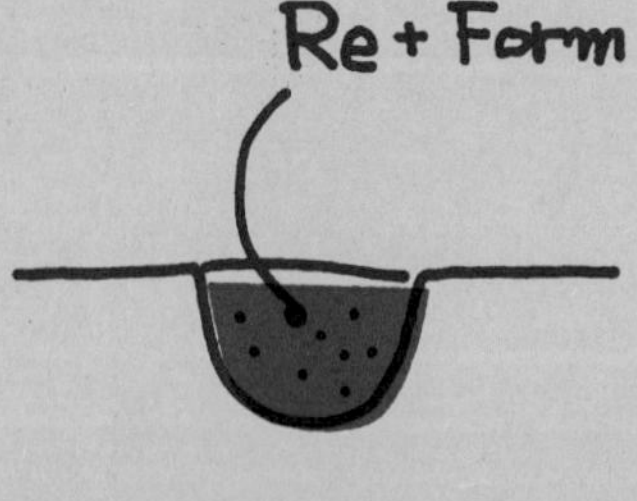


**リフォームとは =Re+Form**
古くなったり壊れたりした建物やその一部を新築の状態に戻すことをいいます。凹んだところを平らに戻す、マイナスになってしまったものをゼロに戻すといったイメージです。

が良いと思います。家は住み手に合わせて成長してゆくべきものです。だから最初は小さくて良いし、軽微で良いと考えます。……ただし質にはこだわります。』

家は時の流れと共に住み手に合わせて育ててゆくものだと思います。最初に一気に完成させてしまう家づくりは、例えば子供の時に、成人して歳をとってゆくまでの衣服を一度に買い揃えてしまうようなものです。いったいどのような体型になるのか、どのような趣味嗜好となるのかわからないまま、一気にお金を借りて一生分の衣服を買う。そのようなことをするはずもないのに、家はなぜかそのようなことをする。なぜなのでしょうか。そこには家を供給する側、つまりビジネス上の論理が隠れているように思います。

どのような家が良いかと考えると、家は生活を包み込む「器」の

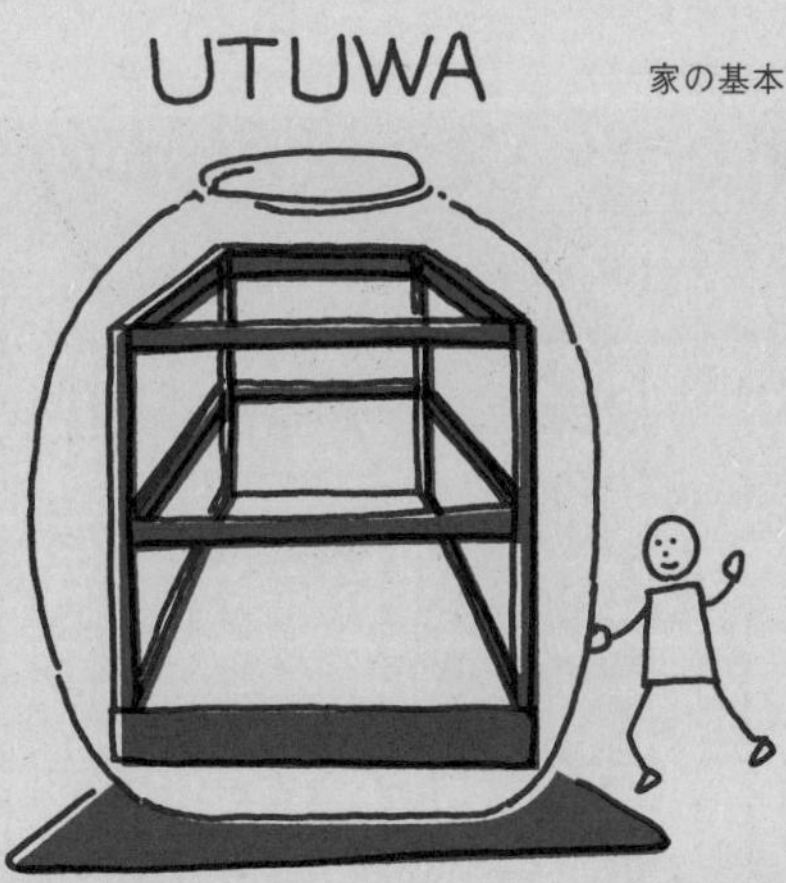


家の基本骨子は器のようにありたい

ようなものが良いと思います。あまり細かな細工は不要です。少し無骨な、しかし心のこもった上等な「器」があればそれで充分です。将来何が起こるかわからない、その多様な人生をすべて受け止めてくれるような「器」です。

これまでの家づくりの常識にとらわれずに真に必要な家づくりについて考えてみる必要がありそうです。

## 03「ツクリ」の育て方

「ツクリ」とは器の中につくられる間仕切りや設備を指します。最初につくった「器」の中で「ツクリ」は育てられていきます。

## 『世界でたった1つのあなただけ

器の中にさまざまな「ツクリ」を“つくり込む”イメージ

の家づくりの方法です。なぜならそれは住みながら、住み手自身が考えてゆく家づくりだからです。一生分のオモイのすべてを最初に要望書にまとめることは不可能なのです。

「世界でたった1つのあなただけの家」……、セールストークとしては本当に素晴らしい言葉です。ハウスメーカーも建築家もすぐに使う言葉です。

人は百人百様、皆違います。だから家も皆違って当たり前なわけです。建築家は一生懸命にその住み手の人となりを探り、その人が大切にしているモノやコトを探します。そうやって少しでもその人にぴったりとくる家をつくるように頑張るのです。しかし実際には

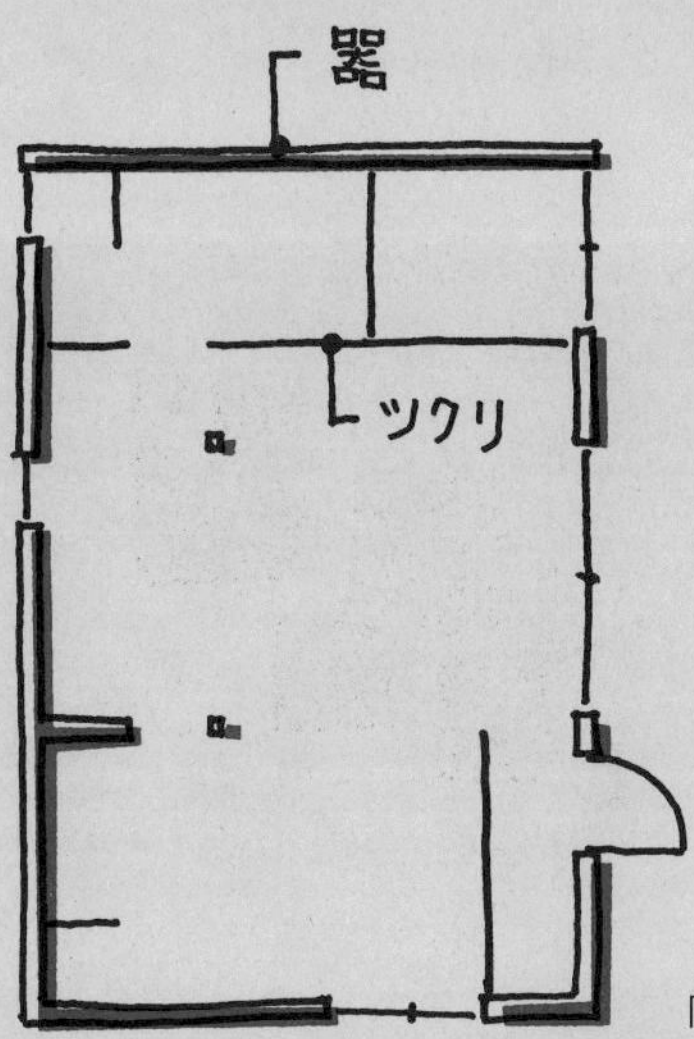


「器」の中で自由に育てる「ツクリ」

とても難しい。今日現在、その時点で満足してもらえる家をつくることは可能かもしれません。しかし10年後の予測は不可能です。本人でさえもできないのですから、他人ができるわけがありません。

発想を変える必要があります。一生を過ごす「世界でたった1つの私だけの家」は、住みながら自らが家を育ててゆくことでしか実現できないのです。

中身の部分、本書でいう「ツクリ」を、模様替えを繰り返すようにリノベーションを繰り返しながら家は育てられてゆくのです。

## 04

# お金のしくみ

『一度に大きな費用をかけ過ぎない家づくりです。住宅ローンは現代

「ツクリ」にはたくさんの可能性があります

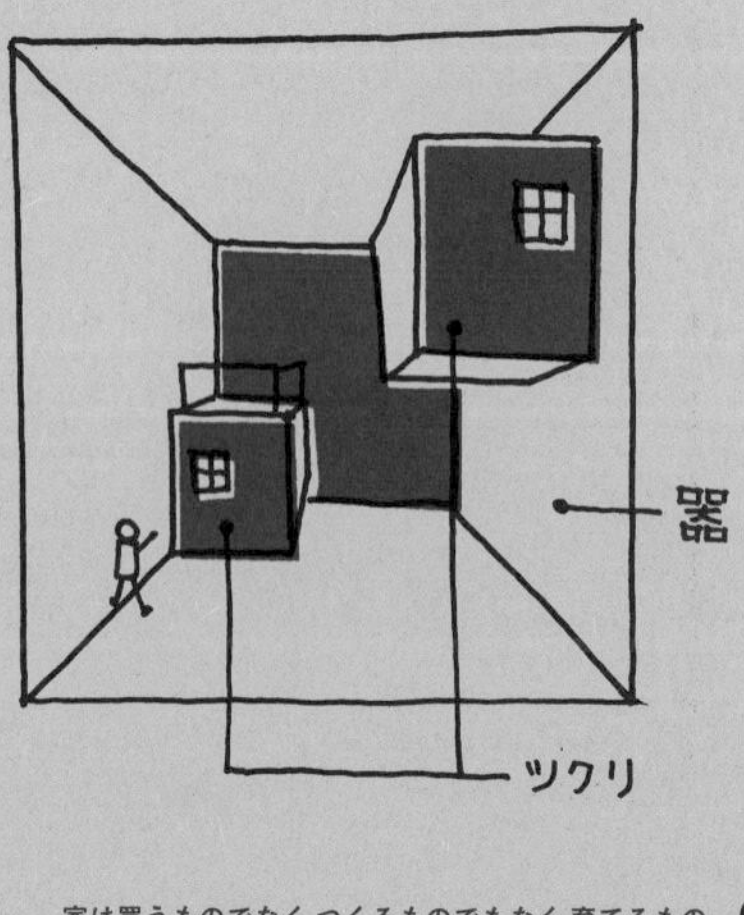


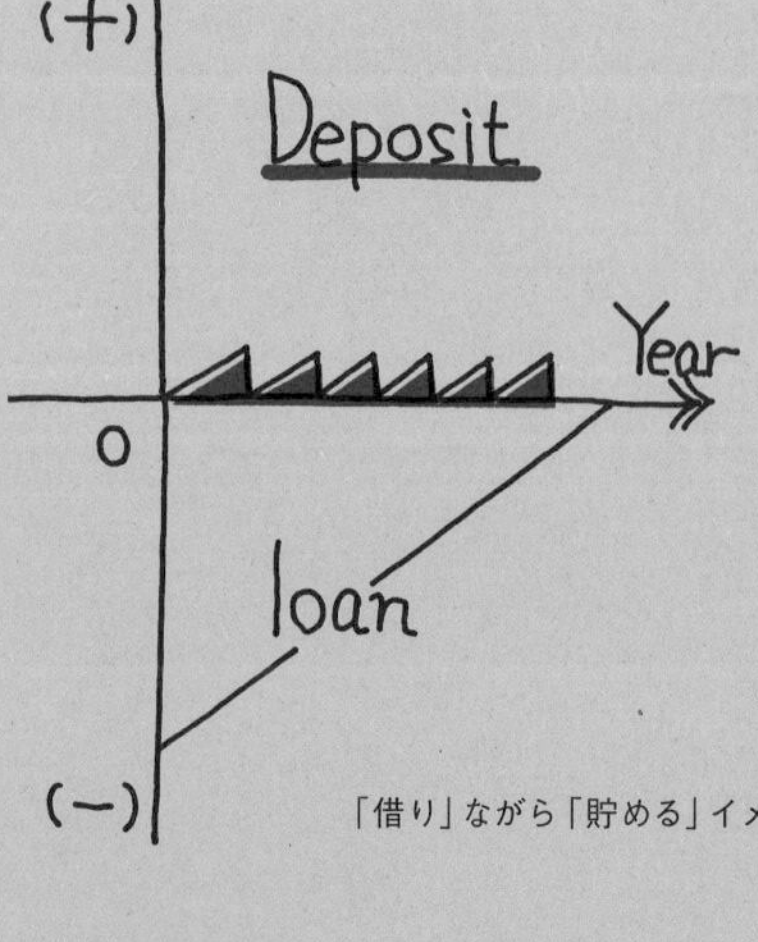


「借り」ながら「貯める」イメージ

# 社会の多くの人にとって必ずしも適正ではないしくみです。借りながら貯める！ 新しい家づくりのためのお金のしくみが必要です。

育てる家づくりは住みながら少しずつ手を加えてゆく家づくり。このような家づくりは最初に大きな費用をかけ過ぎない家づくりともいえます。小さくつくって大きく育てる。まずは「器」の部分に多くのお金をかけますが、あとから育てる「ツクリ」の部分には極力お金をかけないようにします。

家は細かな細工をしなければローコストになります。基礎工事にかかる費用は全体の8％、柱や梁など主要構造部は9％程度、屋根板金には4％、外壁には6％程度、開口部のアルミサッシには5％程度です。実は上等な「器」と最小限の設備をつくるための費用は全体の75％程度に過ぎないのです。

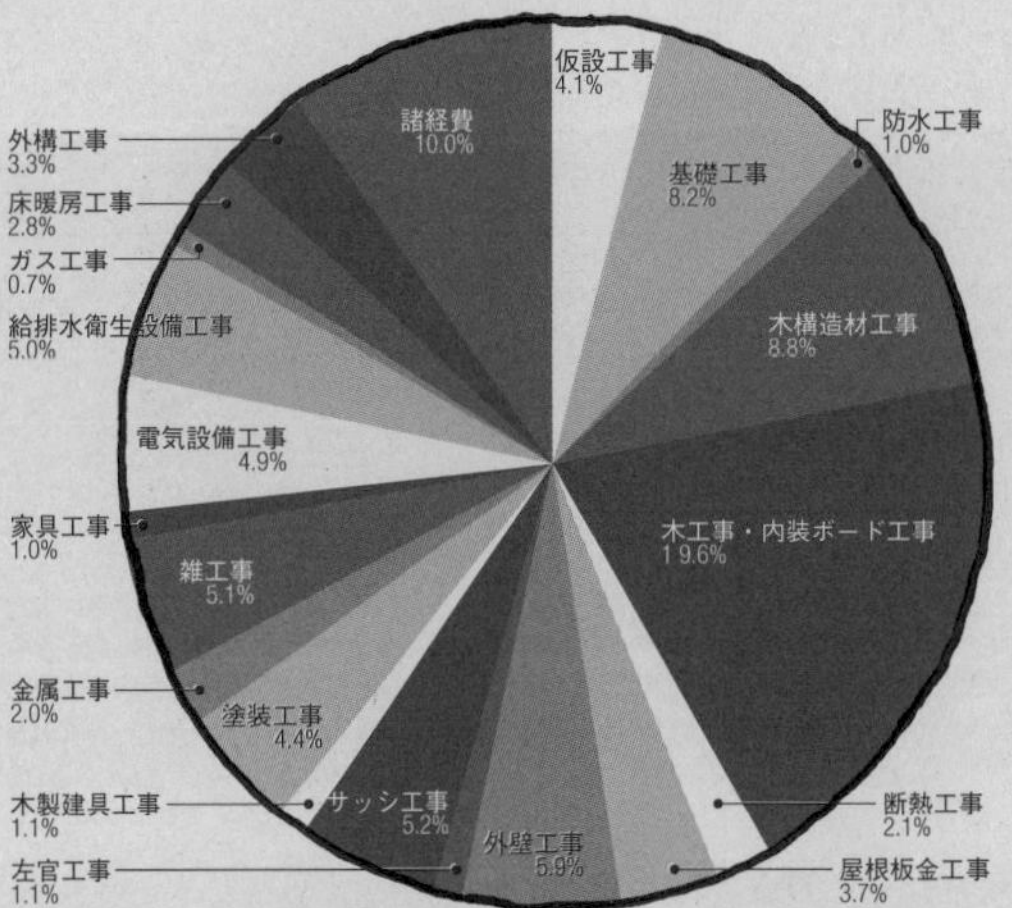


建築工事費内訳比率

永く大切に育てるために必要な部分にのみお金を使うことが大切です。最初は極力大きなローンを組まずに、残りの部分は預金に回す。その預金は「我家のリノベ基金」とするのです。発想を変える必要があります。

## 05 「学び」から始まる「共創」のプロセス

『設計の段階から参加してみることはとても素敵なことです。建築家と共に積極的に設計に関わるということです。要望をまとめて伝えるだけでなく、自ら学び、共に

セミナーに参加してみる

# つくる＝「共創」という考えです。』

自分で間取り図を描いてみる、模型をつくってみる。住宅展示場に行くのではなく、家づくりに関わるセミナーに参加してみることこそが家づくりのスタートだと考えるべきです。

設計に関わるといってもそんなことが可能なのでしょうか。確かにそう簡単なことではありません。従って自らの「学び」が必要となります。そして建築家と共につくる、「共創」というプロセスが大切になります。セミナーに参加してみることも良いですし、採用してみたい材料を実際に見にいってみることもお薦めです。そして何より自分で間取り図を描いてみることです。上手く描けなくても良いのです。簡単なことではありませんが、それでも描いてみることで建築家に自分が大切に思っていることが何なのかをより明確に伝えられます。模型をつくってみることも楽しいことです。設計をする者は必ず模型をつくります。立体にして確認するためです。昨今ではコンピューターグラフィックスの発達で手軽に3次元画像を描くことが可能になりましたが、家づくりにおいては模型の説得力には叶わないのです。

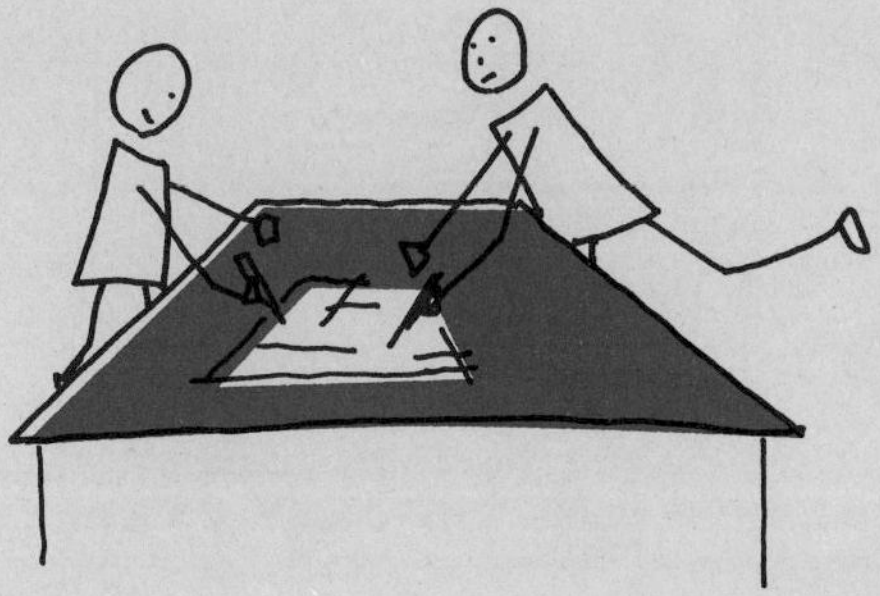

共に「創る」

06

# すべてを頼まない家づくり

『何でも工務店に頼まない、頼り過ぎない家づくりです。ちょっとだけ自分でやってみる。自分でやらなくても、やれる人に別に頼んでみる。育て方の技術を最初の工事中に練習しておくことにもなります。』

設計が始まるとたくさんの打ち合わせを行い、設計図をつくりま

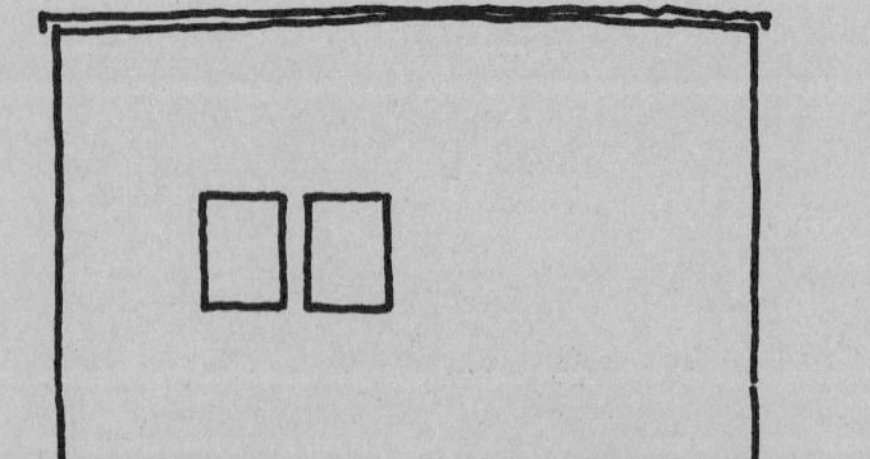

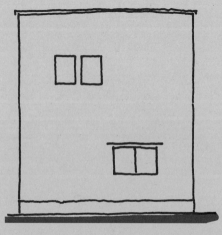

最初はつくり込まない家から始まります

す。設計図が完成すると、これを工務店に渡して見積もりをしてもらいます。小さな住宅でも50枚ほどの図面となります。優良な工務店ほど見積書も細密なものになり、それを設計者が細かく査定します。見積書は材料費と工賃と工務店の利益でできています。つまり材料を支給すれば工賃だけでつくってくれるし、逆に材料だけを注文して工事は自分で行うということも可能だということです。もちろん両方共自分でやることも可能です。当たり前のようにすべてを工務店に頼まないこと、依存し過ぎないことが良いのです。

工務店には主に「器」の部分を依頼します。それ以外の部分は「自分でもできないか？」と自問自答するくらいの考え方で良いと思います。

壁のペンキを塗ってみる。フローリングのワックス仕上げをする。左官に挑戦する。家具を別注してみる。時には古材でつくるなんて楽しいことも実現可能です。しかし１人でやるには少々不安もあるかもしれません。そこで助っ人を頼みます。そうやって家づくりのほんの一部でも自分でやってみることがとても大切なのです。住んでからの育て方の練習にもなります。

もちろん傍らには建築家の存在があります、工事中の現場にはプロの職人さんもいます。相談しながら決めてゆけば良いでしょう。

自分でつくる部分を残しておくのが楽しい

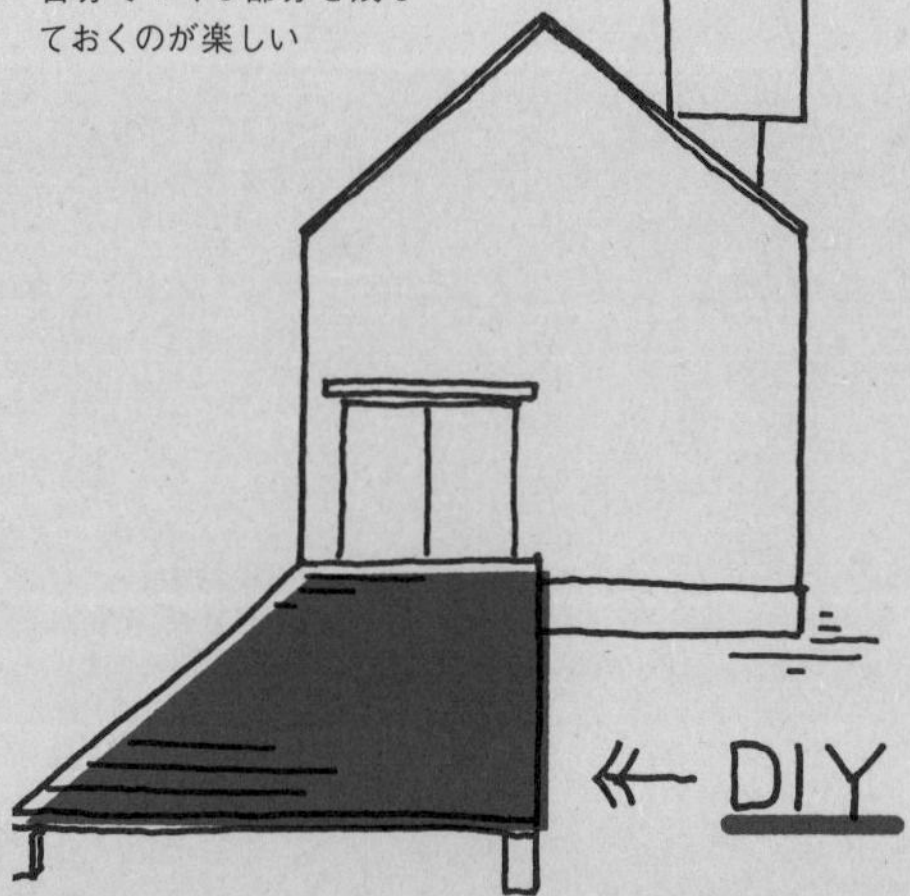

07

# 「育てる家づくり」のケーススタディ

『家づくりの本領は住んでから……暮らし始めてからが大切です。だから家は暮らしながら育てるのが良いのです。「育てる家」での暮らしはリゾートフルで毎日が面白いのです。「育てる家づくり」のオモイが詰まった「器」と「ツクリ」のケーススタディを紹介します。』

「育てる家づくり」の暮らしながら育ててゆくという理念を実践した1つの家のカタチの具体案を提案します。

まずは暮らし始める最初の家のカタチを「器」として提案します。可も不可もない標準的な土地を想定して、実直で堅牢な人生のすべてを支える「器」がどのような仕様でつくられるのかを解説します。正確な構造計算に基づいた構造体、将来の多様な変化に対応しやすいシンプルなプラン、将来への可能性を持ちつつも、コストパフォーマンスに重点を置いた外装材の選定。法令遵守のアルミサッシの開口部とオーダーでつくる鋼製の玄関ドア。塗装による石膏ボードや合板仕上げの内装材。快適な生活を支える環境に優しく省エネルギーな温熱環境。短命な設備機器をオーダーメイドとすることで広がる自由で楽しい世界。器具ではなく、光そのものが大切なのだとする照明デザイン。

これらを具体的に提示します。

次に10年後、20年後のカタチを予測してみます。部屋ごとに具体的な「ツクリ」の育て方を示します。玄関を独立した空間とし、シューズクローゼットをつくる方法や、居間についてはクラシカルティス

再考

Re + Thought + Ful

思慮深い

???＝深く再考する

↓

育てる家づくりのオモイ

トから北欧テイストにまでさまざまに変化が可能なカタチを提案します。ダイニングルームとキッチンはあえてアイランド型を壊し、老後の楽しみや趣味のための大きなダイニングキッチンへの改造や、外部からの新たなアプローチをつくる方法も提案します。サニタリールームや生活のしやすさを求めた収納、「器」の段階ではなかった子供室のつくり方やその後の転用の方法、その他収納の充実など、無限に広がる「ツクリ」の育て方について提案します。

本章では〝「育てる家づくり」の秘密〟として、自らがつくった家に自らがリノベーションを繰り返してゆく家のつくり方の全体像を示しました。次章、第1章からはその一つひとつについて具体的な方法を記します。完成を目指すのではなく、暮らしと共に少しずつつくり上げてゆく、「育てる家のつくり方」をご覧ください。

# 01 「新築」&「リノベーション」という考え方

01

# 家づくりは人生を楽しむ道具の1つ

家は完成させる必要がないのです。なぜなら家は育ててゆくものだからです。住み始めたその日から、新たな「育てる日々」が始まるのです。

家づくりは骨の折れる作業の連続です。出来合いのマンションを購入するのであれば数カ所への署名捺印だけで完了です。商品化された住宅を購入するのも、カタログに載っているものの中から選択し組み合わせることで家は建ちます。しかし「育てる家づくり」は

考えなければならない作業が連続します。1人で住む家であればまだ良いですが、家族が多ければ意見も異なります。それでも「育てる家づくり」はとても楽しいものだと思っています。考えるべき作業が多いということは、それだけ自由で多様な可能性があるということの裏返しだからです。

ある完成間もない工事現場で、ある時、こんなことがありました。

完成の2週間ほど前のことです。現場は最後の追い込みに必死です。各種検査の予定も組み始めたところです。その家は建て主のこだわりも多く、かなり凝った家でした。設計には予定以上の時間を費やし、工事は比較的順調に進んだものの、完成時期は予定を少々オーバーしていました。建て主はその完成度にとても満足されていましたが、スケジュールが押していたことを気にしていた私を呼び止めて、こんなことを言いました。

「これで終わってしまうんですね」

最初は意味がよくわかりませんでした。

「この1年余りの家づくりが終わってしまうと思うととても寂し

自ら建てた家を自らリノベーションを繰り返してゆくイメージ

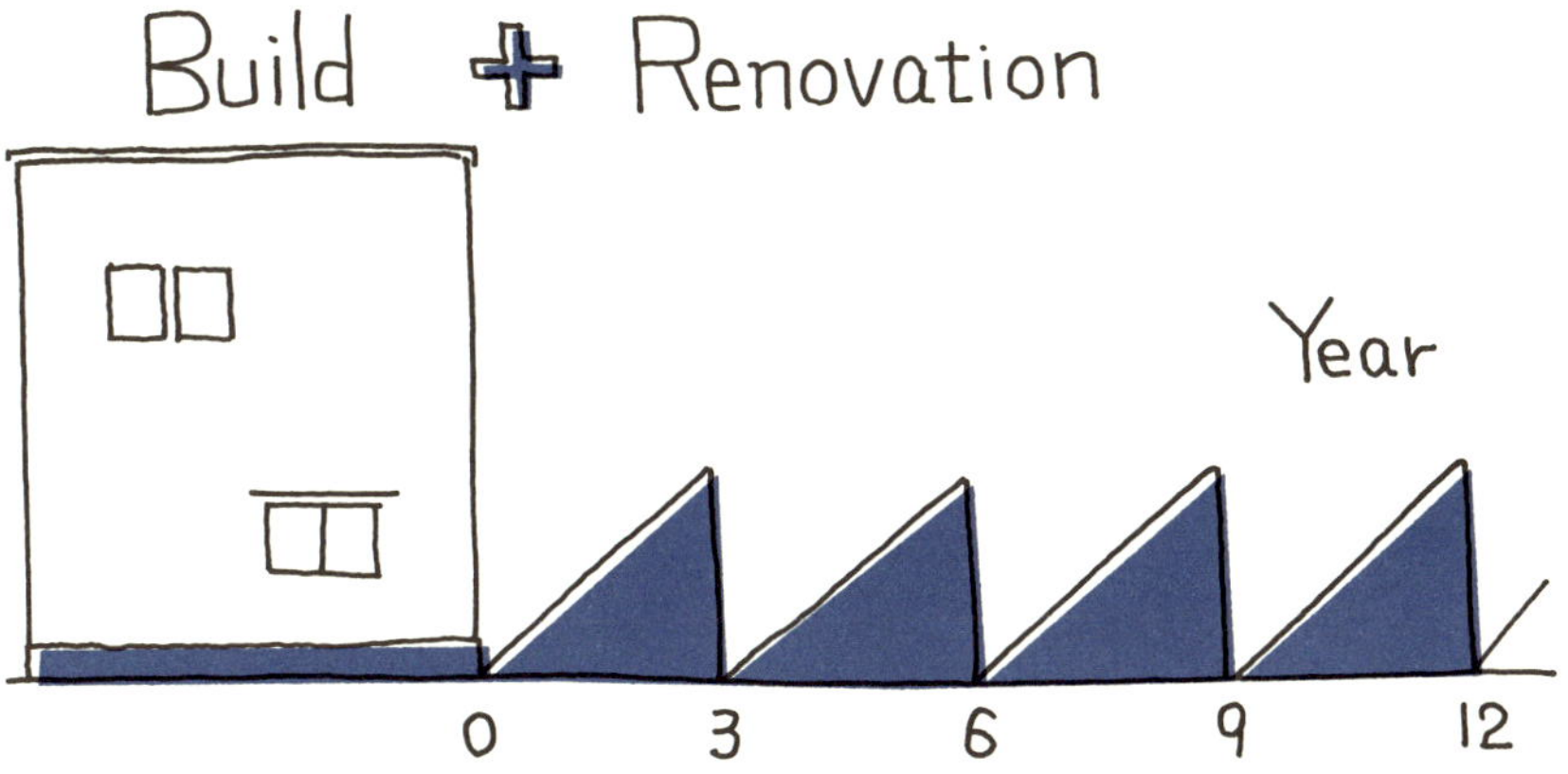

いです。もう最後ですけれど時間をかけてゆっくりやってください」

ちょっと驚きました。建て主は急いで終わりにしなくても良いと言うのです。私は早くこの家に住みたいとは思わないのだろうかと、逆に少々不安な思いになりました。

この住み手は新しい家での暮らしもさることながら、家づくりそのものをとても楽しんでくれていたのです。それは私にとって、とても意味のある出来事でした。自ら「家づくりのプロセスを楽しみましょう」と言ってはいたものの、それがどれほど通じているものなのか、確信がなかった頃の出来事でした。

その後、この住み手とは永いお付き合いが始まり、家づくりについて私は多くを学ぶことになります。今では同じような考えに至ったたくさんの住み手の方々と、住んでからの出来事について情報を交換したりしながら交遊を育んでいます。これらの経験の中から私は1つの答えに確信を持てるようになりました。これは家づくりにとってたいへん重要なことであり、私のその後の家づくりを大きく転換させてゆくことになりました。

生活しながら、少しずつ完成させてゆくのが最も素晴らしい家づくりのカタチなのだと思います。つまりこれは「新築」&「リノベーション」です。

昨今、「Re + Innovation」=リノベーションがたいへん注目されています。なぜでしょうか。第1には経済性だと思われます。そしてもう1つは個性の表現とでもいうべきか、特に若い世代にあるインテリアに対する強い指向によるものだと思われます。

例えば新築マンションの購入を考えた場合に比べて、中古であれば割安で購入することができて、その差額で充分に自分の思ったデザインのリノベーションができます。新築のマンションがあまりに画一的でつまらないものしかないことも原因の1つでしょう。夢を

叶えたリノベーションの事例は雑誌やインターネットサイトでたくさん見ることができます。

このような経済的な理由とこだわりのデザインへの欲求がリノベーションの面白さとなりますが、それだけではないようにも思います。過去にも「リフォーム」が注目を集めた時代がありました。しかしそれとは内容が大きく異なるように思います。現代のリノベーションが持つ特有の面白さには、この他に2つの注目すべき特徴があると考えます。

## 第1に「セルフリノベーション」という発想です

リノベーションの場合、構造体をいじらないとすればあとは設備と電気、そして内装インテリアです。設備や電気は専門家に任せなければならないにしても、インテリアの部分はひょっとすると自分でできるかもしれない。いや、電気も照明器具やスイッチプレートといったパーツならば自分で取り付けたり改良したりできるかもしれない。そう考える人が多くなったことがリノベーションの大きな流れをつくったと考えられます。またインターネットでさまざまな

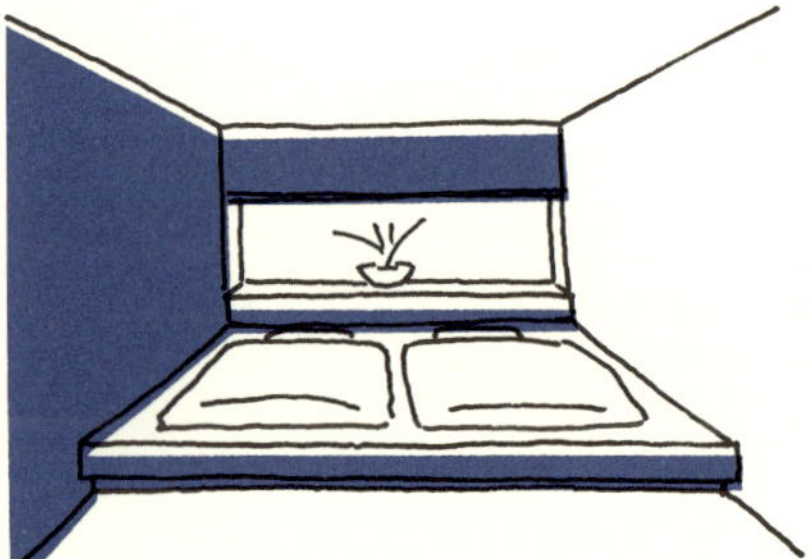

インテリア関連の素材が手軽に手に入るようになったことも大きいでしょう。信じられないことですが、ほんの数年前まで、専門業者でなければ買えないものばかりだったのです。今では何でも、それもプロが買うのと変わらない、場合によってはプロが困ってしまうほどの安価で購入できるものも少なくないのです。

あるデータによるとフランス人女性の趣味の第1位はガーデニング、第2位はDIY、つまり日曜大工だそうです。これはヨーロッパの先進国ではある程度共通しているデータだそうです。「衣食住」は生活の基本的な要件を表す言葉ですが、生活の知的文化度が高まれば当然、その1つである「住」についての欲求も高まり、インテリアについてこだわり、自らリノベーションに関わりたいと考える人が増えるのは当然の流れです。

## 第2に「つくり続ける」というオモイです

従来のようにすべてを専門家に依頼するという家づくりの中では生まれてこなかった発想です。ほんの一部であっても自らの手でつくるという工程を踏んでできた家だからこそ、時の流れの中で手を

同じ「器」でも「ツクリ」次第で和にも洋にも自由自在

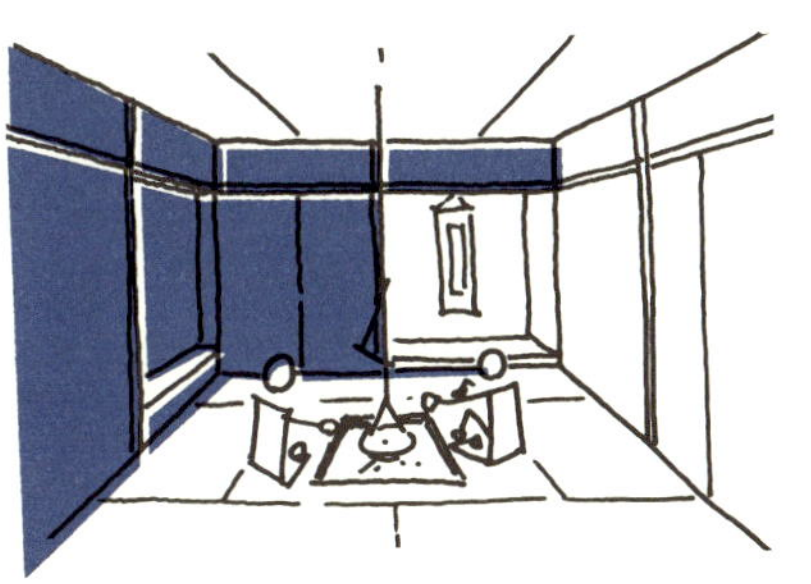

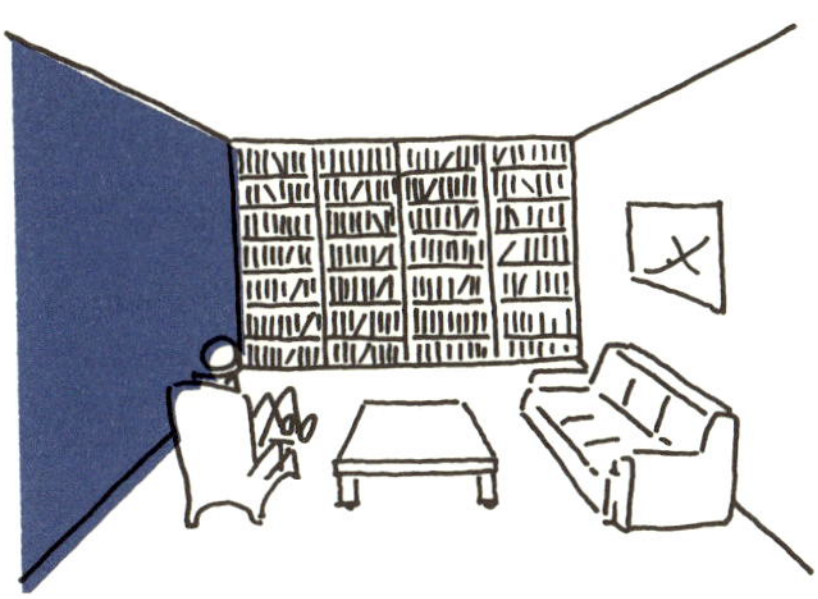

加えてゆくという思いになるのだと思います。その都度、業者を呼んでいるのでは話になりません。

家にはそもそも維持管理が必要なことは皆がわかっていることだと思いますが、理解されているのは耐久性に対することだけのようにも思います。傷んだから直すということです。時の流れの中で手を加えていくとは、物理的な面よりはむしろ、ライフスタイルの変化、趣味嗜好の変化、使い勝手の変化など、極めてソフトウェアな面に対する維持管理のことなのです。

「新築」&「リノベーション」とは完成のないこと、終わりのないこと、つまり家づくりを通じて生涯を楽しむという思いです。

# 02 一生を通じて良いと思える家などない

**家をつくるという、本来ならたくさんの夢を育む作業が、逆にその後の人生を決めてしまうようならば、それは止めたほうがいい。**

家はおそらく生涯の買い物で最も高額なものだと思います。従って多くの人が家を建てる際には長期の住宅ローンを組みます。遠い将来のことまでしっかりと考えて家を建てようと思います。当然の流れです。しかしこれが問題です。遠い将来のこと、本当にわかるものでしょうか？

仮に35歳の夫婦が家を建てようと考えたとします。フラット35を利用して住宅ローンを組めば、支払い完了時には70歳。さてさて。この35年間にこの家庭に起こりうることは？

子供が生まれ、育ち、独り立ちする。親が同居する、または他界する。車を買う、買い替える。仕事が変わる、会社が変わる。起業する。定年退職する。病気をする。家族を亡くす。趣味が変わる。趣味を増やす。家を売却する。転居する。家を貸す。家具を買い替える。家を修繕する。設備の交換。大地震が起こる。……ｅｔｃ。

35年のローンを組むということはその間に起こりうるたくさんの出来事に柔軟に対応しなければならないということです。そのためたくさんのことを設計者に伝えます。そうやって家をつくろうと考えます。しかし、本当にそんなことができるのでしょうか。それは難しい、というよりは無意味なことだと思います。多くの建て主そのようなことが難しく無意味なことだと充分にわかっていながらも、高額の住宅ローンを返済しなければならないために、無理やり35年をイメージして家づくりを行います。

人生はそんなに単純ではありません。予期せぬことがたくさん起きます。良いほうにも悪いほうにも振れるのです。だから人生は楽しいともいえますし厳しいともいえるのだと思います。

考えても決してその通りにはならないから、私たちは生きていられるとも思えてきます。

成長し続けるリノベーションの木

03

# 家のメンテナンスとリノベーション

「リノベーション」とは日々の「メンテナンス」の延長線上にあるものなのかもしれません。リノベーションを繰り返す住み方は家を慈しむという意味ではメンテナンスと類義語なのです。

家を持てば維持管理が必要です。マンションを購入しても修繕積立金として毎月1・5～2万円を管理組合などに積み立てることになります。設備配管のやり替えや防水、外壁や外構の修繕など、概

ね10年ごとの大規模修繕に費やされます。しかしこれは共用部分の修繕で自宅部分は別です。いくら修繕積立金を支払っていても、自分のところの修繕に使われるものではありません。ですからマンションを購入した場合は自宅部分用の維持管理費を貯めておく必要があるのです。

一戸建て住宅の場合はなおさらです。仮に建った時と全く何も変えずにそのまま住んでいたとしても、およそ10年ごとには家のあちこちを修繕する必要が出てきます。外壁の塗り替え、張り替え、防水補修、設備配管の洗浄や交換などは必ず必要な作業となります。

これら家のメンテナンスはどんな家を建てようとも避けては通れないことなのです。

本書でいう「リノベーション」と、この「メンテナンス」は全く別のものですが、しかし考え方は同じ方向にあります。

「メンテナンス」とは傷んだところ、壊れたところを元の状態に直すことです。「リフォーム」と同じ意味と考えてよいです。これに対して「リノベーション」は刷新です。手を加えて何か別の新しい価値を加えることです。つまり凹んだ穴を埋めるのがメンテナンス、そこに新たな何かを盛りつけるのがリノベーションといえるのです。

「新築」&「リノベーション」な家づくりは、完成を目的としない家づくりです。完成という概念をなくして、常にその時どきの暮らしに適応するように家を育てること、つくり続けることそのものを楽しむ家づくりなのです。

# 02
# 「器」から始める家づくり

01

# 家は人の体と似ています

家は構造体と内装外装材と設備からできています。いってみれば人体とよく似ています。人の体が、骨と肉や皮、それと内臓や血管からできているとすれば、家の構造体は骨、内装外装材は皮と肉、そして設備は人の体の内臓や血管といえます。つまり家にも人の体と同じようにこれらがバランス良く構成されていなければならず、そして健康管理、つまり維持管理が必要なのです。

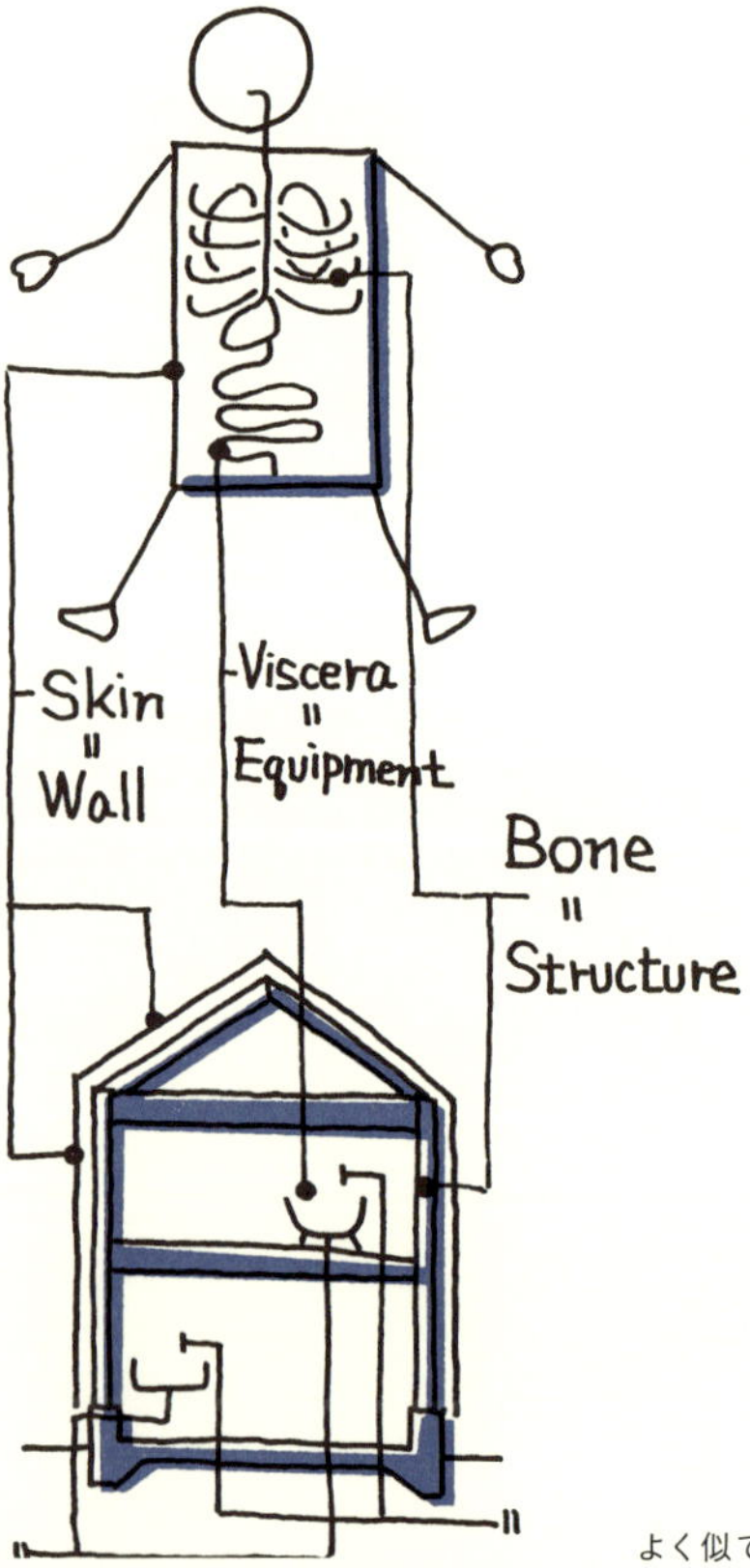

よく似ている「人」と「家」

本章でいう「器」は、人体でいえばまさに骨と主要な肉や皮といったところです。丈夫な骨格がまずは何より大切になります。

## 02
# 家は「器」のように

家は人を入れる器、家族を入れる器だと考えるのが良いと思います。まずは信頼のおける器をつくることが、「育てる家づくり」の第1歩となります。建設地の周辺環境をしっかりと読み込み、地勢に即した器づくりが大切です。採光通風に配慮したパッシブデザインへの配慮も必須です。

少なくとも百年は耐えうる「器」をつくらなければなりません。

### 第1に丈夫でしっかりしていることです

雨露をしっかりと防ぎ、地震や火災など災害や、外敵から家族を守るための頑丈な器です。少々無骨な厚手の陶器のイメージです。

時の流れの中でいかに環境が変化しても、いつまでも変わらずにそこにある。そんな頼りがいのある器のイメージです。

## 第2にシンプルで機能的であることです

余計な装飾などない素朴な器をイメージしています。例えば花器、どんな花を活けても絵になるような素朴さを求めます。

懐石料理で使われる八寸という皿があります。文字通り八寸サイズ（約24㎝角）の皿のことですが、料理人はそこに盛りつける2〜3種類の食材で多様な料理を演出し客をもてなします。シンプルで無駄のないデザインがあらゆる状態に適応できます。家もそうありたいと考えます。一生という時間の中で、多様な場面が起こるはずです。あらゆる場面にフレキシブルに適応できる柔軟な家が理想です。

## 第3に使うほどに美しいことです

例えば漆器。きちんと手入れをして、使い方を間違わなければいつまでも美しく私たちを楽しませてくれます。ただ使わないでし

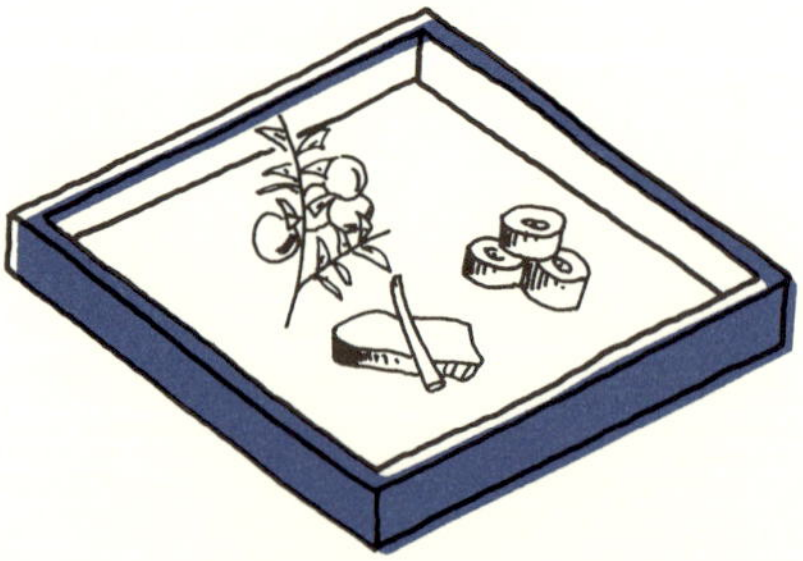

多彩な盛りつけで客を楽しませる八寸皿

まっておいてはその味わいは出ません。家も同様です。正しく大切に使うことでいつまでも美しさを保ちます。美しさは好循環します。いつまでも大切にされます。

例えば割れた陶器。大切に使ってもかたちあるものは壊れることがあります。しかし陶器は漆や金で接（つ）いであげれば、そのひび割れもまた「景色」となります。プライスレスな新たな価値となるかもしれません。

家も同様です。漆喰（しっくい）の壁は時をかけて硬化してゆきます。その間に予想外の環境の変化や地震などの外的要因でひび割れが生じることもあります。大きなひび割れとなって見苦しかったり、そこから雨がさす場合は補修をしてあげますが、できるだけそのままの風合いを楽しむのがよいと思います。無垢の木のフローリングや家具など、無垢であるがゆえに反ったりたわんだりすることがあります。それが機能に支障を来すことがあれば削ったり磨いたりして補修を施してあげます。そうやって少しずつ家は経年変化というエイジングがされてゆきます。古くなるほどに美しくなるのです。そして次第に愛着が湧いてゆくことになります。

## 第4にあくまでも脇役であることです

もちろん器には本来の器だけを愛でるというものもありますが、ここでいう「器」はあくまでも脇役です。その「器」に盛りつけられるものが主役です。そこで営まれる暮らし、これから続く百年余という想像を超えた歳月の中で育まれる生活そのものこそが主役となるべきものです。「器」は名脇役としてあるのが理想と考えます。

**人格と同様に、実際のサイズは小さくても「器が大きい」。そんな家を理想とします。**

# 03 「器」の基本スペック

## ① 構造について

現在、木造2階建て以下のほとんどの住宅の建築には構造計算が義務づけられていません。これにより多くの木造2階建て住宅が構造上の客観的データを持たないままにつくられているという事実があります（3階建ては義務づけられています）。

「育てる家づくり」では、例え平屋であっても必ず構造計算を行うこととしています。「育てる家づくり」は時の流れの中で手を加えてゆく家づくりです。将来、新たに壁を加えたり、取ったり、または穴を開けるようなことがないとも限りません。そのような時に正確に構造計算がされた上でつくられた建物であれば、何十年後の改造であっても、正確に判断ができるのです。

大工さんのことを「家守り（いえまもり）」という言い方をする

将来に役立つ構造計算のされた家

時があります。建てた家を生涯にわたって守ってゆくという意味です。とても素晴らしい考え方だと思いますし、設計を主な生業とする建築家もそうありたいと思っています。しかし家は人の寿命より永い。どんな名工でも名建築家でも、人はその家を守り続けてゆくことはできません。家の寿命のほうが遥かに永いのです。だから構造計算が必要なのです。個人の感性だけでつくられた構造では、将来の可変性のニーズに対応ができなくなるのです。

木造は他の構造に比べてたいへん特殊な性格があります。それはたくさんの柱と梁と壁によって複雑に構成されているがゆえに、どの柱や壁が構造に必要なもので、どれが構造に関係ないものなのかが不明瞭なことです。木造の家の柱や壁は、そのすべてが構造体ではないのです。柱には構造体としてその家が建っているために必要な柱もあれば、ただの飾り柱や仕上げ材料を留めるためだけに必要な柱もあります。壁も同様です。そのすべてが地震の時に家を支える壁ではありません。単なる間仕切りのための壁もあるのです。正確な構造計算を行うということは、これらの柱や壁を構造上必要なものと、そうでないものに分けることを可能にします。そうすることで初めて、将来の家の改造を正確に行うことができるのです。

「育てる家づくり」では必ず詳細な構造計算を行い、構造図の中で必要な部材とそうでない部材を明確に示します。

## ② 気密と断熱について

家は高気密高断熱でなければなりません。気密と断熱のどちらが欠けても快適な家にはなりません。多くの人が断熱について関心があるわりに気密についての理解は少ないようです。

1つ間違った話を紹介します。

「マンションは一戸建て住宅に比べると暖かい」という説があります。これは条件があるものの概ね正解です。しかし「コンクリートの家は木造に比べると暖かい」という話は誤りです。マンションはコンクリートだから暖かいわけではありません。外壁に面する壁が室内の容積に対して少ないから暖かいのです。外気の影響を受けづらいということです。従って太陽の陽射しの影響を受けやすい最上階の部屋や、外気と接する壁の多い、端の部屋は必ずしも暖かかったり涼しかったりするわけではありません。

コンクリートの家は木造の家に比べて寒いことが多いというのが

気密と断熱は一体のものです

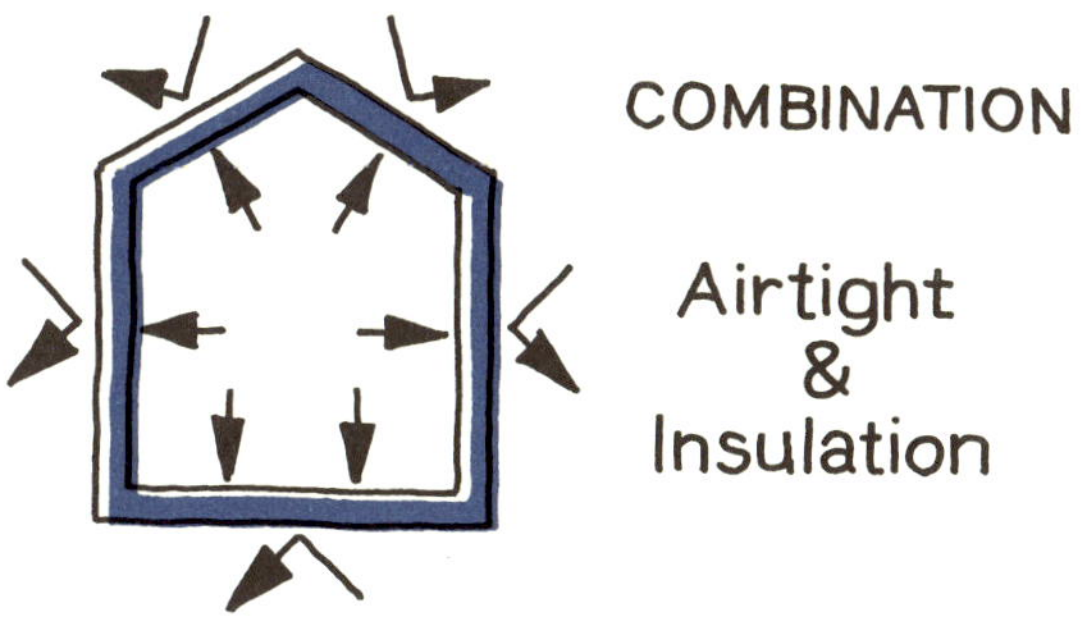

現実です。この原因は熱伝導率によります。木材の柱が0・12程度であるのに対してコンクリートの熱伝導率は1・6です。伝導率ですから数値が小さいほうが熱を伝えない、つまりコンクリートの家は熱を伝えやすいため、冬は寒く夏は暑い家になりがちなのです。ちなみにガラスは1・0ですから、マンションのコンクリートの壁がいかに熱を通しやすい材料かがわかると思います。同じ厚さならコンクリートは木材より13倍以上熱を通しやすいということになります。従ってマンションのコンクリートの壁には断熱材を吹き付けます。断熱材にはさまざまなものがあり、熱伝導率が0・03前後のものを採用します。しかしマンションでは吹き付ける断熱材の厚さが薄いのです。これだけ省エネが叫ばれていても世の分譲マンションは薄い断熱材です。理由は簡単です。最低でも厚さ10㎝ほどは欲しい断熱材が2㎝ほどしか施されていない理由は、部屋が狭くなるからです。断熱性能を下げても広く見せて売りたい。そんな困った話なのです。

一方木造に断熱材の厚さによるマイナスはありません。断熱材を壁の中に充填させる充填断熱工法、板状の断熱材を外壁側に貼り付ける外断熱工法、そのいずれも充分な断熱性能を確保することが可能

**熱伝導率　（単位：w・m$^{-1}$・k$^{-1}$）**

| | | |
|---|---|---|
| 空気 | 0・024 | 0・2 |
| 硬質ウレタンフォーム保温板1種1号 | 0・024 | 0・2 |
| フェノールフォーム1種1号 | 0・033 | 0・3 |
| ポリエチレンフォームA | 0・038 | 0・3 |
| 押出法ポリスチレンフォーム保温板1種 | 0・040 | 0・3 |
| 住宅用グラスウール10K | 0・050 | 0・4 |
| 畳 | 0・110 | 0・9 |
| 木材（檜・杉・松） | 0・120 | 1・0 |
| 木材（松・ラワン） | 0・150 | 1・3 |
| 塩化ビニール | 0・170 | 1・4 |
| 木片セメント板 | 0・170 | 1・4 |
| 木材（ナラ・サクラ） | 0・190 | 1・6 |
| プラスチック | 0・300 | 1・6 |
| 石膏ボード | 0・220 | 1・8 |
| ポリウレタン | 0・300 | 2・5 |
| 水（20°） | 0・589 | 4・9 |
| 普通レンガ | 0・62 | 5・2 |
| 土壁 | 0・69 | 5・8 |
| 漆喰 | 0・70 | 5・8 |
| 耐火レンガ | 0・99 | 8・3 |
| ガラス | 1・0 | 8・3 |
| タイル | 1・3 | 10・8 |
| モルタル | 1・5 | 12・5 |
| コンクリート | 1・6 | 13・3 |
| ステンレス | 15・0 | 125・0 |
| 鉛 | 35・0 | 292・0 |
| 鋼材 | 53・0 | 442・0 |
| アルミニウム | 200・0 | 1667・0 |
| 銅 | 370・0 | 3083・0 |

熱を通しやすい　←　→　熱を通しにくい

鉄は松材の442倍熱を通しやすい!!!

です。ちなみに東京に木造住宅をつくる場合、高性能グラスウールを厚さ90㎜以上施す必要がありますが、これは何ら難しいことではありません。柱と柱の間の壁の中に充填すれば良いだけのことです。

気密について記します。コンクリートでできたマンションの断熱性能は低いという話をしましたが、このコンクリートのマンション、気密性はとても高いのです。しかし低断熱なのです。高気密低断熱なので結露を起こします。ガラスのコップに水滴が付くのと同じ現象です。

一方、木造住宅では意図してつくらなければ気密性は低くなります。要するに隙間風が吹く家ということです。多くのハウスメーカーが採用している軽量鉄骨造の家も気密性能は低くなります。気密はC値で表します。床面積1㎡あたり何㎠の隙間があるかを表します。鉄骨系構造体を採用している大手ハウスメーカーのC値は5・0程度だといわれていますが、多くがおおやけに発表をしていません。木造の場合、通常の高気密化を行えば2・0～3・0のC値は確保できますし、慎重に施工すれば1・0を切ることも不可能ではありません。

「育てる家づくり」は堅牢な構造体と同様に高気密高断熱化を図ります。高気密高断熱化はあとからその性能を上げることがたいへん困難だからです。

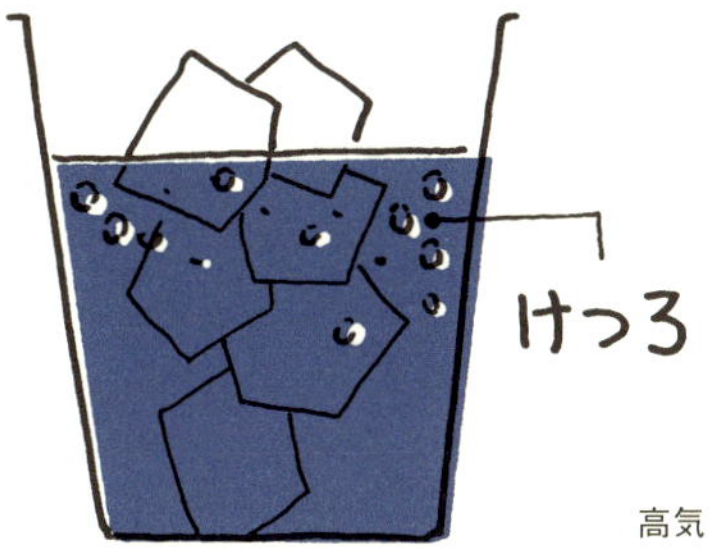


高気密低断熱だから起こる結露

## ③ 温熱環境について

### ・エコロジーのカタチとパッシブデザイン

「エコロジー」とはそもそも生態学を意味する言葉ですが、昨今では広く、自然環境を保護して、人間の生活との共存を目指すという考え方を示す言葉として使われ、エコなどと略されてあらゆる分野でキーワードとなっています。

オルゲーの曲線というものがあります。これは室内の環境を機械的手法（エアコンなど機械を使って制御する手法）と建築的手法（庇を上手に使って日射を制御したりするなど機械を使わない手法）によってどのように制御するのが良いのかについて簡潔に示した図としてたいへん有名なものです。横軸に春夏秋冬の1年を表し、縦軸は温度です。冬は寒く夏は暑い外の環境に対して、まずは建築的手法によって冬は少しでも暖かく、夏は少しでも涼しくし、それで足りないところは機械的手法、つまりエアコンなどによって行おうというものです。

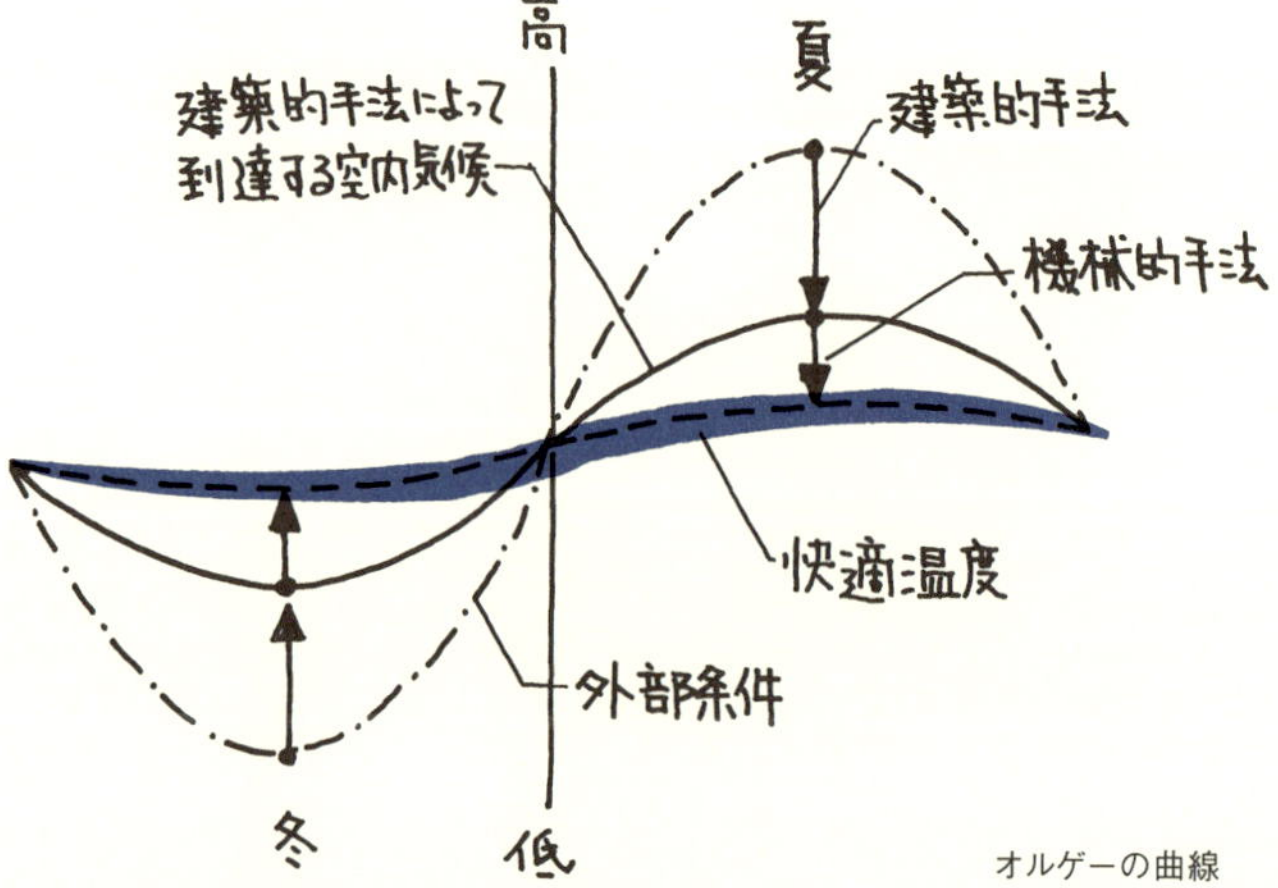

オルゲーの曲線

パッシブデザインという言葉を聞いたことがあるでしょうか。これはまず建築的手法によって、高気密高断熱の建物をつくります。その上で計画的な換気を行い、例えば夏の陽射しを遮り、冬の陽射しが入るように窓の長さや形を工夫したり、室内に上手に風が流れ込むように風向きや気圧を考慮して、窓の形や配置、開き方の工夫を行うなどします。このように極力機械的手法を使わないで快適な室内環境をつくることを考えたデザインのことです。私たちが提案する「育てる家づくり」はこの考え方を基本に置きます。エアコンの力は借りますが、頼り過ぎない、そんな家づくりを目指しています。

「光」と「熱」と「風」をコントロールするパッシブデザインの手法

## ④ 外壁について

外壁に求められるものは何でしょうか。雨・風・熱・音、そして物理的衝撃から建物とそこで暮らす人を長期にわたって守る強度が必要です。これらそれぞれに対して性能が高くなければなりません。耐水性、耐風圧性、遮熱遮音性、耐衝撃性、耐凍害性が高いことが望まれます。

一方、施工性、メンテナンス性への配慮も大切です。施工しやすいことは、工事費を安く抑えることに直結しますし、完成度の高さにも繋がります。大変に腕の良い職人が高度な技を駆使してつくって、難しい仕事がとても素晴らしい完成度でできたとしても、将来それを誰が維持管理するのかを考えると手放しでは喜べません。メンテナンス性は大きな指標です。選択した材料はいつ誰がどのようなメンテナンスをする必要があるものなのかを視野に入れて材料の選択をしなければなりません。

> メンテナンスフリーの材料は存在しないと考えるべきです。メンテナンスフリーの材料はメンテナンスをしたい時にできない材料だと理解しておけば間違いはありません。

### 選択＝木製サイディング

比較的風雪に強い檜などに実（さね＝凹凸）が加工されていて外壁用としてつくられているものです。多くは表面に防腐剤を塗布して使いますが、メーカーはこの防腐剤を7～8年で塗り替えることを推奨しています。某メーカーの実績によると14年で、約10％の外壁を貼り替えることになるという数字もありますが、逆に考えれ

風化の様子が美しい木の外壁

ば傷んだところだけを1枚ずつ貼り替えることができるというのはサイディングという材料の大きな利点ともいえます。

木は人の気持ちを和ませる力があるように思います。窯業系（ようぎょうけい）サイディングに比べて「反る、腐る、割れる」など手間の掛かる材料かもしれません。それでも街角で、えも言われぬ色合いに変色した木製板貼りの建物は四季折々に美しい表情を見せてくれます。つい立ち止まってしまいます。

## 選択＝左官仕上げ

左官職人が丁寧に鏝（コテ）で仕上げた外壁があります。多くはモルタルを左官で仕上げて下地をつくり、その上にさまざまな最終仕上げを行うもので、とても美しいものです。かつてはその土地で採れた土を活かして、その土地の伝統技術を受け継いだ職人によって外壁がつくられたものでした。そのため、その地域ごとに特色のある色合いや質感の街並みがつくられたわけです。本漆喰の壁は百年をかけて硬化してゆくそうです。その間にひび割れが入ることもありますが、先人はそれもまた自然の景色として受け入れてきたの

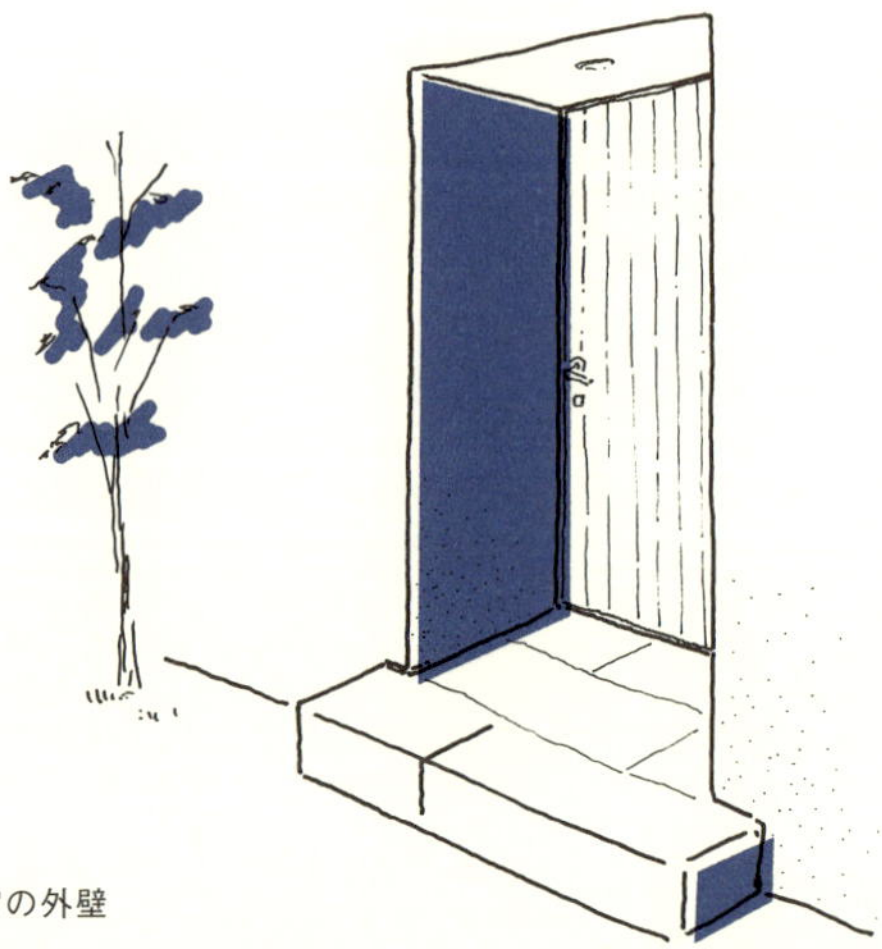

職人の技が光る左官の外壁

です。近年では珪藻土をはじめとしたさまざまな左官仕上げ用の材料も製品化されています。

## 選択＝窯業系サイディング

　窯業系サイディングとは主原料としてセメント質原料および繊維系原料を高温高圧の釜で成形し、養生、硬化させ板状にしたもので厚さが15㎜前後のものです。表面の表情にはタイル模様や木目模様を施したものなど多様なものがありますが、プレーンなものを採用するのが良いでしょう。状況に応じて、既塗装品か現場で塗装するかを選択します。現場塗装のほうが価格は上がりますが、好きな色で外壁を装えることが魅力です。

## 選択＝金属系サイディングまたは板金仕上げ

　金属系サイディングは主にガルバリウム鋼板など耐候性の高い金属板を折り曲げ加工を施して外壁用につくられたものです。板金仕上げは現場で板金職人によってガルバリウム鋼板などの金属板を加

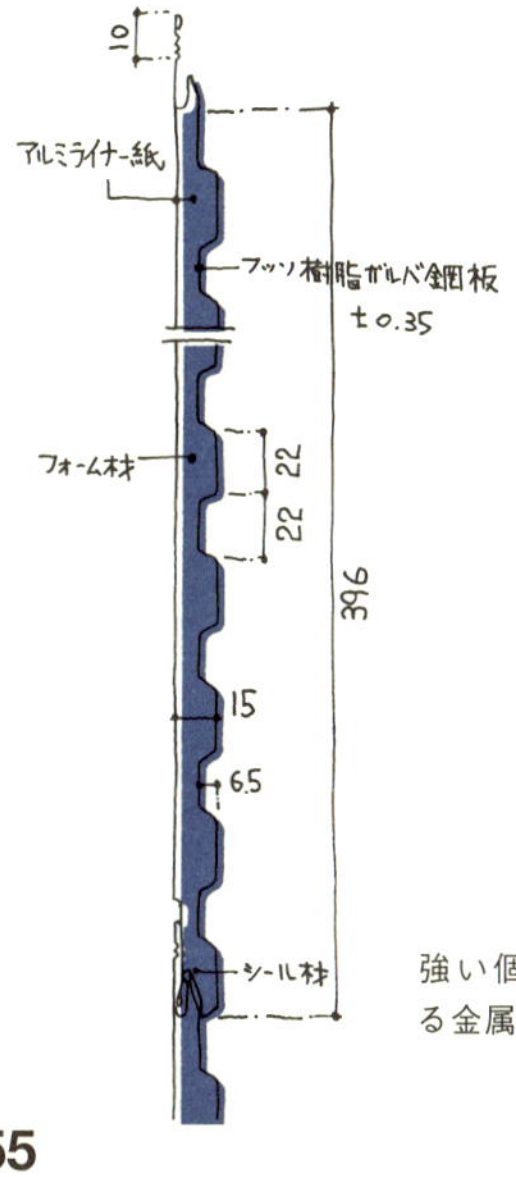


強い個性が表現できる金属系サイディング

プレーンな素材を選んで近代的なデザインに活かしたい

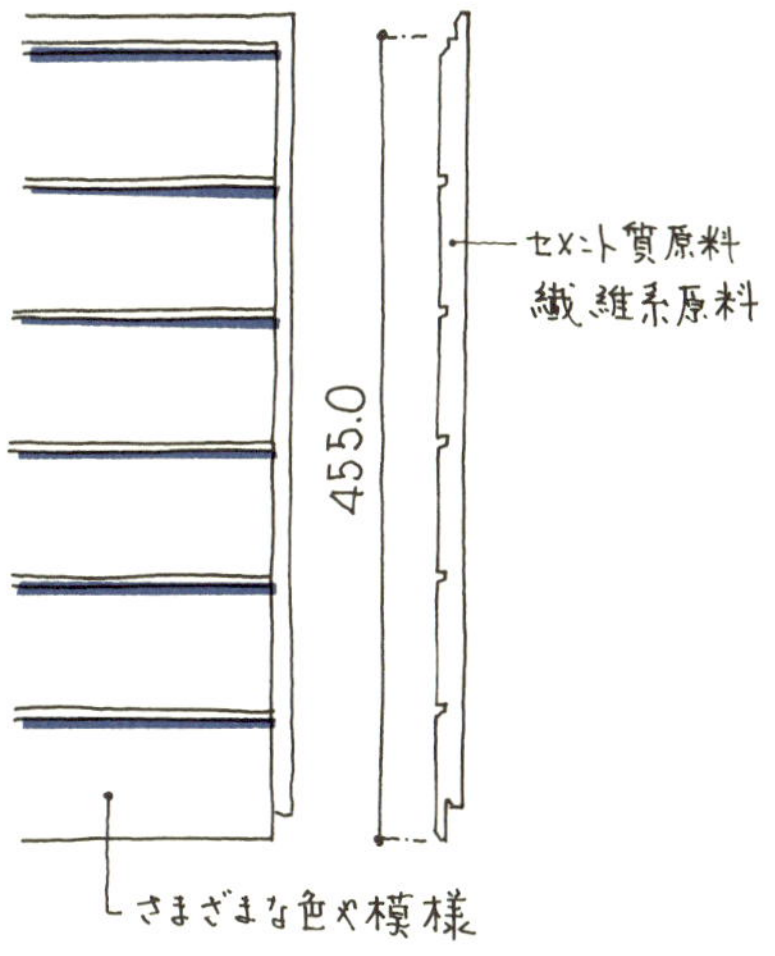

工し貼り付けてゆくものです。耐候性が非常に高いことが魅力です。

外壁は自分が良ければ良いというものではありません。否応なしに世間の目に触れます。道行く人に不快感を与えるようなものであってはなりません。少し遠回りをしてもあの家の前を通っていこうかと思われるような家でありたいものです。外壁はその街をつくる大きな要素の１つとなります。

「育てる家づくり」の外壁は通気工法という、仕上げ材と断熱層との間に通気部分を設ける工法を採用します。そして仕上げはモルタルを左官仕上げした上に弾性塗料を吹き付ける仕上げとします。コストと美観を考えた選択です。そして将来のメンテナンスや他の材料への変換を考えた結果です。

どの材料を選択しても同様ですが10年～15年を迎えた頃、メンテナンスが必要になります。その時に再考してみることも大切です。再塗装を行えばそこからまた10年以上使えます。またその上から左官など別の素材とすることも可能です。その上から木製サイディングを貼ったり、板金などを貼り重ねても良いでしょう。

外壁は街の表情をつくる大きな要素になります

外壁は意外とやり替えることが容易な部位なのです。工事には足場を組んだりする必要があるので、ある程度まとまった費用はかかりますが、通常のメンテナンスとしてもサッシ廻りのコーキングの補修や屋根の点検など、必ず足場を組まなければならない時が15年前後にやってきます。その時が外壁を再考するチャンスです。やり替えは住みながらできます。「育てる家づくり」の基本は引っ越しをせずにそこに暮らしながらできることが大前提です。モルタル＋弾性塗装吹き付け仕上げは美しさと将来への汎用性の高さを兼ね備えた素材だといえます。

## ⑤ 内壁について

内壁材に求められるものは断熱、気密に加えて、構造体を室内で発生する延焼や湿度から守ることです。一般的には石膏ボードが採用されます。石膏ボードはＪＩＳで規格されており、厚さに応じて不燃性能も高い材料です。ただしそれ自体に断熱性能も気密性能もありません。しっかりと断熱材を施すこと、気密性能を上げるために防水シートを貼ってから使うことなどの配慮が必要となります。

石膏ボードを使った場合、そのままでは暮らせません。ほとんどの家の内壁はその上にビニールクロスを貼ります。安価で施工性が良く、法律上の防火制限もクリアしやすいからです。

一方、内壁には特殊な性能が求められる部位もあります。キッチンのコンロ廻りの壁には耐火耐熱性能が求められます。遮熱性能が必要な場合もあります。シンクや洗面ボウルの廻り、浴槽の壁や天井には耐水性能が求められます。その他にも汚れたら拭きやすいものや、ピンナップボードになるものなど、また特殊な遮音や吸音性能を求められることもあります。その部位ごとの必要性に合わせた素材の選定が大切になります。

「育てる家」の内壁と天井は大きく2つの選択肢を用意しています。1つは石膏ボードを使い、その上には塗装を施します。石膏ボードは法律上の不燃制限のための選択です。もう1つの選択はシナ合板など木製の板を貼り、その上に塗装を施す仕上げです。内装の不燃制限がない場合には良い選択です。シナ合板は5・5㎜程度の薄いものですが石膏ボードに比べあとからビスが効きます。家を育てる時には好都合です。また石膏ボードに比べ塗装が容易です。

**【それでもビニールクロスなの？】**

ビニールクロスは汚れたら拭けるから良いといいますが現実的にはそのような例を見たことはほとんどありません。貼り替えるとなれば、大変な作業です。部分的な劣化に対応して貼り替えようと思っても、同じ製品は概ね廃番で手に入らないことがほとんどです。また剥がしたビニールクロスは大量の産業廃棄物です。下地の石膏ボードは大掛かりな補修を強いられます。作業中は粉塵だらけでとても住みながらできる作業ではありません。最近ではビニールクロスの上から塗れる塗装材が売られていますので、その選択しかないでしょう。しかしこれも期待するほどの美しい仕上がりにはなりません。住みながら上手にメンテナンスができる素材としてビニールクロスは全く不向きなのです。

それでも日本の多くの住まいが石膏ボードの上にビニールクロスを貼った壁と天井でできています。安価で工事が速いためと思われます。日本人の多くはこのビニールクロスに慣れてしまっていますが再考すべきです。

欧州などに出かけてホテルに泊まると、不思議と落ち着いた雰囲気にホッとしたりすることがあります。同じクロスでも布製のものです。ビニールではありません。または塗装や左官です。国内の旅館などでも漆喰などの左官で仕上げられた部屋に出会うと同様な気持ちになります。

ビニールの貼られた壁や天井が、どうしてこんなに普及してしまっているのか不思議でなりません。

DIY塗装の最大のハードルである目地の下地処理を行わずに塗装が可能なことは大きな魅力です。工事費もボード代だけで考えればシナ合板のほうが高価ですが、塗装をDIYで行う可能性を考えると自主塗装がしやすいシナ合板に分があります。

もちろん耐水性能が求められるシンク廻りや洗面、浴室には耐水性能の高い素材を選択します。

いずれの場合も仕上げは塗装を原則としています。塗装の最大の魅力は色の選択が自由であることです。多くの場合は日本塗料工業会で選定している色番から選択します。ちなみに2015年版には624色が載せられています。また最近ではDIY用の塗料専門店もあります。3000色以上もの色を用意しているメーカーもあり、見ているだけで楽しくなります。住み手が自分で購入して自主塗装を行うこともお薦めです。工事中にプロの塗装職人の助けを借りながらのペンキ塗りは将来のメンテナンスの練習にもなります。

塗装のもう1つの魅力は塗り重ねができるところにあります。数年後、異なる色を上から塗り重ねることが容易なのです。塗装がされた壁の上から塗り重ねる作業は素人にも簡単にできる作業です。それともう1つ大切なこと、それは全くゴミが出ないことです。ビ

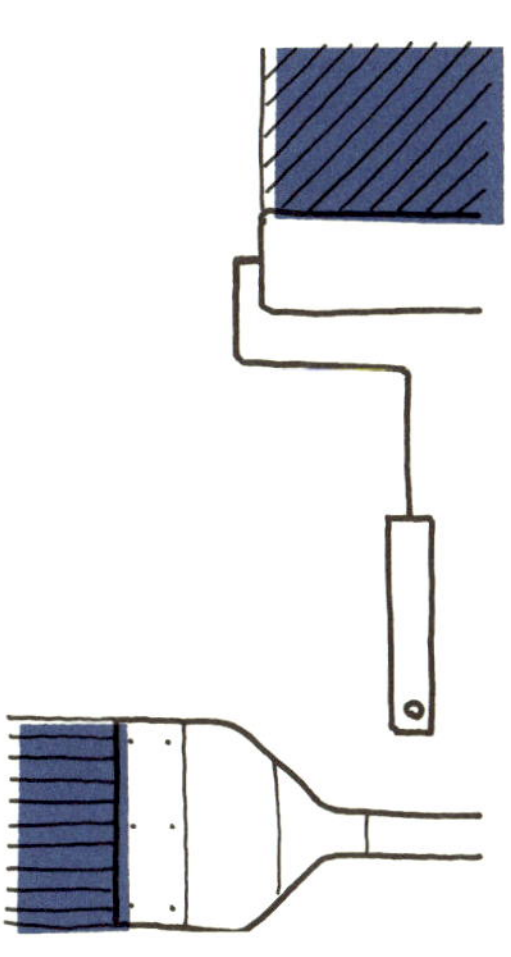

内壁と天井は石膏ボードや
シナ合板に塗装を施します

ニールクロスが大量のゴミとなるのに対して塗装はゴミを出さずに塗ることができます。これはとても大きいことです。産業廃棄物が出ないリノベーションが可能となります。

欧州のホテルなどで壁の角が削れたところから過去の壁の色が見えたりした時に、時の流れのみがつくり出す美しさを感じたりします。

## ⑥ 天井について

天井に求められる「性能」や「機能」は「壁」と基本的には変わりません。最上階の天井であれば、より一層の断熱性能を求められるし、下階であれば、上階からの振動騒音を抑えることが求められますが、いずれも天井材そのものよりもその中に入れる断熱材などの性能によるところが大きいと考えられます。

マンションのリノベーションなどではわざわざ天井を剥がしてしまうことをよくやります。少しでも天井を高くしたいという思いだったり、荒削りなコンクリートの質感を求めてだったりしますが、これらのことを経験すると、天井はそもそも必要なのかとさえ思えたりする時もあります。

現代の建築物がどんどん機能的なものへ姿を変えてきた中で、その最も典型的な部位が天井かもしれません。かつて天井は恰好の装飾の場所でした。格天井（ごうてんじょう）などはその典型で日本にも海外にも多く見られる装飾です。また漆喰などで装飾したり、フレスコ画などによる絵や装飾がされたものも多くありました。しかし現在の建築物の天井は住宅に限らず簡素です。

機能性と経済性の追求の中で天井は不要なものになってきたのでしょう。

「育てる家」の天井も、やはり機能的な選択となっています。育てる家の趣旨に則って最小限の仕様からのスタートです。石膏ボードに塗装とします。壁に対して天井の塗装色を変えてみるのも楽しいと思います。

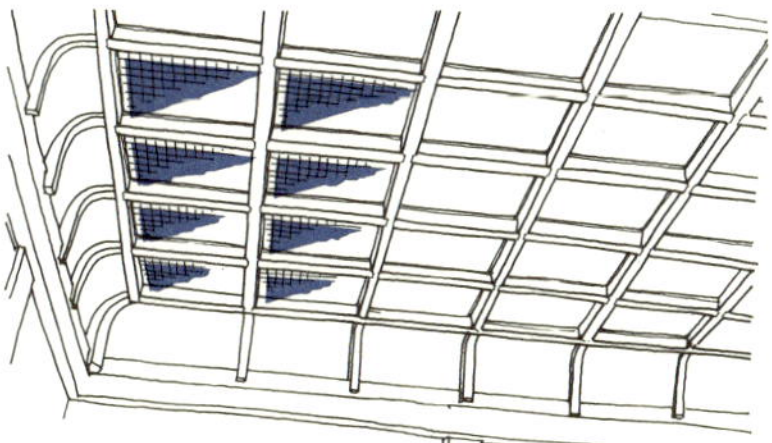

格天井

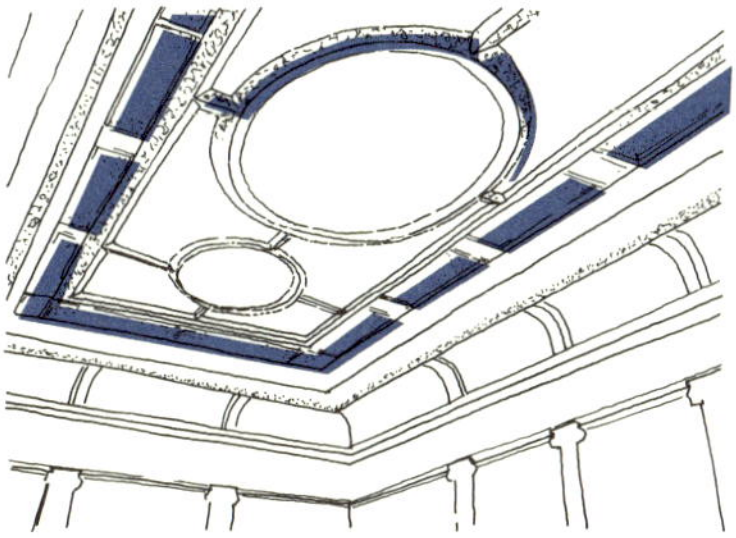

左官天井

## ⑦ 床について

床は建材の中でも最も人の体が触れる大切な素材といえます。「家の中では素足で過ごしたい」などという場合は特に大切です。体の全体重が加わります。直接その場に座り込むような生活スタイルも想定されます。もちろん家具などが置かれたりもしますし、時に水などをこぼすこともあるでしょう。床は想像以上にタフな素材でなければならず、なおかつ感触の良いものでなければならないといえます。靴を脱いで使うところは木の素材を使いたい。木製無垢のフローリングが良いと考えます。

もう1つの選択肢として足場板をお薦めしたいと思います。

また、土足で使用するところはコンクリートの素地を活かした土間空間としたいと考えます。

### 1 木製フローリング

【素材感】

木製フローリングを選定する際の最大のポイントは素材感です。見た時、肌が触れた時、ほのかな匂いも大切です。どのような素材

素足で過ごす床は無垢のフローリングがお薦め

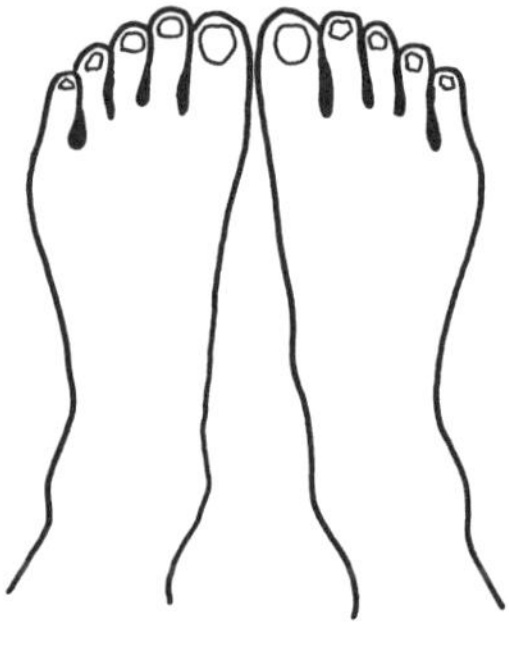

感が欲しいかで選択するフローリングの種類も変わってきます。「育てる家づくり」に必要なフローリングは経年変化に耐えられるものです。育てられる木でなければなりません。従って自ずと無垢のものになります。傷をアジと考えたいのでツルツルに表面がコーティング塗装されたものではなく、ワックスで仕上げられた本来の木の素材感を活かした仕上げのフローリングです。ワックスで仕上げられたフローリングは表面に塗膜をつくらないため調湿効果もあります。厚さは15~20㎜程度のものを採用します。

日本の住宅のフローリングは、その多くが複合フローリングといわれる、心材にベニヤ板が使われ、表面にのみ本物の木が貼られた加工品です。表面材は薄いものでは0・3㎜ほどです。これでは傷が付いたら中のベニヤが見えてしまいますし、水に濡れたらふやけてしまいます。磨いても味わいは出てきません。

欧州のホテルなどで見るフローリングの床は、婦人靴のヒールで傷だらけですが、美しささえ感じます。

**【樹種】**

多種多様な樹種がフローリングには使われています。針葉樹と広葉樹に大別することができます。前者は杉、パイン、檜などで、柔らかく肌触りの良いものが多く（檜は針葉樹の中では硬い）、後者はナラ、クリ、チークなど木目の美しい硬いものが多いといえます。柔らかい木は目が空いているために空気層が多く、触ると温かい感じさえします。欠点は柔らかい故に傷がつきやすいことです。一方硬い木は目が詰んでいるため空気層が小さく、触るととても冷たく感じます。硬いために傷が着き難く、充分に乾燥されたものであれば無垢とはいえ、床暖房にも対応できます。

「育てる家づくり」では、針葉樹系ではパインや杉を広葉樹系ではナラやチークを、インテリアや求められる素材感などを考慮して選択してゆきます。

【仕上げ】

かつて日本家屋には板張りの空間がありました。廊下や和室に繋がる縁側などです。縁甲板（えんこういた）と呼ばれ、檜や栗などの無垢材が使われていました。仕上げは何もせず、糠（ぬか）を付けた布で永い年月をかけて磨き、艶を出してゆきました。まさに床を育てていたのだと思います。「育てる家づくり」で採用するフロー

Aging = Taste

リングも無垢材ですから同様にすることは可能であり理想ですが、現在の良質なワックスで仕上げることもお薦めしています。

蜜蝋ワックスというものがあります。エゴマ油と蜜蝋だけでつくられた体に安全な製品です。ワックス系の仕上げ材はウレタンのような仕上げ材と異なり、木の表面に塗膜をつくりません。そのためワインをこぼせば染み込みますが、無垢の木が本来持つ、肌触りや調湿効果は残ります。暮らしながら様子をみて、ワックス掛けをすることも育てる家においてワックス仕上げを採用する魅力です。

### 2 足場板

工事現場などで使う仮設用資材です。最近では金属製の足場板を使うことがほとんどとなり木製のものが少なくなりましたが、その強い個性をインテリアとして活かそうというニーズもあり、古材足場から新品のものまで、インターネットで手軽に入手することが可能です。

**[素材感・樹種]**

古材の足場板はそのダメージ感が魅力ですが、反面バラツキも激しく住宅の床材としてお薦めすることは控えます。ここでは新品の足場板をご紹介します。

ほとんどが杉で、厚さは35㎜程度の厚手のものがお薦めです。表面はブラッシング加工程度で手に刺さるようなトゲ状のものはありませんが、使用に際してはサンダー（ヤスリ）処理を行う必要があります。小さな子供がいる家では一層の注意が必要です。また幅寸法の精度も悪いため、貼る前にサイズカットなど調整が必要な場合もあります。扱っている業者にもよりますが、大抵は天然乾燥されたものが商品となっています。それでも1年を通して反りやねじれが生じます。反りもまたアジだと思うことが必要です。またフローリング材のように実（さね＝凹凸）がないので隙間からゴミが床下に落ちてしまうことになります。そのため捨て貼り材として3㎜程度の薄い合板を貼った上に足場板を貼ることをお薦めします。

【仕上げ】

考え方はフローリングの仕上げと同様ですが、しっかりとサンダーをかけてザラザラを取り、その上でワックス系の塗装を行うと足場板の持つ重量感が出て魅力的なものとなります。無色の蜜蝋ワックスよりは、着色も兼ねたワックスがお薦めです。

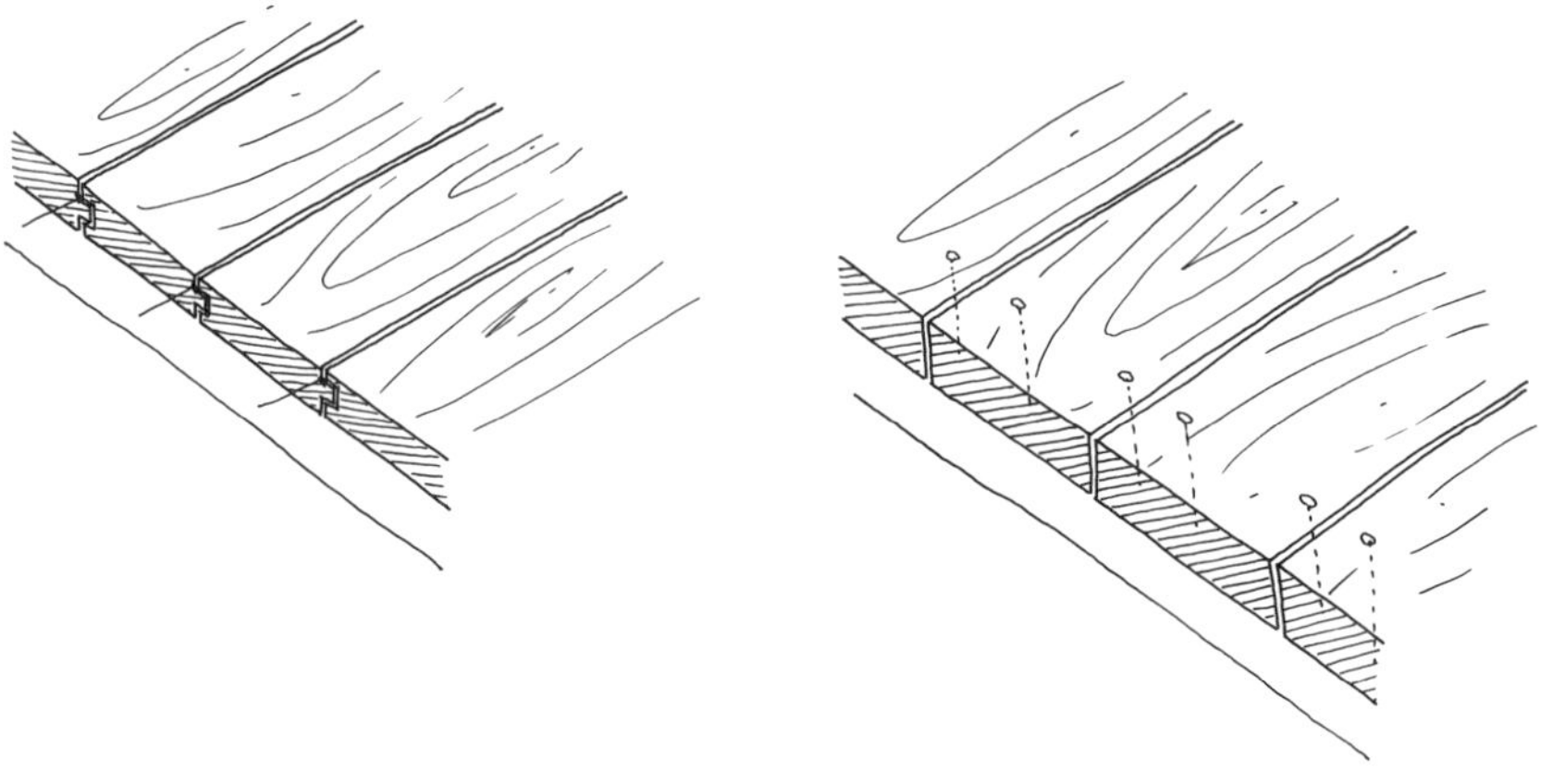

実（さね＝凹凸）のある木製フローリングと実のない足場板

## 3 無垢材の欠点

無垢材には欠点もあります。反る、割れるといった変形です。多くは温度と湿度によって起こります。施工時が乾燥している冬ならば少し隙間を大きくとって貼るなど大工さんは微妙な工夫をしていますが、多少の反りや割れを許容することが大切だと思います。床暖房を採用する場合には反りや割れに対するより一層の配慮が必要になります。「育てる家づくり」で採用する床暖房はコンクリートの土間の中に埋設する蓄熱式なので表面温度が低いため、その上にフローリングを貼った場合でもフローリングの悪影響は非常に少なくて済みます。

「育てる家づくり」で採用する床は、無垢材のフローリングと足場板、それにコンクリート金ゴテ仕上げの床です。どの床材も将来の貼り替えが可能ですが、原則として傷や汚れを楽しむことができるような質感、手入れを楽しむことができる素材と考え選定しています。

無垢のフローリングも足場板も、例えば20年後に、表面の汚れが気になるのであれば、サンダーで表面を削ってあげれば見違えるよ

蓄熱式床冷暖房を基礎の中に打ち込む

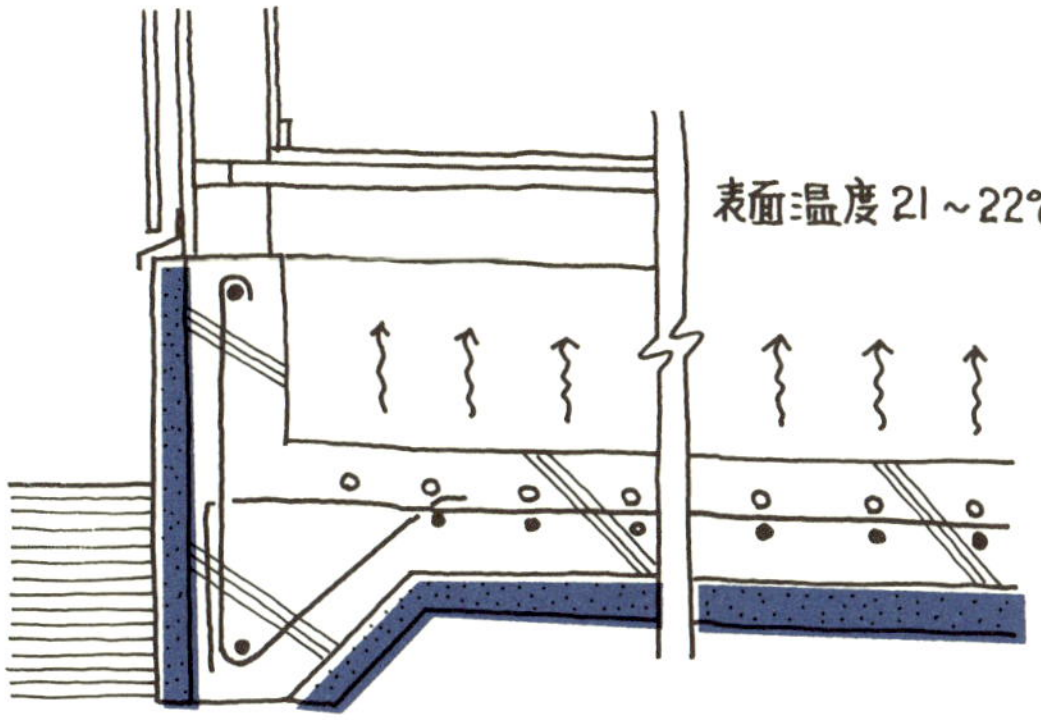

うな美しい仕上げにすることも可能です。

コンクリートは土間風のテイストをつくる時に向いています。ポイントはコンクリートの風合いを損なわないように透明な塗装とすることです。つや消しと光沢の選択はありますが、コンクリートの風合いを残すことが大切です。

## 04 「器」が置かれる土地のこと

建物は土地によって決まります。土地の状況をしっかりと読み込み、設計を行います。一方で土地から購入する場合には、先にどんな家が欲しいのか、どんな暮らし方をしたいのかを考えて、家の形をイメージした上でその家が建てられる土地を探すという方法もあります。

敷地に合わせて「器」をつくる。理想の「器」をイメージして土地を探す。いずれにしても敷地と建物は切っても切れないものなのです。

敷地は皆、唯一無二なものですから、その土地の地勢をしっかりと見極めなくてはなりません。大変に難しいことですが、その敷地の将来の状況、つまり周辺環境の変化さえも予測するほどの読み込みが大切となります。

## ① 自然環境を把握する

これはパッシブデザインの考え方にも通じます。太陽の入り方はどうか。冬至日の陽射しの入り方を時間に応じて知ることが大切です。敷地の南側に隣家の建物が迫っていれば、当該土地は一番北側が最も陽射しの入る場所となるはずです。冬の陽射しを少しでも多く家の中に取り込み、夏の陽射しは少しでも入らないように考えることがとても大切となります。

さらに風の通り道を探します。日本の多くの土地は偏西風の関係で夏は南風、冬は北風となりますが、その土地によって風の吹き方は変わります。風速1m毎秒で体感温度は1度下がるという概算値があります。季節に応じた風の吹き方を把握して、心地よい風のみを「器」の中に注ぎ込めるような工夫が必要となります。

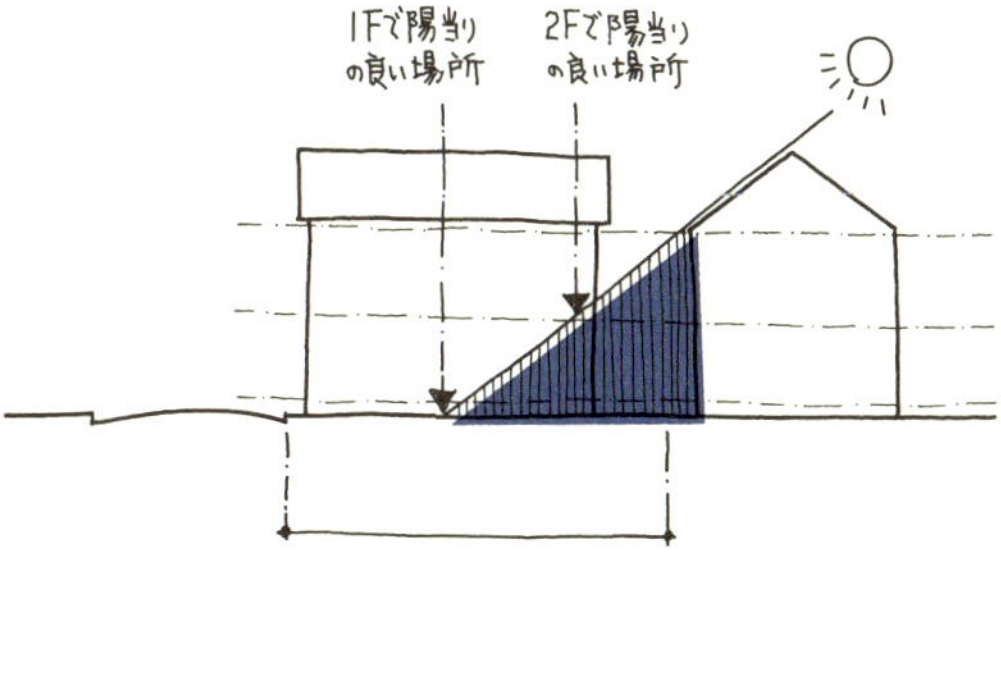

いちばん陽当たりの良い場所は北側にある

風の道を見つけることが大切
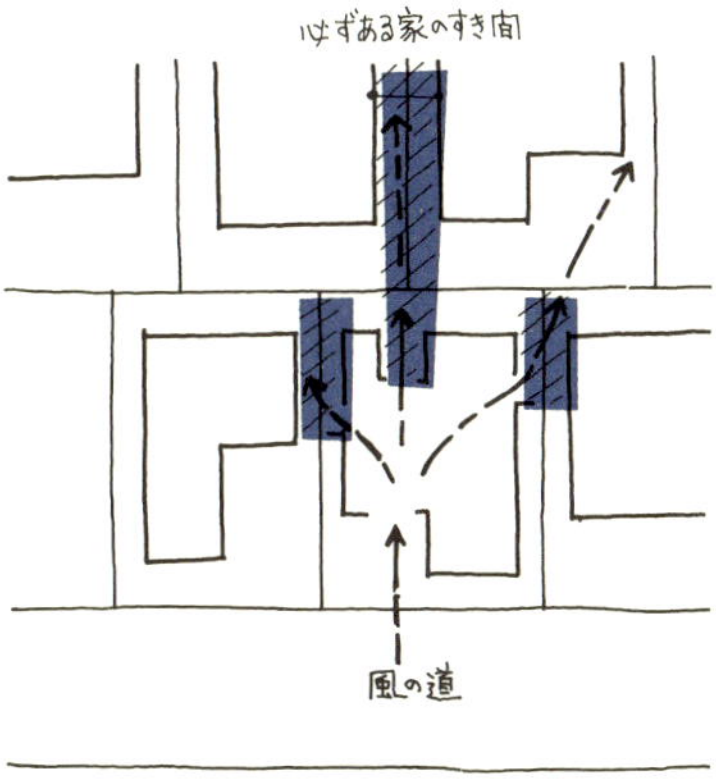

## ②周辺環境を把握する

まずは道路です。道路にはどれくらいの人や車などの交通量があるのかを知る必要があります。これらはプライバシーの問題、騒音の問題、そして防犯の問題に直結する大切なことです。また道路はその敷地とそこにできる「器」が街とどのように関わるのかを決定付けるものです。「器」がどのように敷地に置かれ、道路からどのようにアプローチされるのかは、将来も含めてその「器」の性格を決定する大きな要因となります。

周辺の建物はどのように配置されているか、それぞれの建物の窓はどこにどのようにあるのかを調べる必要があります。そしてそれらの建物はあと何年くらいその状態にあるのかについて想像することが大切です。

何が起きても確保される日照の道、通風の道を探したいものです。いかに建物が密集した地域であったとしても必ずどこかに日照の道、通風の道があるはずです。それを探し出すことが良い「器」をつくるために最も重要なポイントとなります。

## ③ 法規制を把握する

土地にはそれぞれ、法律によって定められたルールがあります。主に都市計画法と建築基準法です。都市計画法は土地について、建

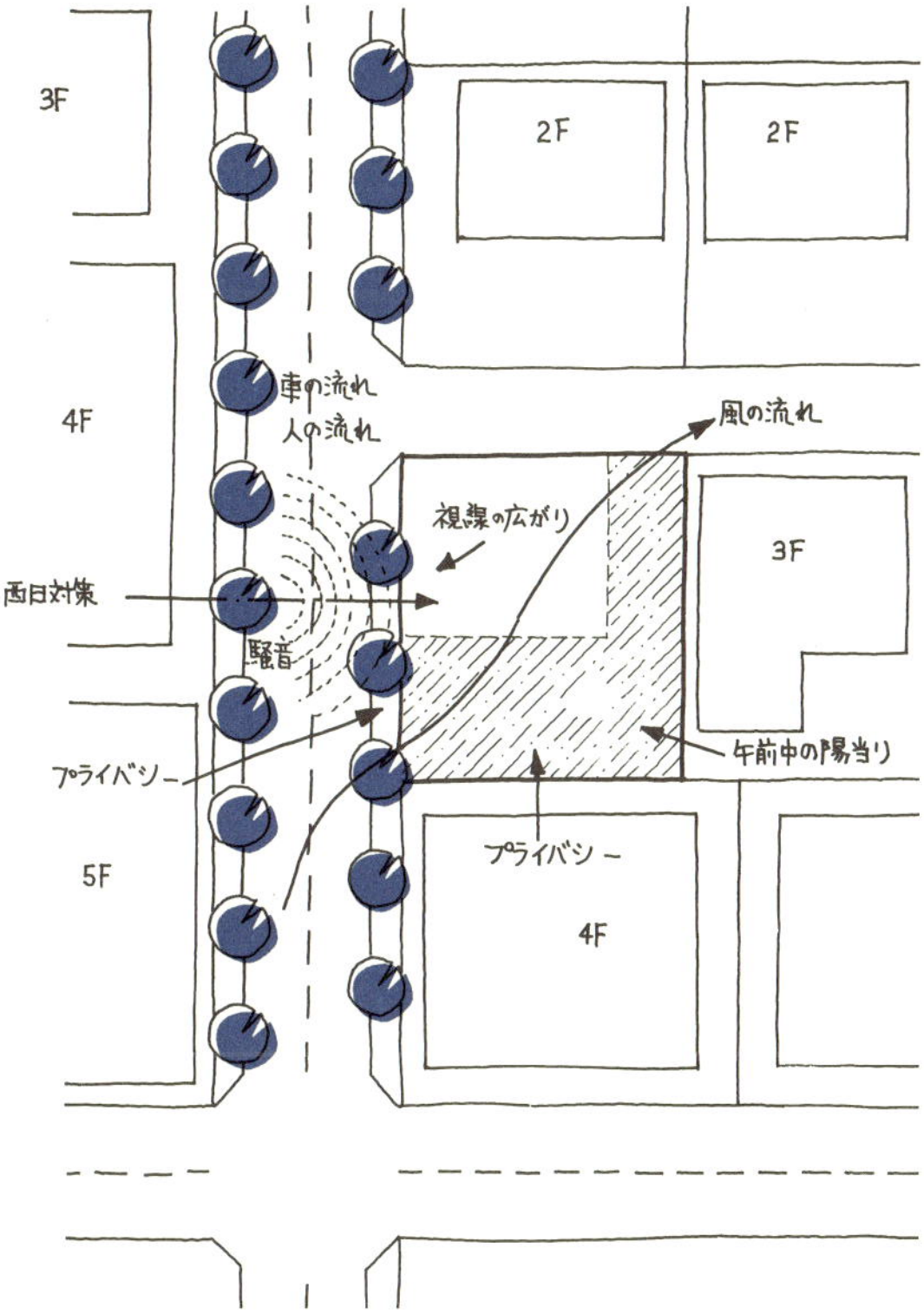


敷地の環境を総合的に把握する

築基準法はその土地に建つ建物についてのルールを示しています。

**【用途地域について】**

都市計画法により12の地域に分類されています。それに応じて建てられない用途のものがあります。ちなみに一戸建ての住宅は工業専用地域以外ならばどこでも建築可能ですが、住宅に店舗などを併設する場合には制限が出てきます。また法が定めた用途地域と実際の街の機能が必ずしも一致していないことも多くありますので、新規に土地を購入する場合には注意が必要です。

**【道路について】**

道路には幅や条件によってさまざまな種類があり、これは建築基準法42条に記されています。42条は1項から6項まであり、4mに満たない道路は道路とはいわないとあります。また同43条には建築物の敷地は道路に2m以上接しなければならないと書いてあります。

つまりこの2つにより、「建物は4m以上ある道路に2m以上接している土地でなければ建てられない」ということになります。法律のかたい話ですがとても大切な話です。

**準住居地域**

道路の沿道で自動車関連施設とこれに調和した住居環境を保護するための地域

**第2種中高層住居専用地域**

主に中高層住宅のための地域。1500㎡までの一定の店舗・事務所が建設可

**第1種低層住居専用地域**

低層住宅のための地域。小さな店舗などを兼ねた住宅や小中学校なども建設可

**近隣商業地域**

近隣住民が日用品の買い物などをする地域。住居・店舗の他、小規模の工場も建設可

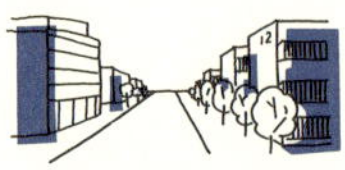

**第1種住居地域**

住居の環境を守るための地域。3000㎡までの店舗・事務所・ホテルなどは建設可

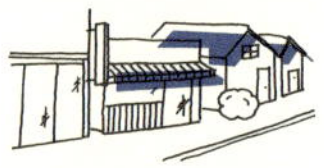

**第2種低層住居専用地域**

主に低層住宅のための地域。150㎡までの一定の店舗が建設可

**商業地域**

銀行・映画館・飲食店・百貨店などが集まる地域。住宅や小規模の工場も建設可

**第2種住居地域**

主に住居の環境を守るための地域。店舗・事務所・ホテル・カラオケボックスなどは建設可

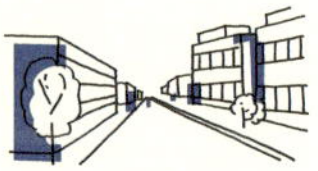

**第1種中高層住居専用地域**

中高層住宅のための地域。病院、大学、500㎡までの一定の店舗が建設可

## 【高さについて】

土地にはその土地に建てられる建物の高さを制限するルールがあります。道路斜線、隣地斜線、北側斜線、高度斜線です（その他日影規制がありますがここでは省きます）。これらは前述したその土地がある場所ごとに定められている用途地域と、その土地が接している道路の幅や種類、方位によって決まります。これらは皆、その地域の日照や景観、圧迫感などをコントロールして良好な環境を保つためにつくられたルールです。

建物が建てられる最低限の条件＝接道2m

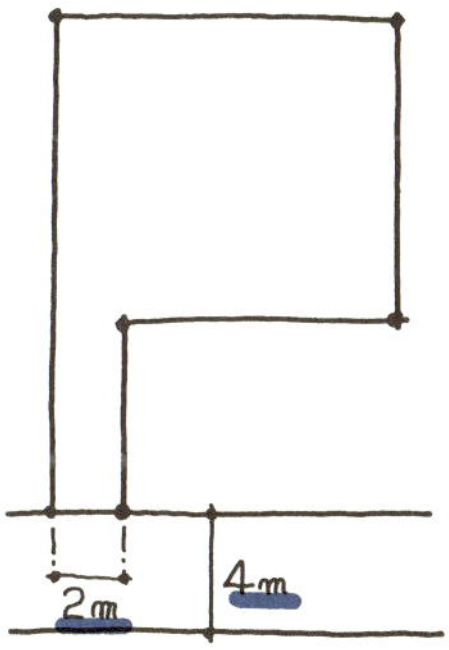


地域に応じて定められる高さに関するルール

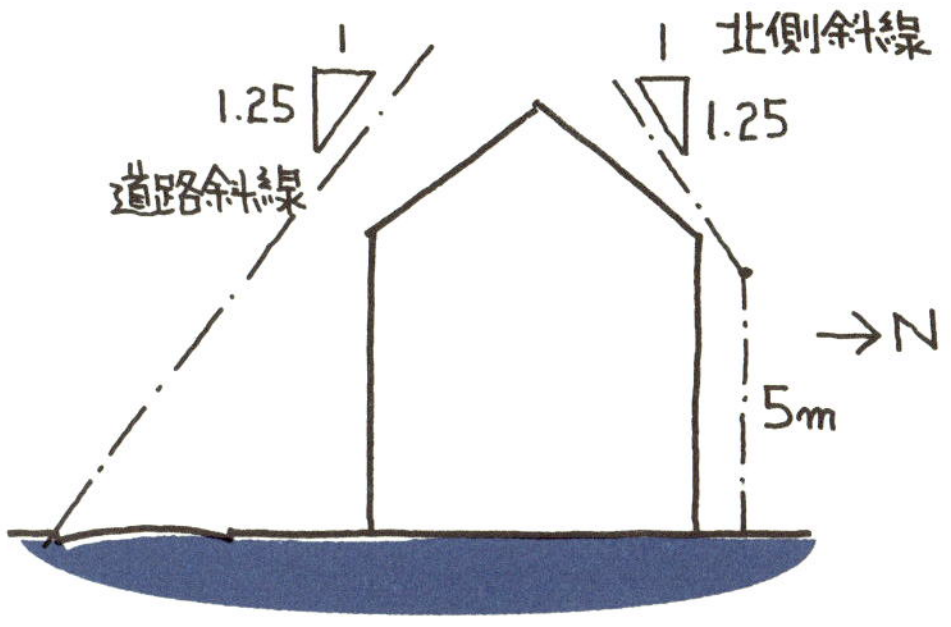

**準工業地域**

主に軽工業の工場やサービス施設が建つ地域。環境悪化の小さい工場が建設可

**工業地域**

どんな工場でも建てられる地域。住宅・店舗は建てられるが、学校・病院・ホテルは建設不可

**工業専用地域**

工場のための地域。住宅・店舗・学校・病院の建設は不可

## ④ 地形を把握する

家を建てるための土地の形は、正方形で道路面より少し高い平らな東南の角地が良いとされています。言い方を変えればこのような敷地が最も値段が高く、価値の高い敷地ということになります。もちろんこのような見目麗しい土地にケチをつけるわけではありませんが、そうでなくても良い「器」をつくることができる土地はたくさんあります。一方で素晴らしい土地と思われている敷地にも落とし穴があります。

いくつかの事例を紹介します。

### 1 縦長の敷地

うなぎの寝床といわれるものです。その多くは、近年のミニ開発などで、既存の土地を2分割、3分割されたことでできたものです。同様の土地に夢も希望もない建て売り住宅が建っているのを見てしまうと、このような土地では良い「器」はできないだろうと考えがちですがそんなことはありません。京都の町家を思ってください。素晴ら

町家の間取りは「縦長敷地」の見本です

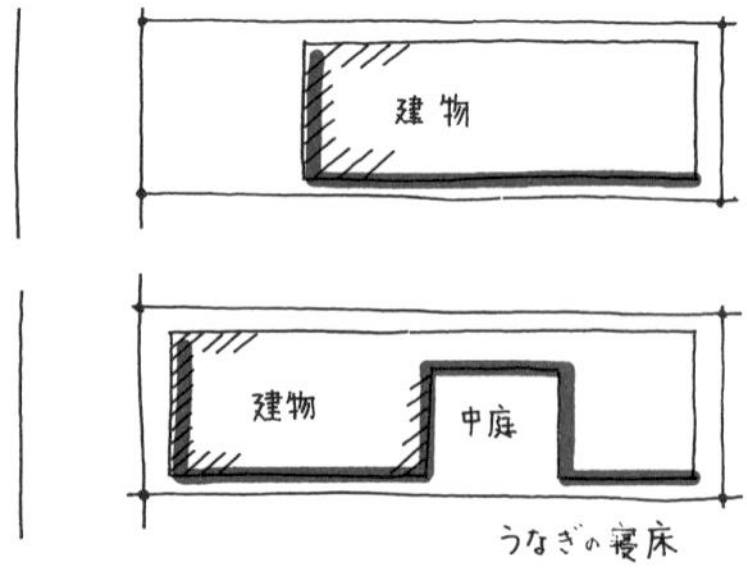


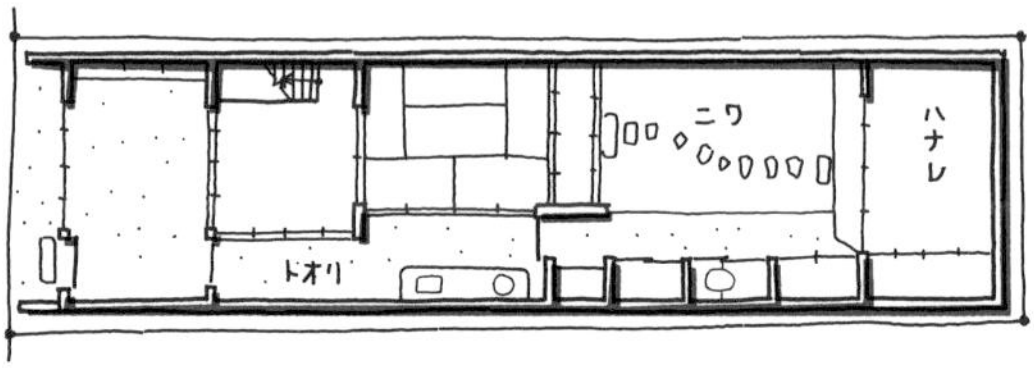

しい「器」、そして「育てる家づくり」のお手本がそこにはあります。

## 2 旗竿（はたざお）の敷地

旗竿の竿の部分の幅は2m強というのが相場です。なぜなら敷地は道路に2m以上接していなければならないことは道路の項目で触れた通りです。接道長さが2m以下のものは再建築不可の敷地ということになりますので要注意です。

この形状の敷地は最も人気がありません。つまり最も安価で購入が可能ということになります。

長所短所を理解した上で買えば、これはかなりお得な買い物ということにもなるのです。

嫌われる理由は何でしょう。

①どこからも家が見えない
②陽当たりが悪そう
③風通しも悪そう
④周りから囲まれていてプライバシーや防犯にも悪そう
⑤車が停められない

しかしこうやって列記してみると⑤を除いて他の項目は「器」のつ

嫌われる「旗竿敷地」だが……

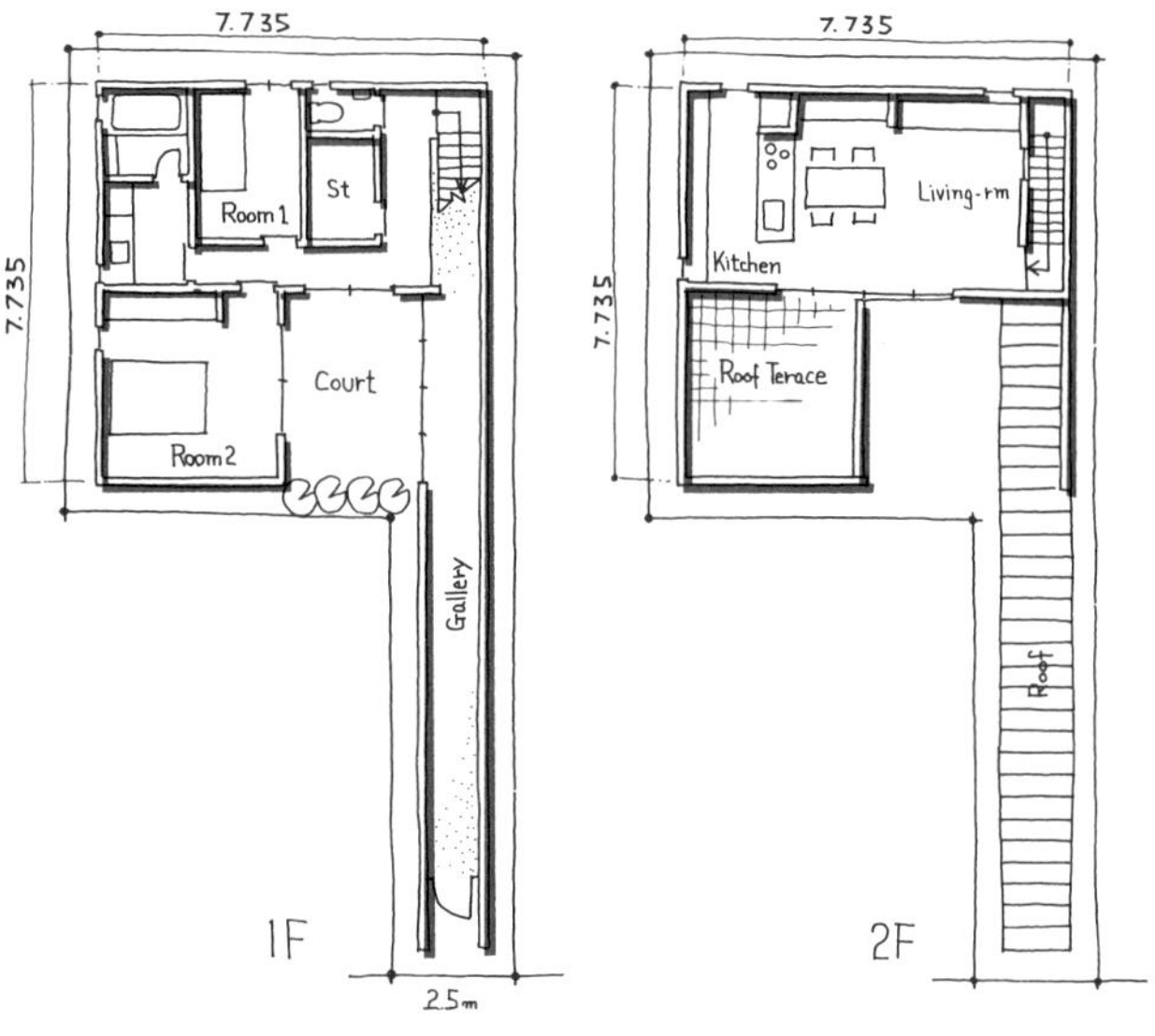

くり方でいかようにも解決できるモノのように感じます。それどころか、この土地の短所だとする竿の部分を使って、他の敷地ではまねのできない素敵な空間が演出できる可能性さえ秘めています。

要注意！道路斜線

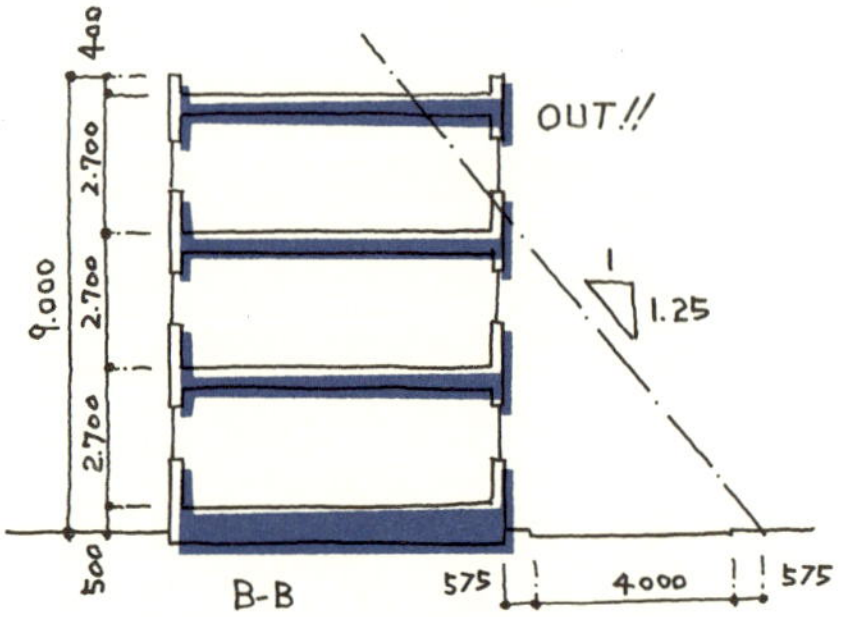


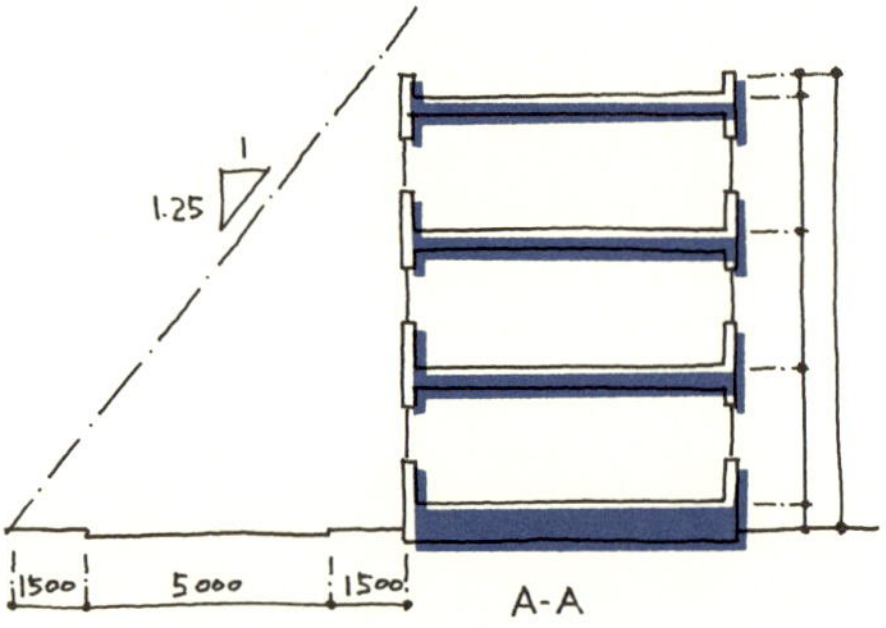


A－A側の道路斜線はOKでもB－B側の道路斜線はout!

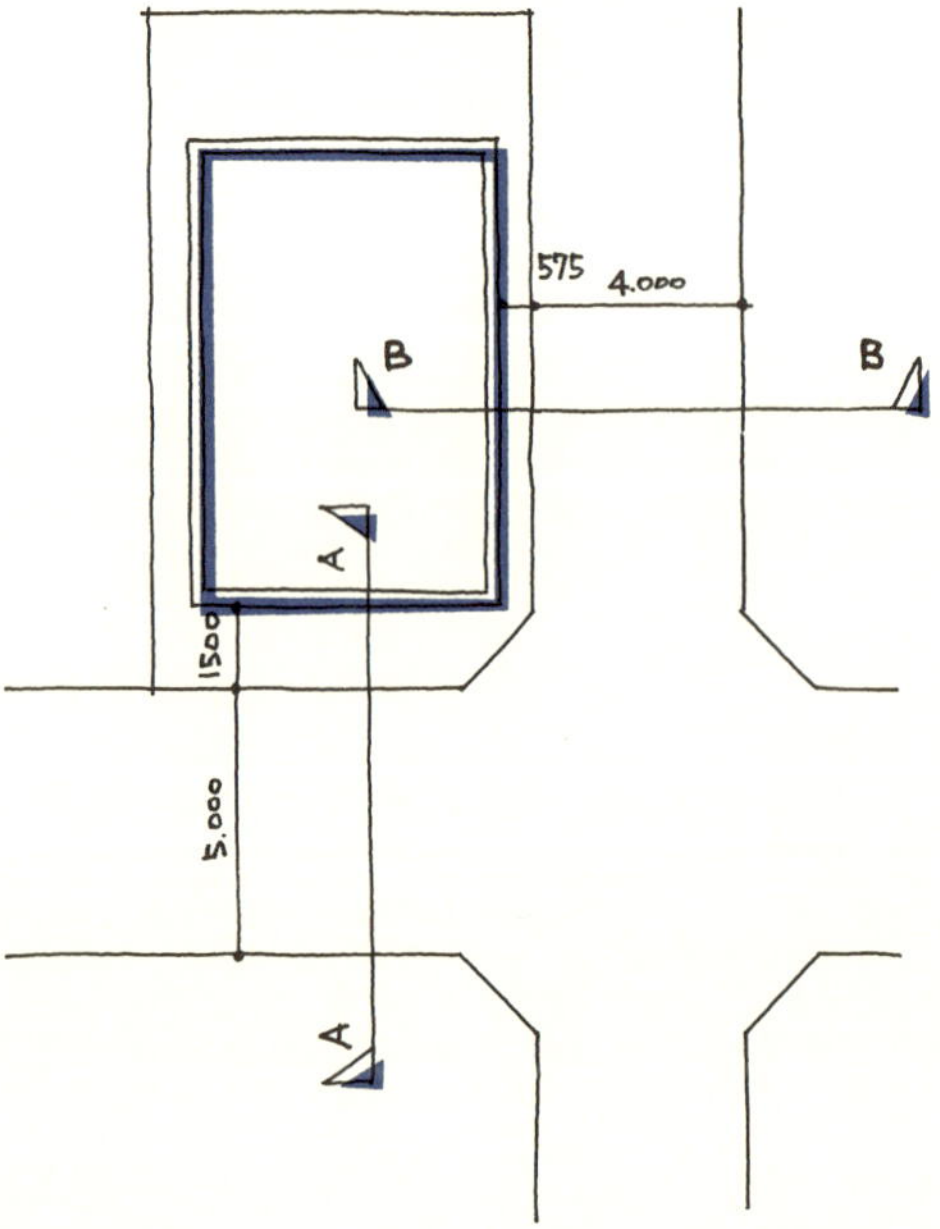

### 3 長所が仇（あだ）となる敷地

道路には道路斜線という高さ制限があるのは前述した通りです。もし3階建ての「器」をつくろうと考えていて、手に入れようとしている敷地に接する道路の幅が狭い場合、希望する3階建てが建たない場合があります。気をつけなければなりません。道路斜線にかかってしまうためです。

### 4 中庭をつくることが可能な敷地をイメージしてみる

中庭が欲しいという要望が多くあります。周囲を部屋で囲まれた屋外空間は、外なのに部屋の中にいるような不思議な雰囲気が魅力です。多様な用途が考えられます。アウトリビングのような設えとすれば天気の良い日にはここでの食事も素敵です。また趣味を活かす空間にも活用できます。日曜大工の作業空間として、アウトドアグッズのメンテナンス空間として、またペットと過ごす空間としても夢が広がります。ゴルフの練習空間としてなども楽しそうです。一方、枯山水など観賞用の空間をつくって愛でるのも素敵です。

しかしこの中庭のある「器」をつくるにはある程度の広さの敷地が必要と思われます。

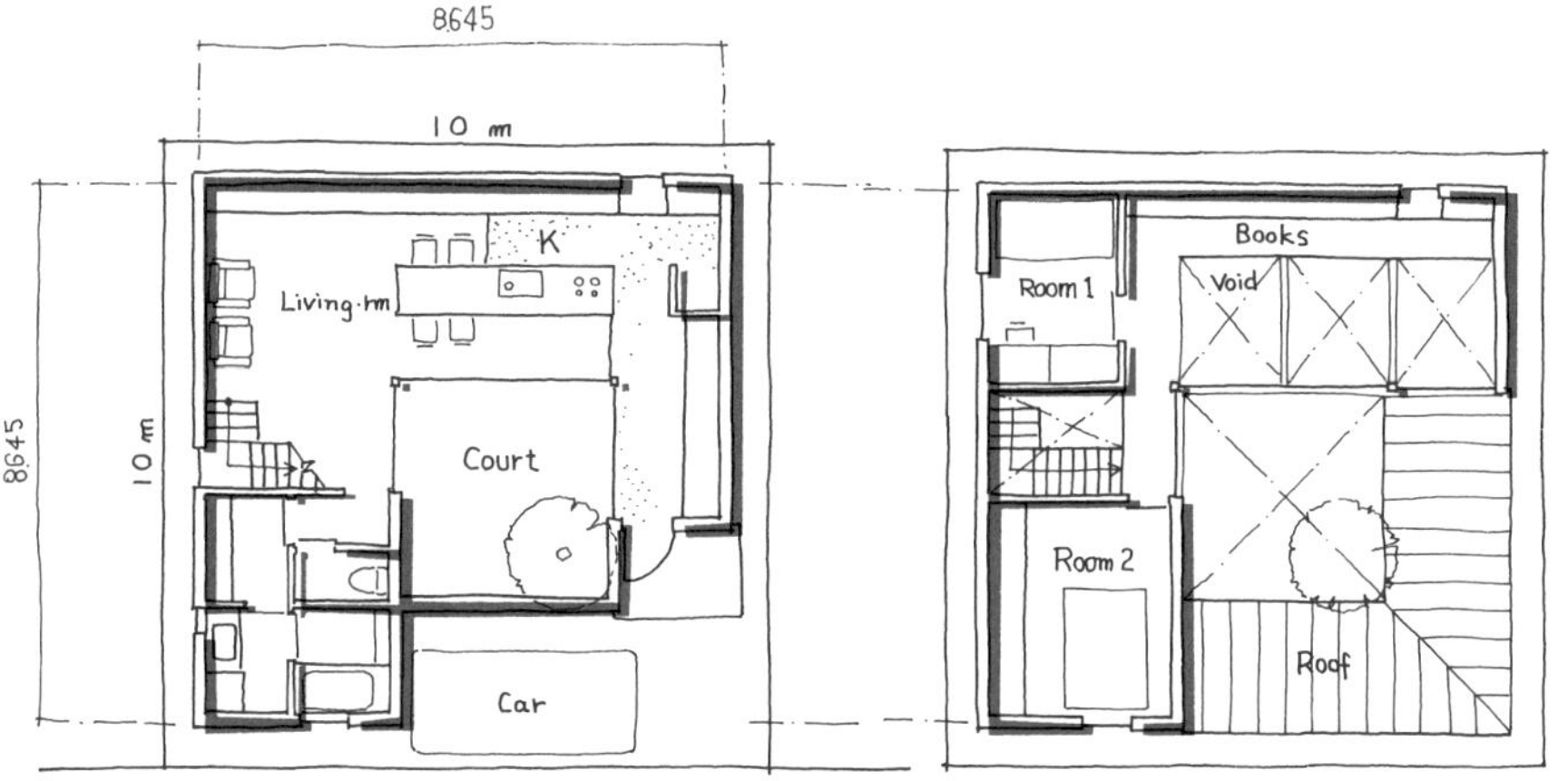


中庭のある家をつくるには……

仮に3・5m角程度の小さな中庭で良いとしても、最低でも10m角の敷地が必要となります。

### 5 多彩な屋外空間が欲しいなら……

「器」を敷地に対して斜めに置いてみる。そうすると敷地の四角に楽しい外部空間が生まれます。この外部空間は室内から見るととても奥行きの深い、広がりのある外部空間となります。それぞれの外部空間が室内の各室と繋がればとても魅力的な環境が生まれると思います。

## ⑤ 方位と敷地の関係を把握する

その土地にどの方角からどのような陽射しが注がれるのか、一日を通して、一年を通して把握することはとても大切です。またそこにつくられる部屋の窓から見える外の視界を想像してみることもとても重要になります。

1 南側に道路を持つ敷地は良いといえるのは、やはり陽当たりに分があるからです。特に冬の陽射しをたくさん採り込もうと考えると

庭を楽しみたいなら

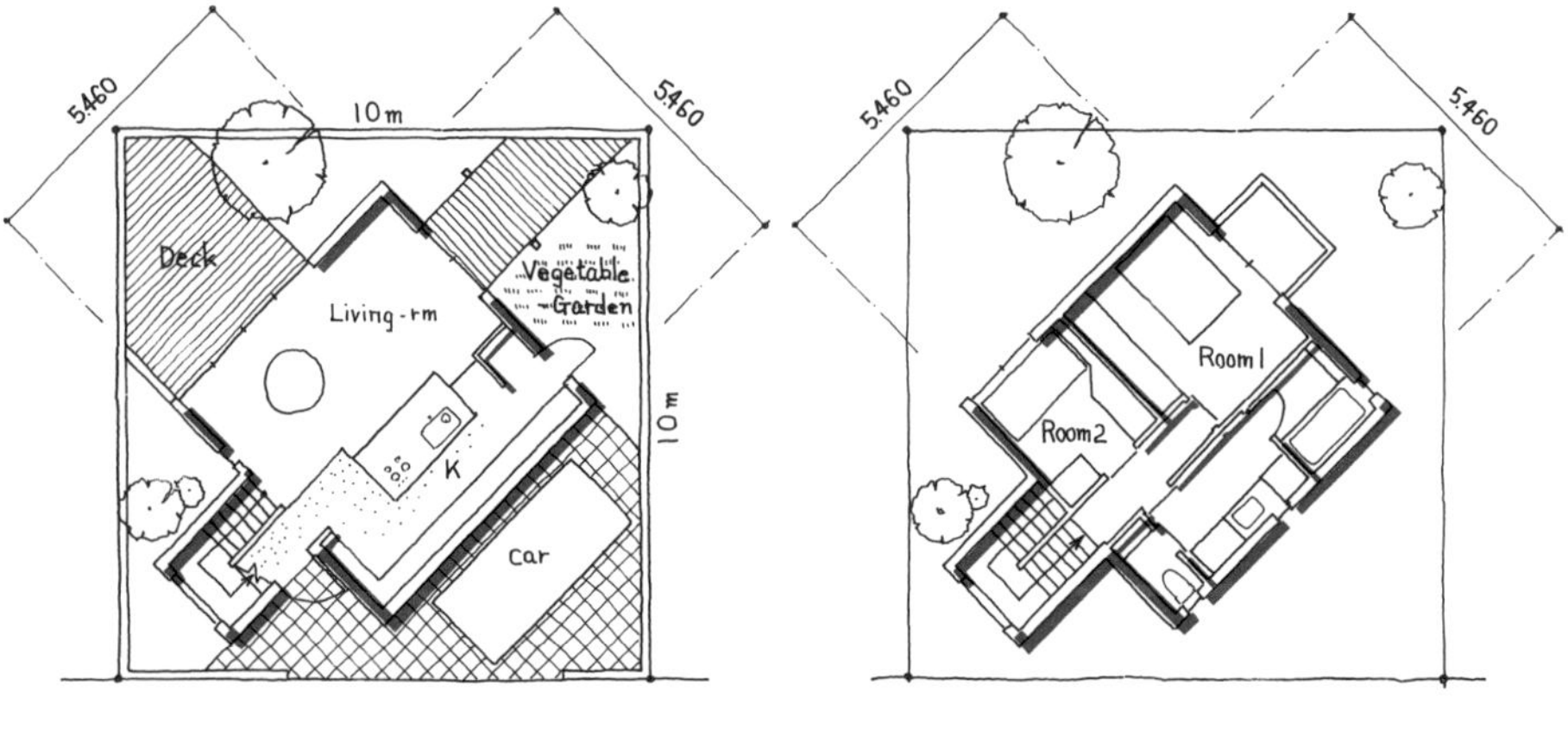

南側が開けているのは有利です。

[2] 部屋は明るいほうが良いけれど、必ずしも直射日光が入ったほうが良いというわけではありません。直射日光の下では本は読めません。図書館の閲覧室の窓は北に向いた大きな窓とするのでもわかる通り、書斎や勉強室などは北向きの窓がお薦めです。

北側の窓から差し込む間接光はとても安定していて良い光なのです。

[3] 夏の朝日で照りつけられる部屋は全くエアコンが効かないほど暑くなります。西日も同様です。一晩中熱気が取れなくなります。朝夕の陽射しは高度が低いので庇などによる対策が厳しいこともあり要注意です。

[4] 南の窓から見える景色が、良好な眺望のある土地ならば良いのですが、普通の住宅地ではなかなかそのようなことはありません。大抵の場合は前にある家の北面が見えることになります。つまり多くの場合、前に建つ家のトイレの窓や勝手口のドアが見えるということになるのです。決して見たい景色ではありません。

冬の陽射しを入れるのは大変

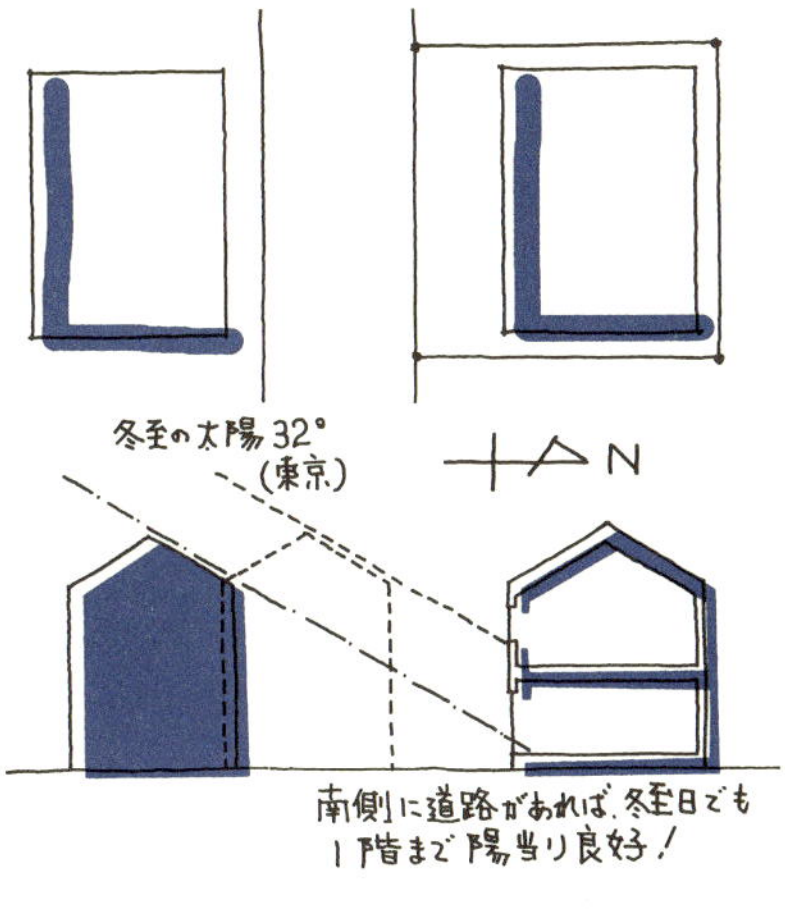
冬至の太陽32°
(東京)
N
南側に道路があれば、冬至日でも
1階まで陽当り良好!

陽射しがきつ過ぎることもある

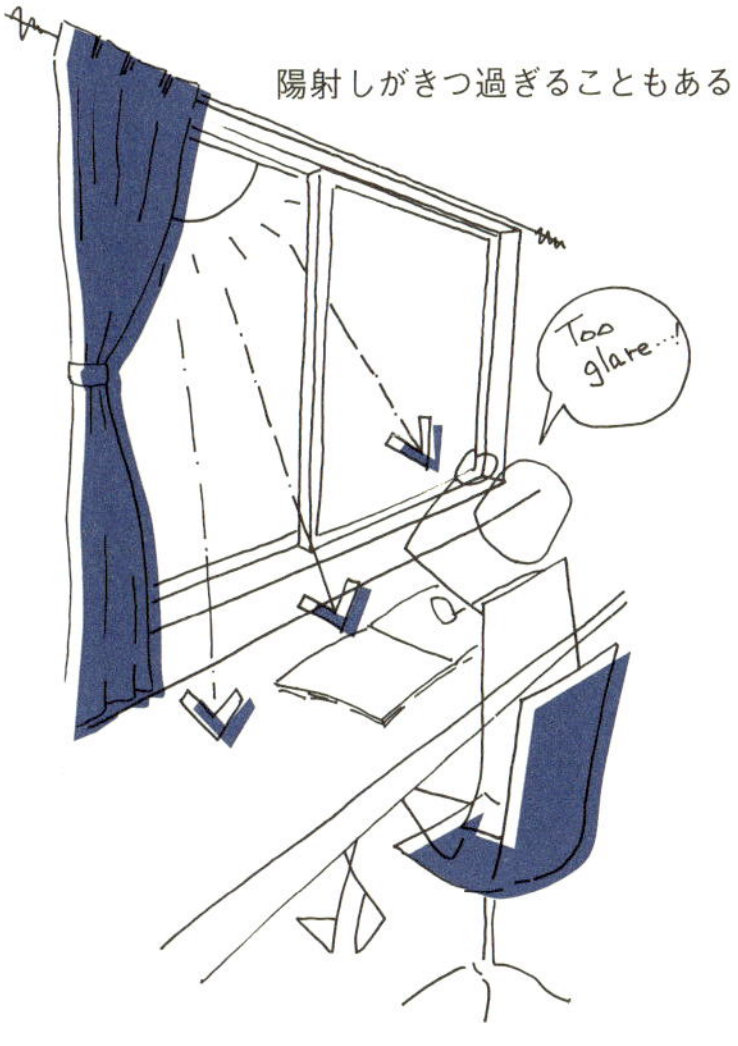
Too glare…!

それに比べて北の窓から見える景色は燦々と陽の光を浴びている緑だったりするのです。家も皆、南向きですから、居間やダイニングルームなどの主要な部屋が奇麗に並んでいます。
我々日本人には南向き信仰ともいうべき強い思いがあり過ぎるような気がします。北向きの部屋を考えてみると間取りづくりに幅が広がります。

東西の陽射しは遮り難い

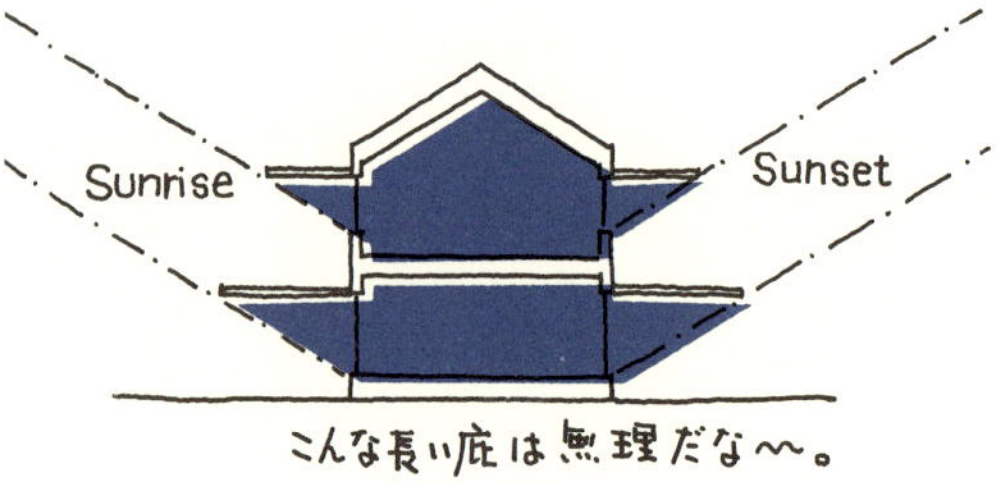
Sunrise
Sunset
こんな長い庇は無理だな〜。

南側の窓から見える隣家の日の当たらない景色よりも、北側の窓から見える緑の景色のほうが気持ちいい!

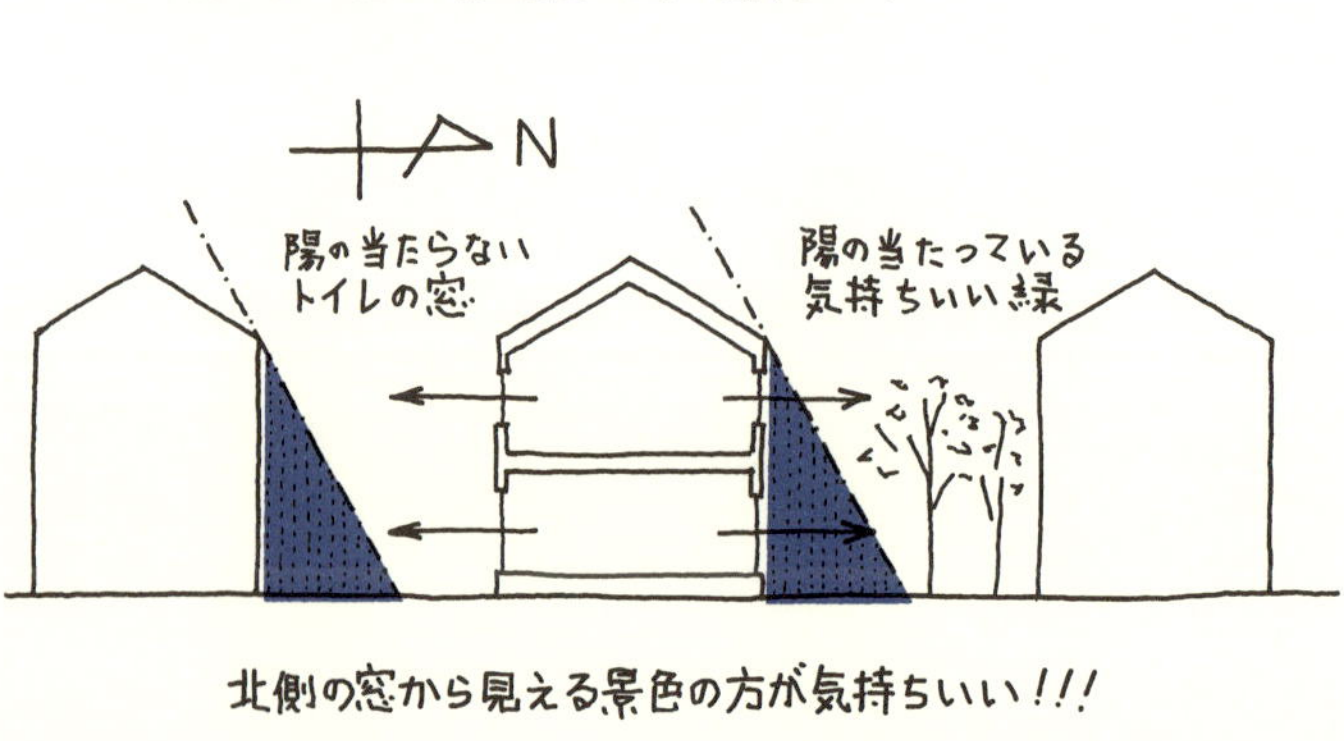
N
陽の当たらない
トイレの窓
陽の当たっている
気持ちいい緑
北側の窓から見える景色の方が気持ちいい!!!

# 03

# 「ツクリ」の育て方

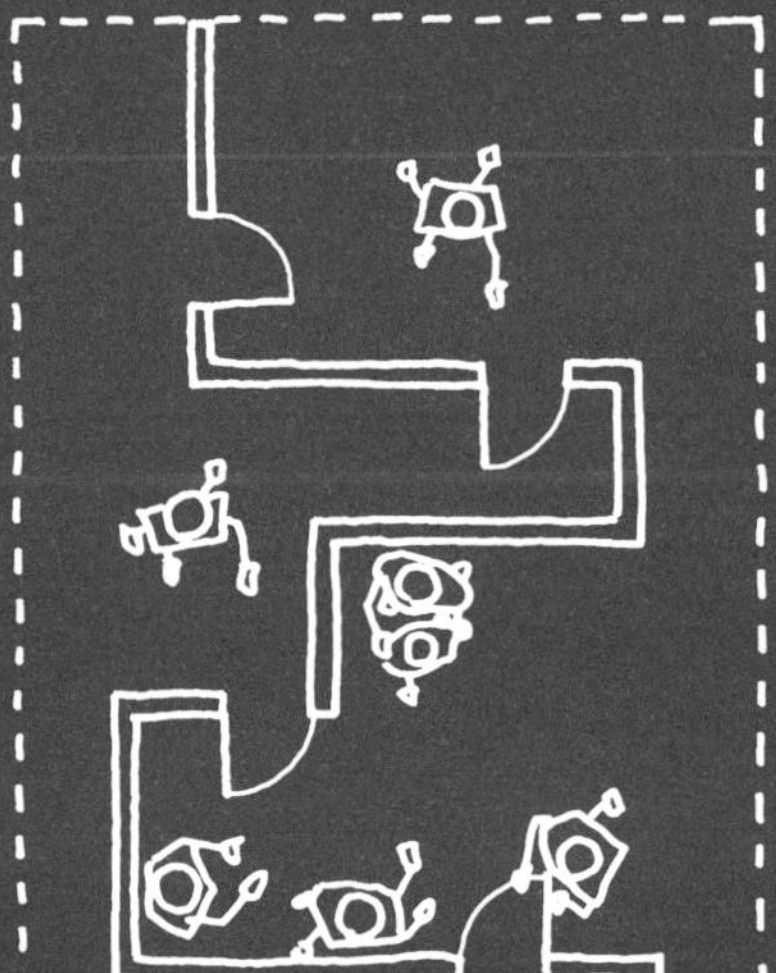

「ツクリ」とは「器」の中につくられる間仕切りや設備を指します。最初につくった「器」の中で「ツクリ」は、つくり付けられてゆくのです。

## 01

# 玄関の育て方

### ① 玄関ってどんなところ

玄関とはどのようなものでしょう？
家の内と外を繋ぐ場所……？ それならば庭へ出るテラス窓やドア

のある場所は？

玄関とは靴を履いて外に出る場所。家に入って靴を脱ぐ場所……？

来訪者が訪ねてきた時に入る場所、招き入れる場所……？

玄関はもちろん家の出入り口。家族だけではなく、さまざまな訪問者がやってきます。親しい友人のこともあれば、宅配業者であることも……。

かつての日本の豪農や武家の家屋には2つの玄関がありました。1つは主要な出入り口としての玄関です。しかしここは「ハレ」の場として年に数回しか使用されないようなものでした。あまり使われない割には広くて立派なつくりです。もう1つは普段使いの玄関、勝手口のようなもので、いわゆる「ケ」の場です。

時代劇などを見ているとこの形式の家をよく見ることができますし、現代でも高度成長期に建てられた住宅などにはまだこの面影を残した佇まいが多くあります。また地方に行くと戦前に建てられたお屋敷などにも多く見られます。今でもこの立派な玄関は日常では使われないことが多いようです。

アニメ「サザエさん」は昭和の高度成長期を代表するホームコメ

民俗学や文化人類学において「ハレとケ」という場合、ハレ（晴れ、霽れ）は儀礼や祭、年中行事などの「非日常」、ケ（褻）はふだんの生活である「日常」を表す。

ディ（漫画サザエさんはそれ以前）です。この磯野家の家の間取りはとても有名です。磯野家はこの時代の典型的なサラリーマンの家として描かれており、この家には玄関と勝手口があります。さすがに家族の皆が玄関を普段使いの出入り口として使っており、アニメのシーンでもこの玄関を舞台にしたたくさんの場面が描かれます。一方、フネとサザエは勝手口をよく使い、酒屋のご用聞きも専らこの勝手口を使います。昭和の文化を感じるシーンです。

アメリカの昔のホームドラマに「奥様は魔女」というものがありました。かれこれ40年も前のものです。ここにはアメリカの中流家庭の様子が描かれていました。当時の日本の一般住宅から比べると夢のように大きくて立派な家です。玄関の扉を開くとその先にリビングルームがあります。玄関との間に仕切りはありません。すぐにソファが見えます。来訪者はそのままソファのあるリビングルームまで入ってきます。靴を脱がないためでしょうか、大変に開放的です。玄関の扉が内開きで招き入れる感じが自然です。

このように玄関を見てみると玄関の役割りというものが少し見えてくるように思います。そこには内と外を単に繋ぐ場というよりも、

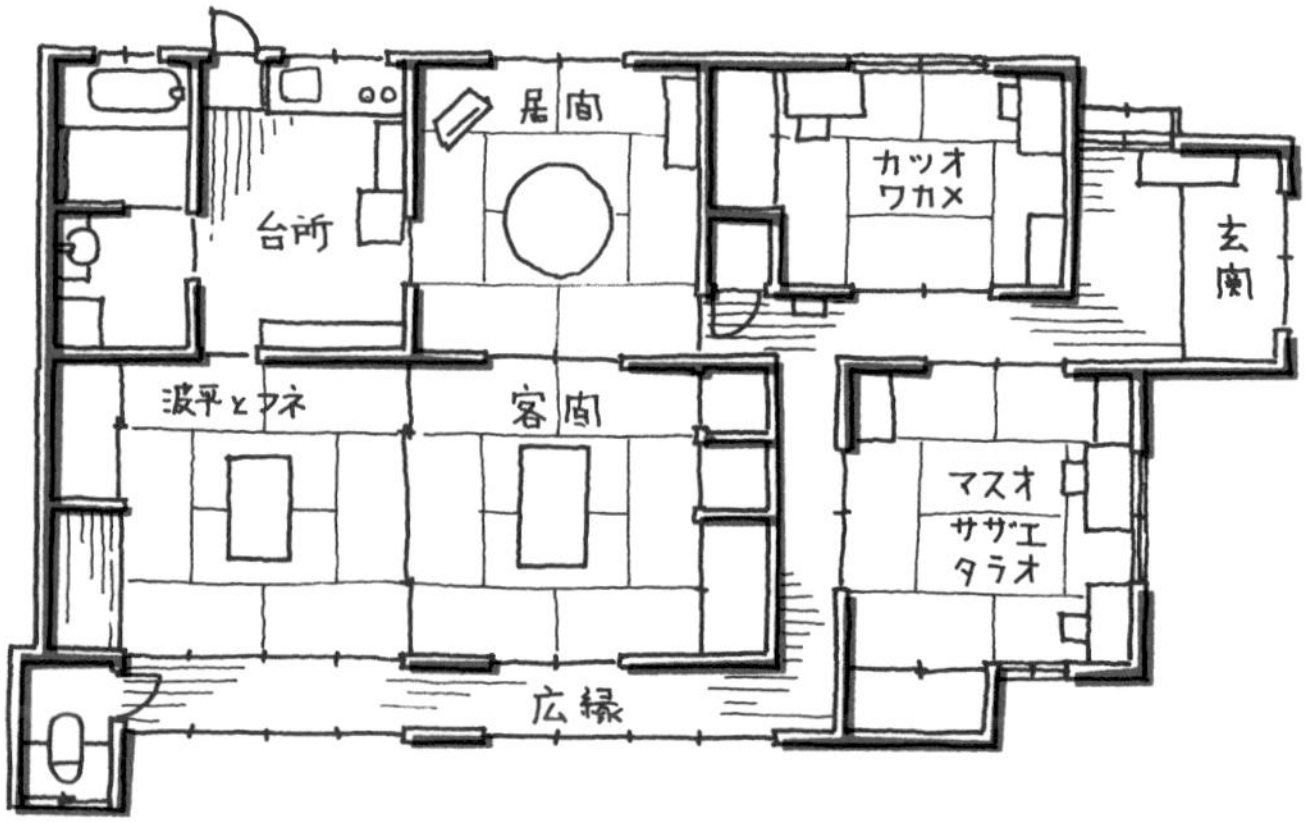


磯野家の間取り

家と街、そこに住む人とその街に住む人々との関わり方を表しているように思えてきます。私たちが家をつくるとき、我家が街とどのような関係でありたいのかを考えてみることが玄関について考える大きなヒントになりそうです。

日本のかつての町家づくりや農家の家には玄関といわれるものがありません。もちろん出入り口となる扉はありますが、その引き違い扉をガラガラと開けると広い土間があります。そこは下足のままの空間であり、奥への通りであり、台所であり居間であり作業場でした。格式などとは無縁で、極めて機能的な要素によっていることが見てとれます。

機能的であるという視点からいえば「奥様は魔女」のスティーブンス家に近い様子です。

これに対して現在の一般的住宅の玄関とは、かつての豪農や武家の家の佇まいの影響を受けたもののようです。格式を重んじているといえます。どんな小さな家にも大抵は専用の玄関があり、また別に勝手口をつくることもあります。磯野家の発展系といってもいいものです。

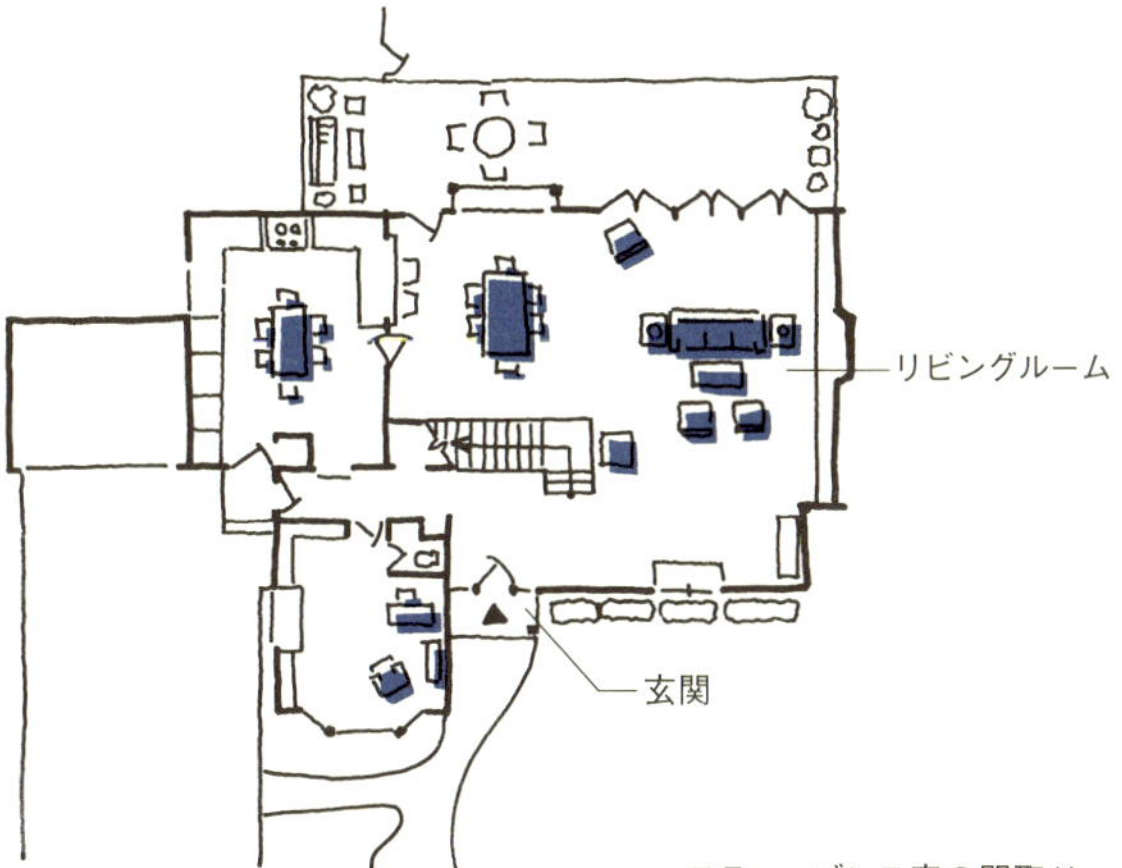


スティーブンス家の間取り

町家の間取り

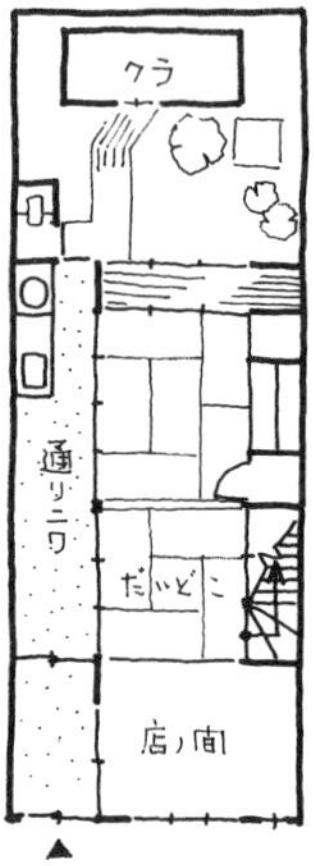


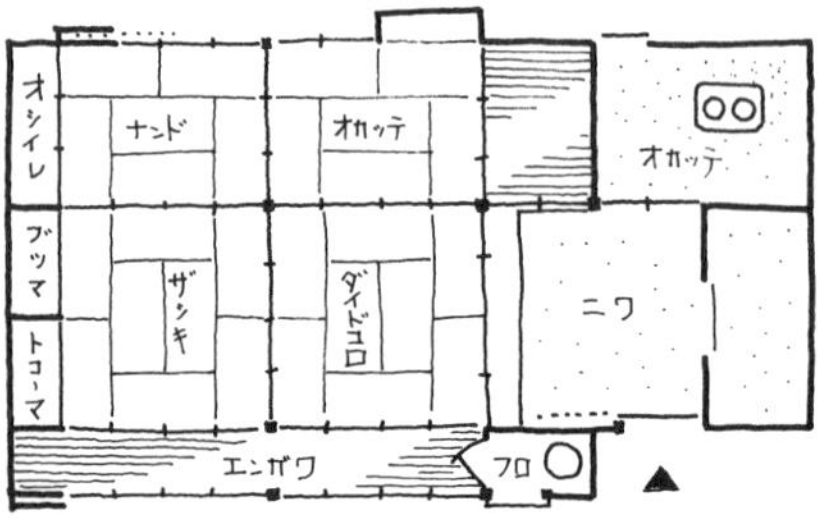


農家の間取り

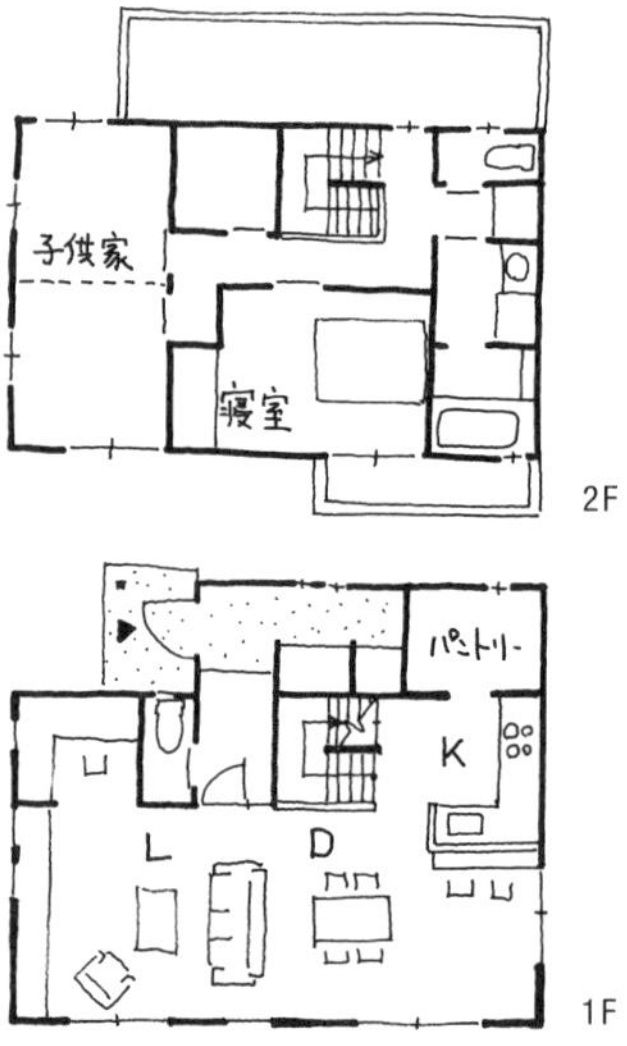


ハウスメーカーの間取り

武家の間取り

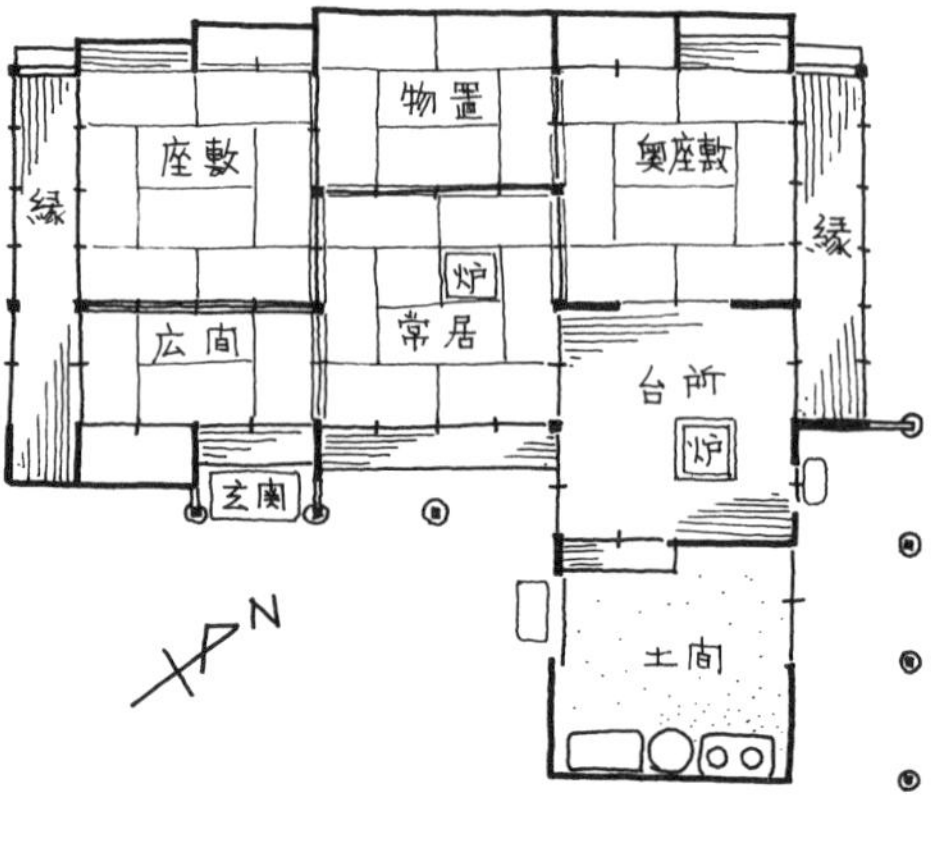

## ②「育てる家づくり」の玄関

扉を開けると土足のままの土間空間が続きます。いきなり居間やダイニング空間となりますので、専用の玄関がないともいえます。下足入れを用意してインナーシューズに履き替えることは良いと思います。かつての日本の農家や町家づくりのようでもありますが、スティーブンス家のほうが近いイメージです。いきなり奥まで見えてしまうことに抵抗がある場合でも、扉などは設けずに気に入ったテキスタイルなどをぶら下げて目隠しをつくるようなことでも良いと思います。そして住みながら何が良いのかを決めてゆくのです。

現在の私たちの家に求められる玄関は格式などではないと考えます。それよりはむしろ街との関わり方を思案することを大切にすべきなのではないかと思います。街に住む人々と、どう関わりを持つかをしっかりと考えることが大切です。最初は何もない状態から始めて、暮らしながら街に住む人とどう関わるのかを模索できるような玄関が一番良いと考えます。

シンプルで機能的な玄関

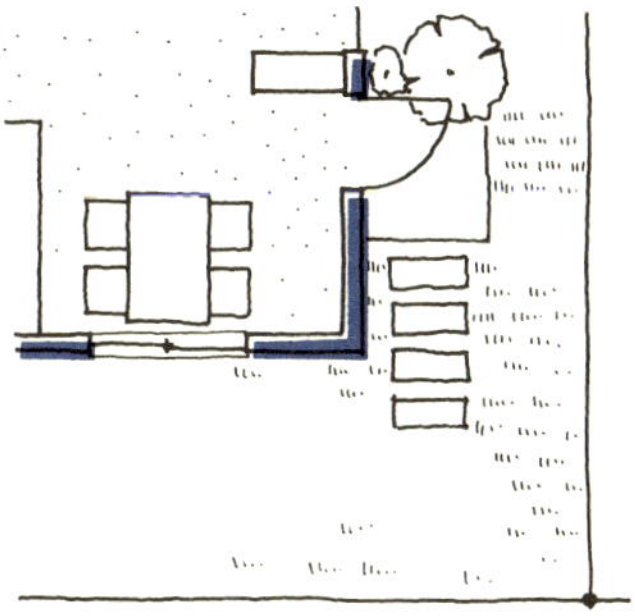

## ③ 玄関の育て方

玄関の育て方には2つの方向があるように思います。1つは内部の使い勝手を充実させるための工夫、そしてもう1つは街や街に住む人との関わり方に重点をおいた工夫です。

前者でいえばこの場所には意外と多くの機能が必要なことがわかります。まずは下足入れですが、実は靴だけではありません。コートやベビーカー、ゴルフバッグやちょっとしたアウトドア用品などもこの場所に置きたいと考えれば、これらを一カ所に整理できるウォークインクローゼットのような空間に育てることも考えられます。

インナー用のスリッパや、荷物受け取り用の印鑑や、自転車や車の鍵を掛ける場所などもあると便利です。自転車そのものを室内に持ち込みたくなるかもしれません。

身だしなみをチェックする姿見や、ブーツを履くためのスツールなども欲しくなるかもしれません。年をとれば手摺があればなお便利です。

そして後者でいえば、街や街の人々との関わり方への工夫です。街に開くのか閉じるのか、街との関わりを深く持つのか浅くするの

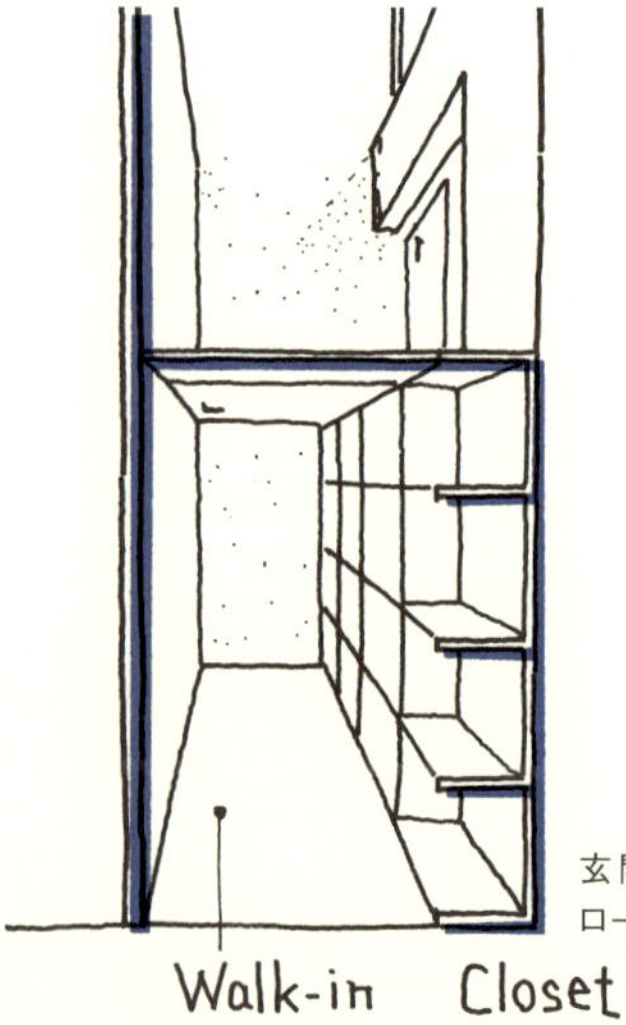


玄関にシューズクローゼットをつくる

玄関先を地域の人と関わる大切な場所に

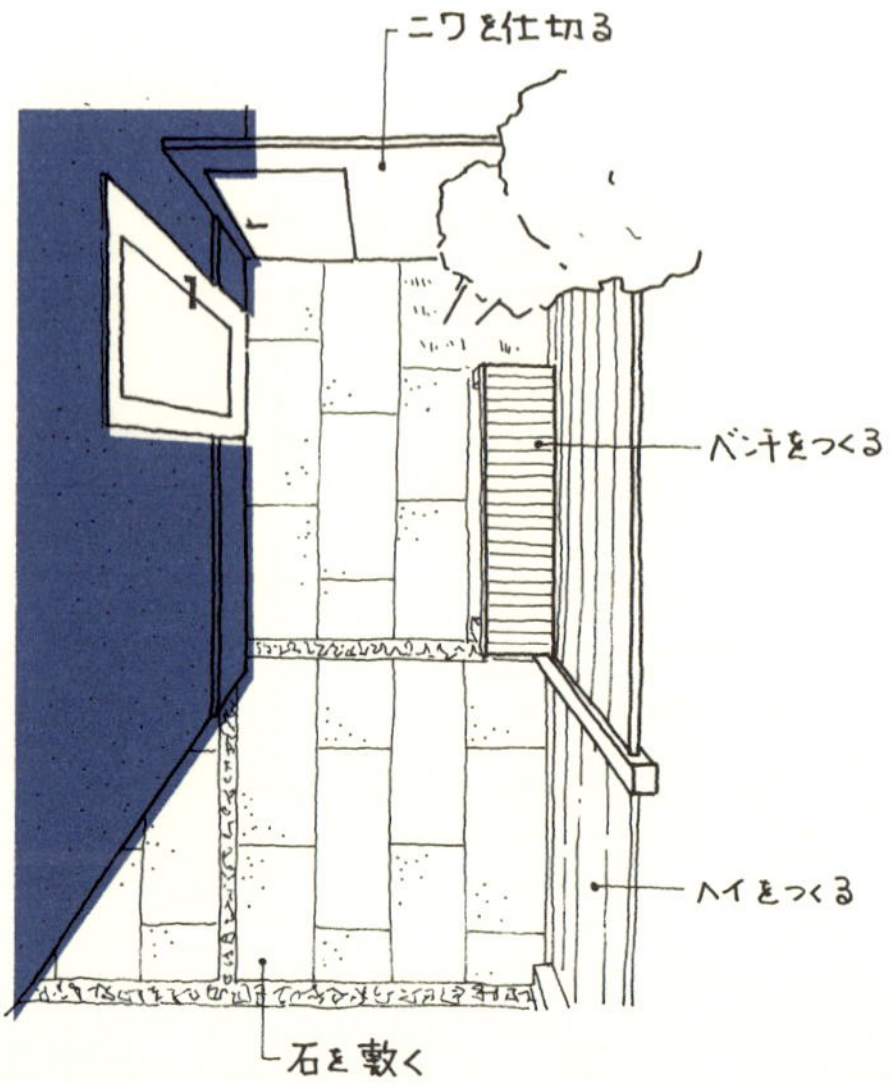

か、多様な考え方の上に玄関は育ってゆくのだと思います。例えば玄関扉にガラスが入っていて中が見えるのか見えないのか。それだけでもその家の印象は大きく違います。例えば不意の来訪者を歓迎しようと思えば、ちょっとした腰掛けスツールなどが似合う空間があれば良いかもしれません。珈琲テーブルがあればなお魅力的でしょう。自分の趣味や思いを表現するミニギャラリーのような場をつくっても良いかと思います。「私はこういう人です」と街の人々に自分を紹介するようなしくみはどうでしょうか。もちろん多様な価値観があって良いのです。その上に多様なアイディアが生まれてくるのだと思います。

## 02 居間の育て方

### ① 居間とは何をするところ

「居間」とは面白いネーミングだと思います。文字通り解釈すれば

「居る間」です。そこに行動や機能がないのです。「みんなの居場所」とでもいえば最も近いかもしれません。親はこの場を家族のコミュニケーションの場と考えます。子供はテレビを観る場所と捉えているかもしれません。来客のための応接間でもあります。ソファを置くこともあれば板の間でゴロゴロすることも、畳の可能性もあるでしょう。

家族の団らんがなくなったといいます。辞書で「団らん」としらべれば「集まって車座に座ること、親しい者たちが集まって楽しく時を過ごすこと」とあります。かつての日本の住宅には「茶の間」と呼ばれるものがありました。通常、小さな畳の部屋で、冬ともなれば炬燵(こたつ)が家族の集まる場所です。まさに団らんの場です。一方、茶の間とは別に「応接間」または「座敷」と呼ばれる場所がありました。畏まった行事などを行ったり、来客を通したりする部屋です。

現代の家でいえば、「居間」はこの「茶の間」と「応接間」や「座敷」を合わせたようなものです。家族が集まる場所と来客を応対する場所を兼ねているわけです。

一方で居間での過ごし方をよく観察すると同じ空間に居ながらに

家族がそれぞれ別なことをする居間

して、特に会話をするわけでもなくそれぞれが皆勝手に別なことをしていることに気が付きます。これは団らんとは異なりますが、居間での過ごし方として大切にしなければならないもう1つのカタチだと思います。同じ空間に居ながら各人がばらばらに別なことをしている状態を想像してみます。本を読んだり、勉強したりする。テレビを観たりお茶を飲んだりする。何か趣味を楽しむ。時に何もせず庭を眺めたり、静かにそこに居たりする。これらは皆、居間での大切な過ごし方といえそうです。ひょっとするとこれらの多様な状態こそが、居間を育てる時の鍵になるのかもしれません。

## ②「育てる家づくり」の居間

「育てる家づくり」では……、まずはコンクリートの土間から始まります。

土間の過ごし方として、まず家族の人数分の椅子を置いてみるのはどうでしょう。皆、色や形の異なるものが楽しいと思います。高価なものである必要はありませんが、座面が低めで少しゆったりしたものが良いでしょう。決して広い空間は必要ありませんが、家族

家族それぞれの椅子

がそれぞれに別なことをしていても良いだけの距離感が保てることは重要です。伸びやかな場所、籠った場所など空間に変化があると理想です。一方隣り合うダイニングルームとの関係にも配慮が必要です。決して大きな家ではないものを想定すると、食事の機能以外の使われ方として、このダイニングスペースも居間の一部として機能させたいからです。

土間コンクリートには蓄熱式の床冷暖房設備を埋設させることが良いと思います。熱容量の高いコンクリートの特性を活かして蓄熱させるしくみはとても合理的です。「熱容量が高い」とは「暖まり難く冷め難い」ということです。つまり時間がかかっても一度暖まればなかなか冷えないということです。この性質を活かして、陽当たりの良い土間であれば、日中の太陽光を直接当ててコンクリートに熱を蓄えて、夜にはその熱で部屋を温める方法も使えます。温かいコンクリートは不思議な感じがしますがとても快適なものです。

## ③ 居間の育て方

時の流れの中で家族の成長と共に、団らんの仕方も変わると思い

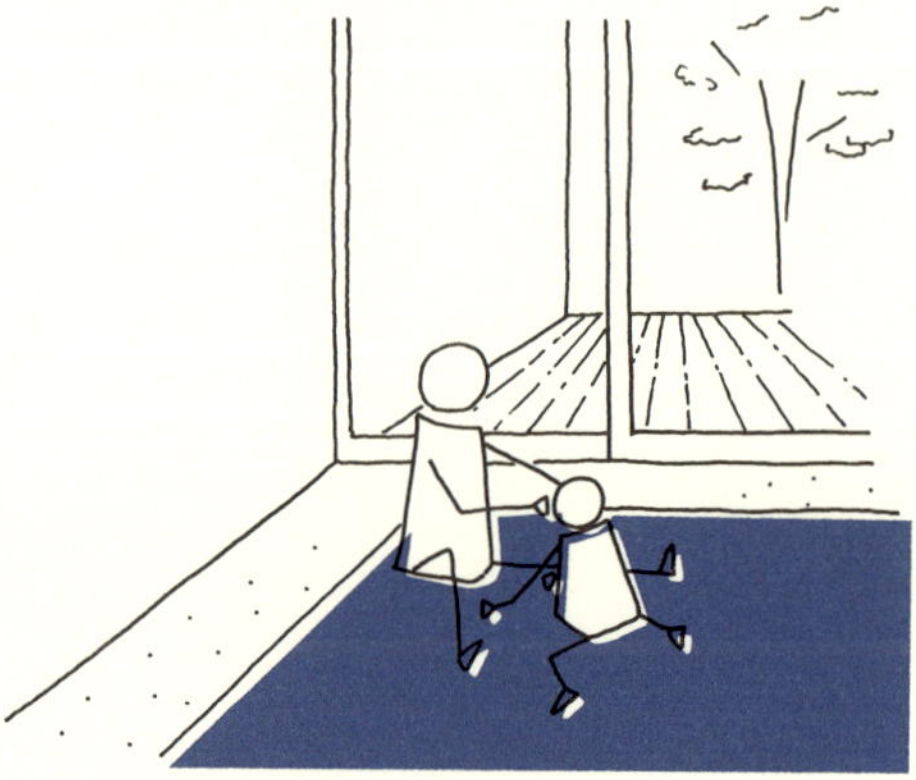

親子でゴロゴロする居間

ます。また1人でいる時間も大切になってゆくはずです。本を読む場所をつくってみる。小さな子供がいるなら読み聞かせができるような設えに、大人だけならお茶やお酒を飲みながら楽しめる雰囲気づくりも良いでしょう。もっとしっかりとしたワークスペースをつくってしまうこともありそうです。音楽や映画を観るためのしくみを仕込んでも楽しそうです。最初は壁だったところの全面に本棚をつくるのはどうでしょうか。書籍だけでなく家族の旅行の思い出を飾る場所や子供の成長記録のコーナーなんていう場所ができても良いと思います。

居間に必要な機能は刻々と変わってゆきます。最初は土間仕様のコンクリートでも、将来はフローリングを敷き込むこともあるかもしれません。畳になることもありえます。土間の楽しみ方を活かして部分的に床を貼って小上がりをつくって楽しむのも良いでしょう。傍らに暖炉やストーブなどがあれば最高です。ペットを飼うことになればそのための対応も可能です。趣味を活かすようなコーナーをつくることも楽しみです。来訪者とゆっくりお茶を飲めるカフェのようなアレンジも可能です。

小上がりにちゃぶ台を置いてみる

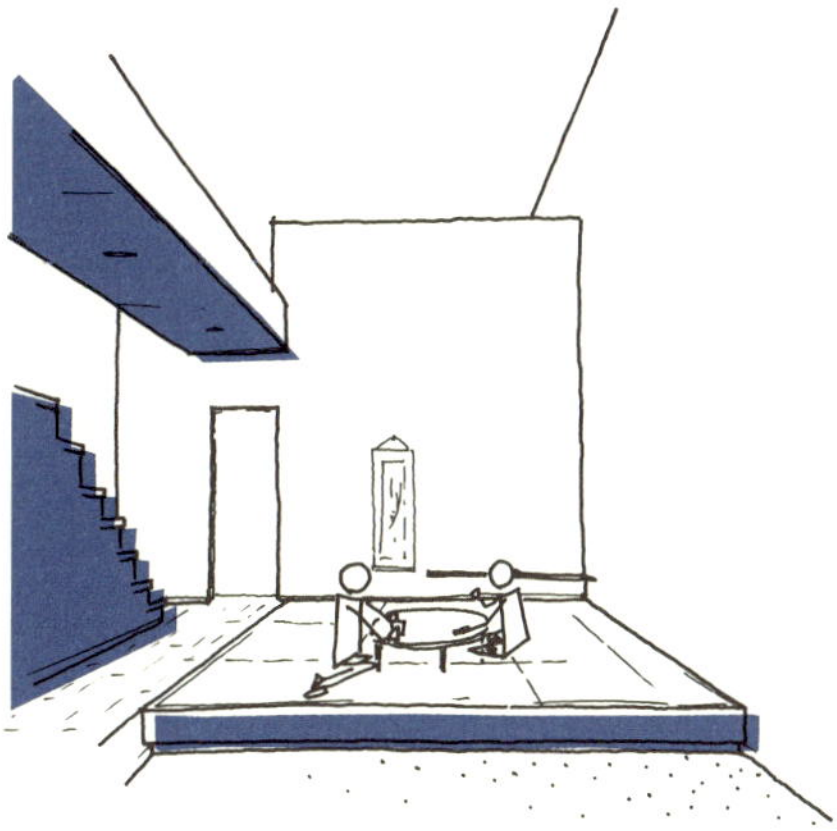

書斎コーナーをつくる

# 03 キッチン＆ダイニングルームの育て方

ダイニングルームとキッチン。毎日を快適に、気持ちよく過ごすために大切な場所です。そのために必要な個々の機能はたくさんありますが、まずはダイニングルームとキッチンの関係性を整理してみます。

## ① ダイニングルームとキッチンの関係

2つの空間は組み合わせが大切です。大別すれば次の5パターンがあります。

### [1] 独立型

キッチンが完全に独立したカタチです。水はねや油はねなどを気にすることなく調理に集中できるので料理好きには人気があります。キッチンが本来持つ調理機能にハードな仕様を求める場合に適してい

[1] 独立型

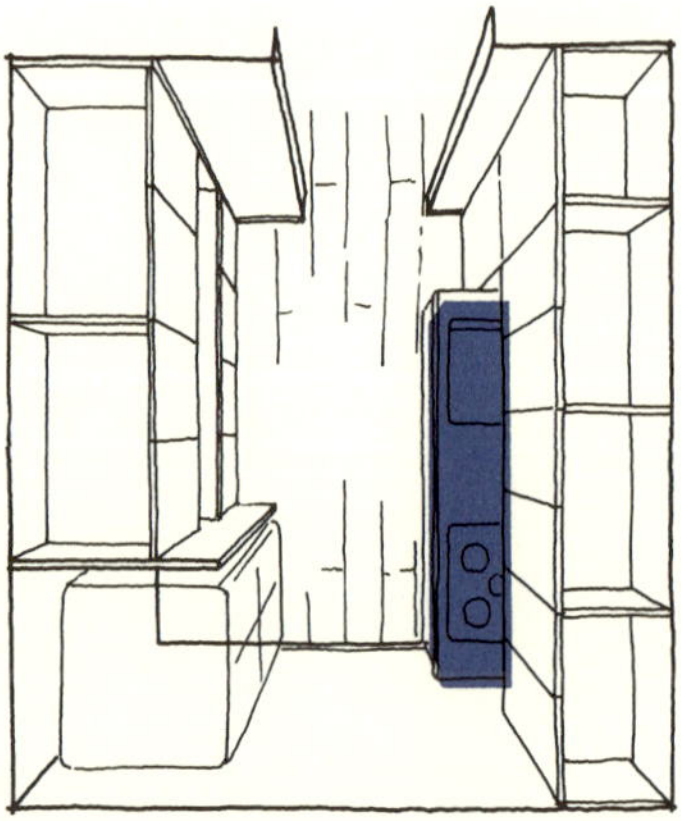

ダイニングテーブルからキッチンは全く見えない
独立型キッチンに配膳窓がつくと、こちらから取りにいく感じに……

[2] 対面独立型

ます。個室となるため冷暖房をどう考えるか検討する必要があります。

### 2 対面独立型

独立したカタチを維持しつつ、コンロやシンクの位置をダイニングルームと対面するように配置し、手元は隠しつつもダイニングの様子がわかる仕様です。多様なニーズに対応しやすいこともあり、マンションや分譲住宅にも多いカタチです。対面した部分にダイニングテーブルを置く場合と、配膳用のカウンターなどを設ける場合があります。

### 3 対面オープン型

ダイニングと対面させ、なおかつコンロやシンクを開放させます。アイランドキッチン型ともいわれ、つくり方によっては四方からシンクや調理台が使える仕様にすることも可能で、ホームパーティなどにも向いています。ただ調理の音や水はね油はね、レンジフードの排気音に注意が必要です。

### 4 並列型

これはコンロやシンクをダイニングテーブルと平行に並べる方法

3 対面オープン型

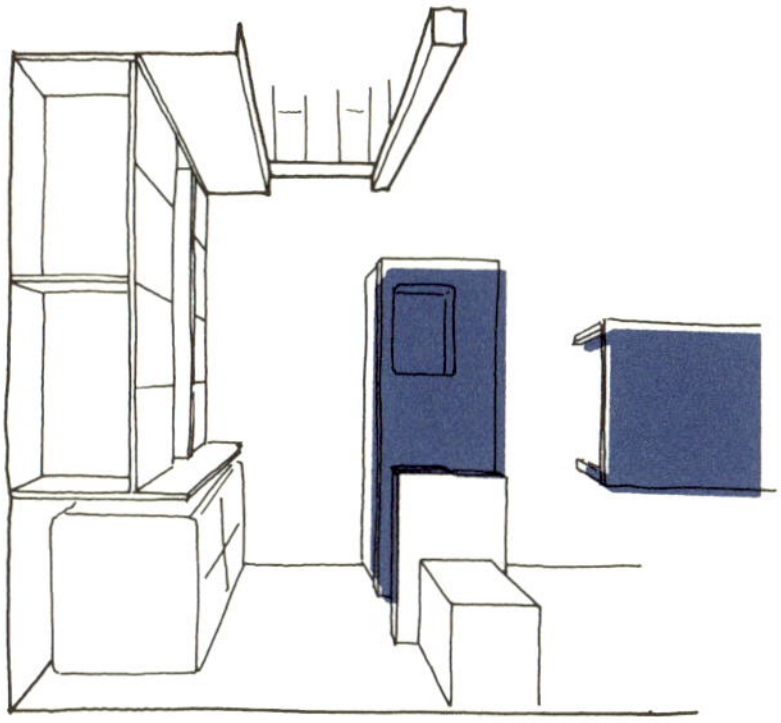

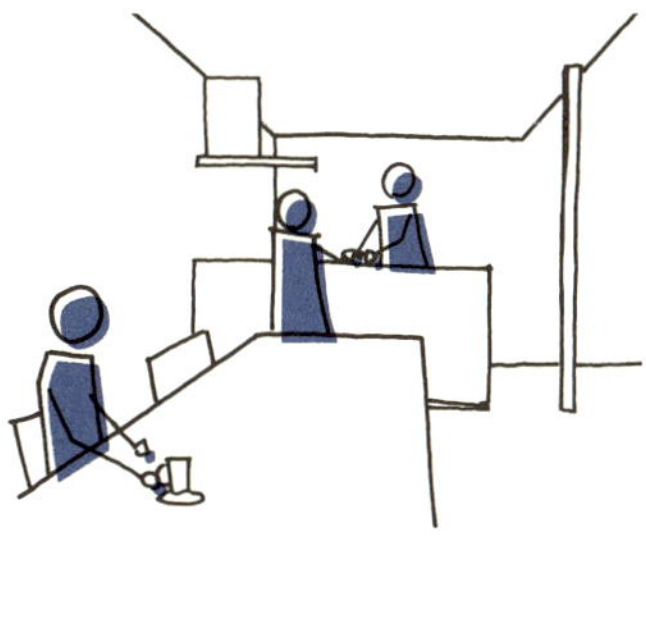

ホームパーティにはぴったりです

です。動線が短く合理的で場所をとらないことが魅力です。1人暮らしや小家族に向いているカタチです。

### 5 ダイニングキッチン型

壁に向かってコンロやシンクを配置、部屋の中央にダイニングテーブルを配置する方法。面積に余裕がある場合はシンクとダイニングテーブルの間に調理台を置くと大変に使いやすいものとなります。

## ②「育てる家づくり」の ダイニングルームとキッチン

この場所は家の中で最も大切な場所です。料理をつくり、食べる空間こそが、家が家としてあるべき本質なのではないかとさえ思います。そしておそらく時の流れの中で最もニーズが変わっていく場所かもしれません。その多様な変化に対処すべき措置が必要な場所だと捉えます。家族構成の変化、食事の好みの変化、つくり方の変化、長い年月の中で変わりゆくスタイルの変化に柔軟に対応することこそが大切です。

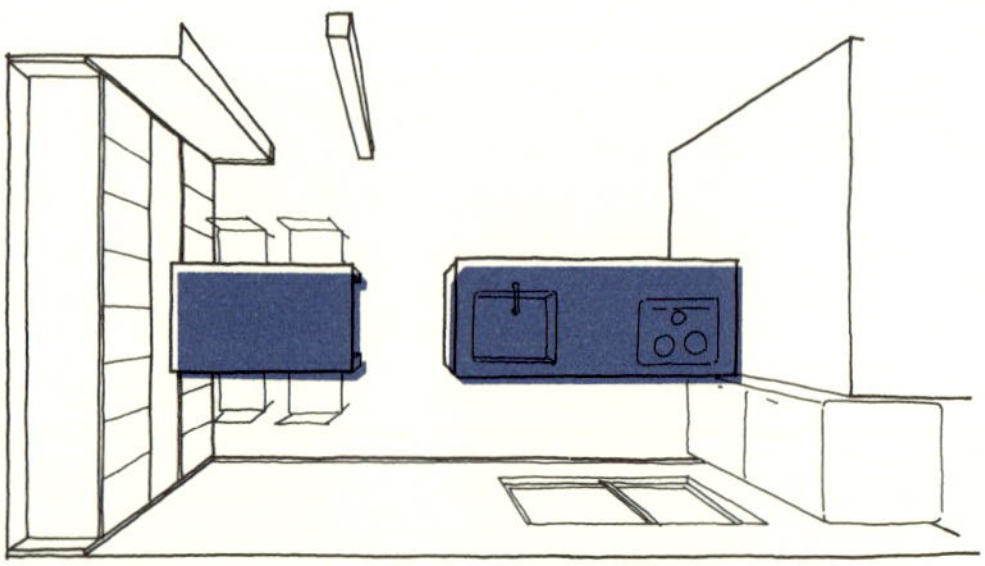
4 並列型

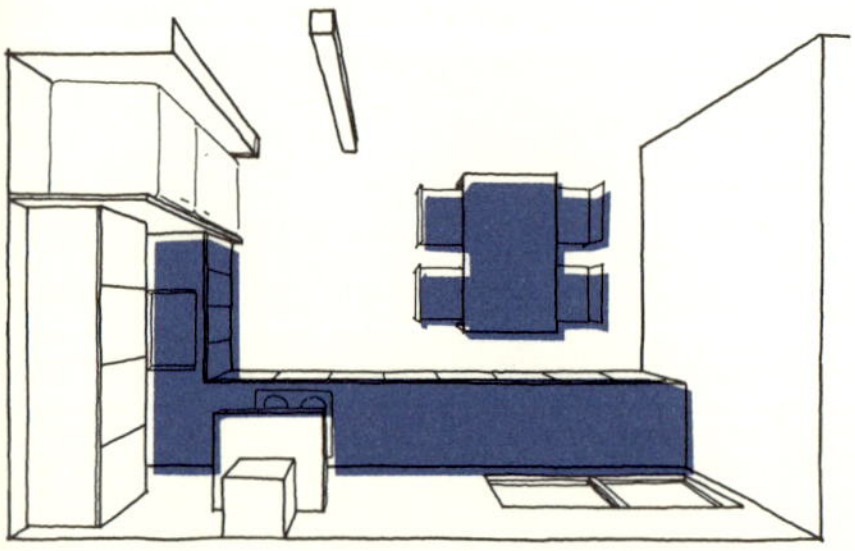
5 ダイニングキッチン型

また同時にキッチンは浴室と並んで、家の中で最も消耗の激しい場所です。機器の交換、設備配管の交換、床壁天井のやり替えなどにも柔軟に対応できる配慮が設計に求められます。

熱源を電気とするかガスとするかも大きな選択です。特にお湯をつくる方法がポイントです。生活のスタイルや家族構成などにより選択しなければなりませんが、設計段階でしっかりと検討する必要があります。

「育てる家づくり」では、キッチンセットはオーダーメイドとします。既製のシステムキッチンは細やかな配慮がされていますが、必ずしも我家に必要なものではないものも多く含まれており、それにより高価なものとなっていることも多く見受けられます。一方で製造コストを抑えるためにステンレス天板の厚さがとても薄かったり、希望の水栓金具が使えなかったりなど、望むものがないことも多くあります。我家にとって、今本当に必要なものと、将来の拡張性を考えると、キッチンはオーダーメイドが一番良いのです。最初は極めてシンプルなものとします。使いながら少しずつ充実させてゆくことを考えます。

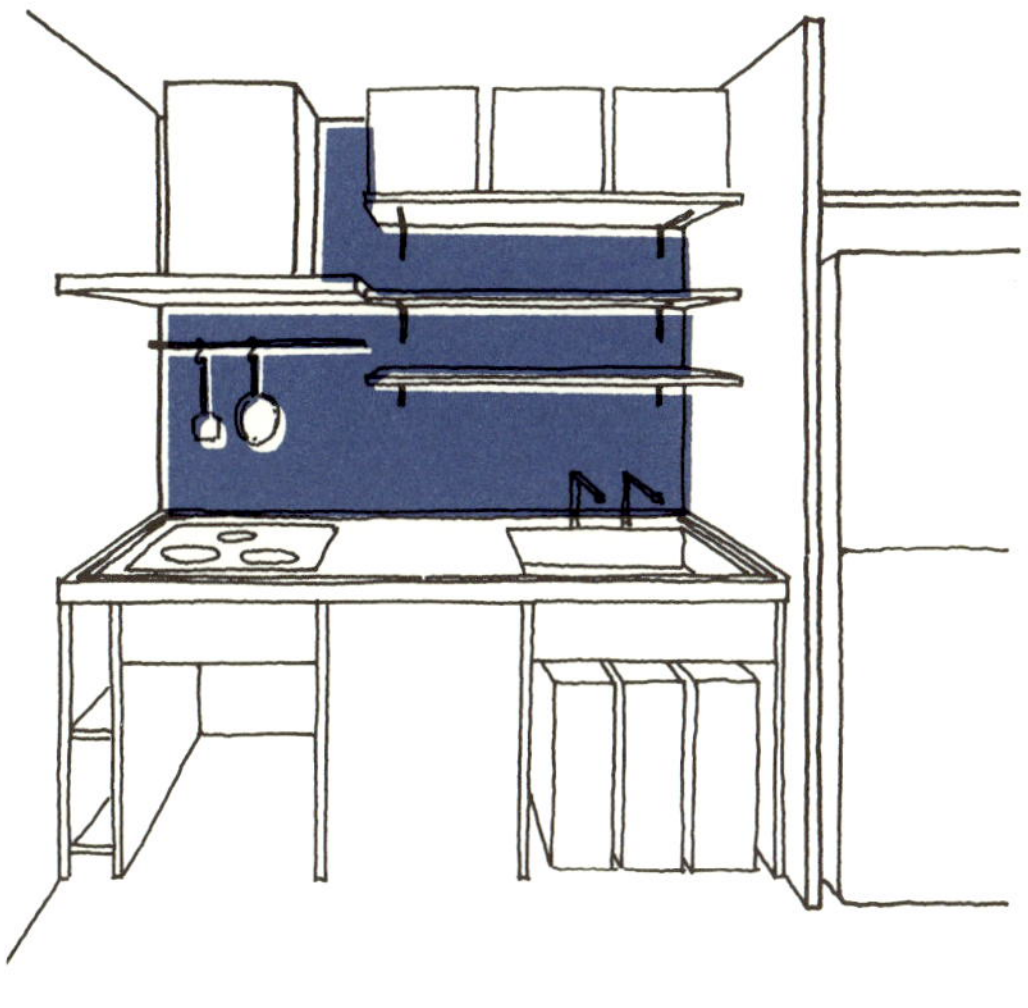

オーダーメイドの機能的なキッチン

## ③ ダイニングルームとキッチンの育て方

キッチンとダイニングルームの関係については、将来まで不変なものではないと考えます。子供や家族と一緒に台所仕事をしたければダイニングキッチン型が最も良いですし、ホームパーティを重視したければやはり対面オープン型が楽しそうです。時の流れの中で必要なキッチンの形も変わってゆきます。キッチンセットが壁に向かって置かれる場合とアイランド型のように部屋の真ん中に置かれる場合を想定して給水給湯配管と下水配管を2カ所に用意しておきます。将来の希望に備えてあとからできないことは前もって設えて置くことも、「育てる家づくり」の基本的な考え方です。

ダイニングテーブルは少し大きめで、低めのものが良いと思います。ここは食事をするためだけの場所ではないからです。1つのテーブルのあっちとこっちで別々なことをしていても気にならない距離感が望ましいと考えます。子供が小さいうちはここが勉強場所となることでしょう。ここにいる時間はとても長いと思います。テーブルがゆったりしていればここが家族の集まる場所となるかもしれま

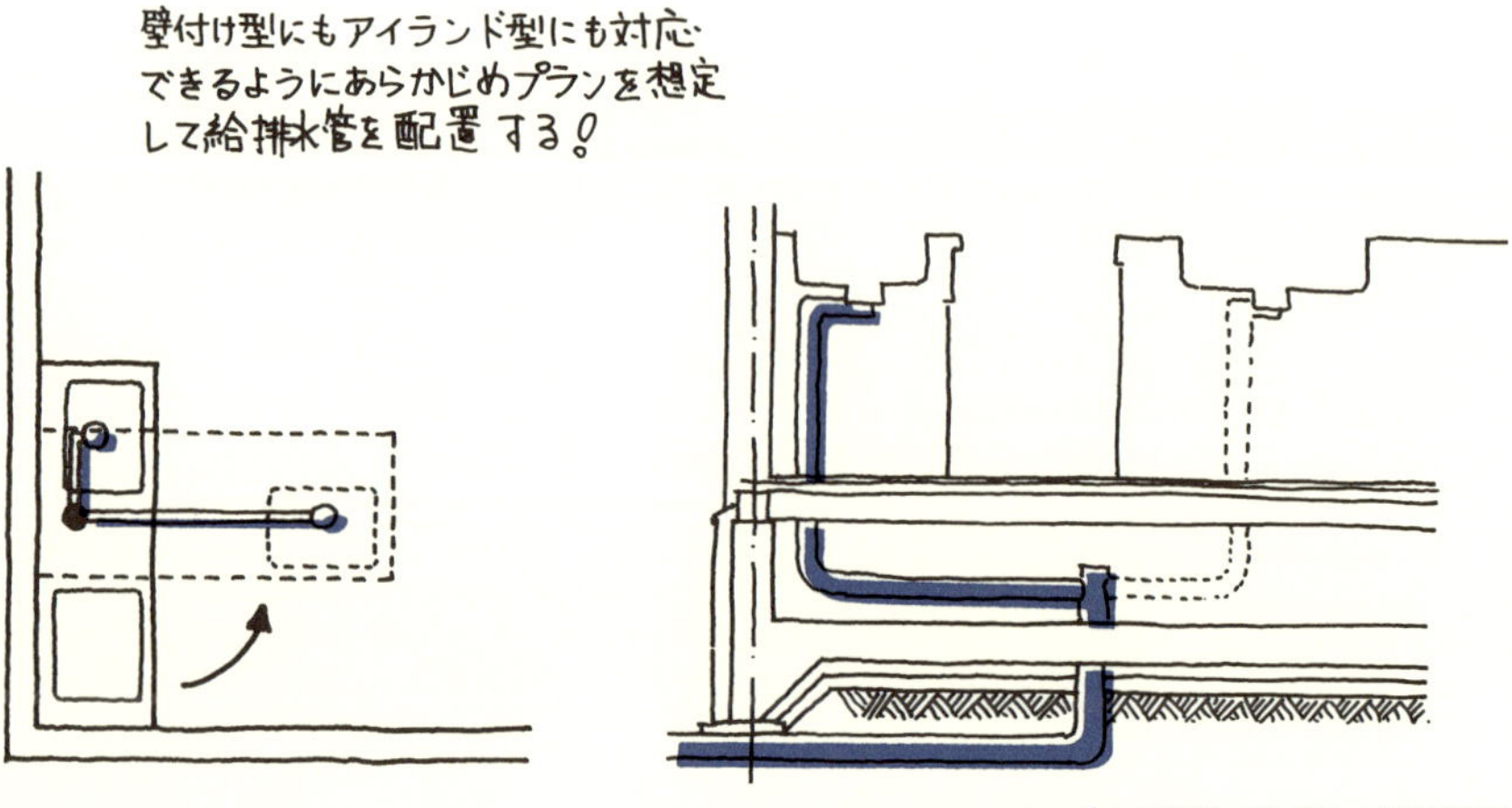


キッチンの移設を考慮した配管計画

せん。その意味で居間ではなく、ダイニングスペースこそが団らんの場所としてかつての「お茶の間」になりうるかもしれません。

テーブルの材質や塗装はとても大切です。もちろんテーブルを育ててゆくためには無垢の木がお薦めです。仕上げの塗装はワックスなど染み込ませるタイプの塗装が良いでしょう。一般的に塗装をすると木の表面に塗膜をつくります。塗膜で汚れが付き難くなりますが、木の風合いはなくなります。使い込んでゆくアジもなくなるわけです。無垢の木の素材感を引き出すためにも染み込ませるタイプのワックスのような塗装が良いでしょう。珈琲やワインなどをこぼした時に染みになることはありますが、それも1つのアジとして、テーブルが育ってゆく証しと捉えるのが良いと思います。

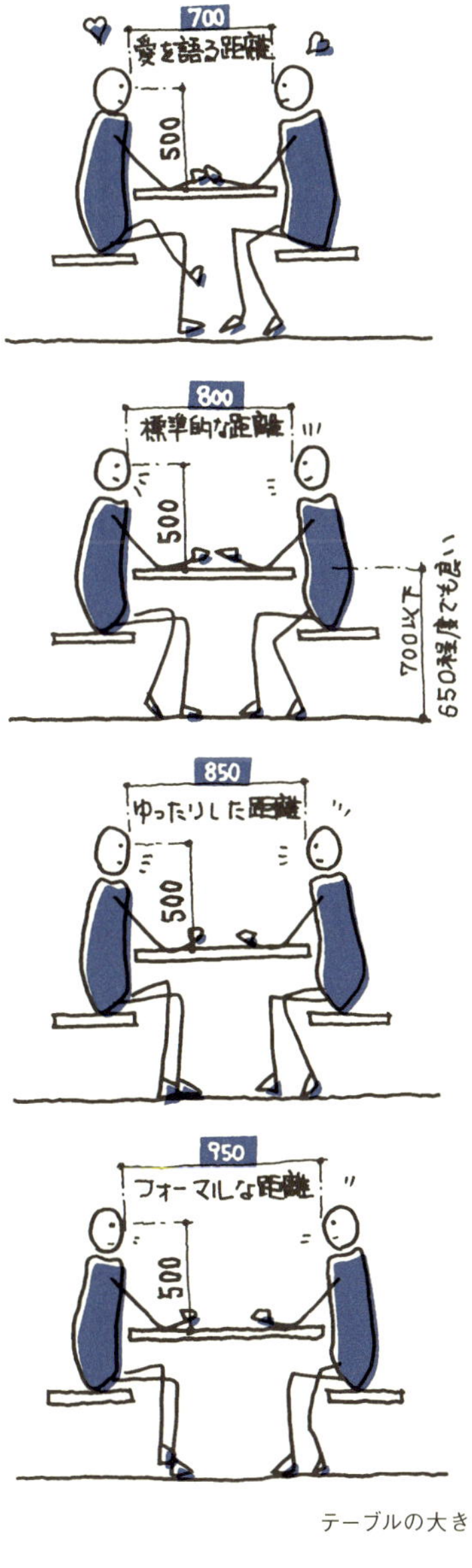


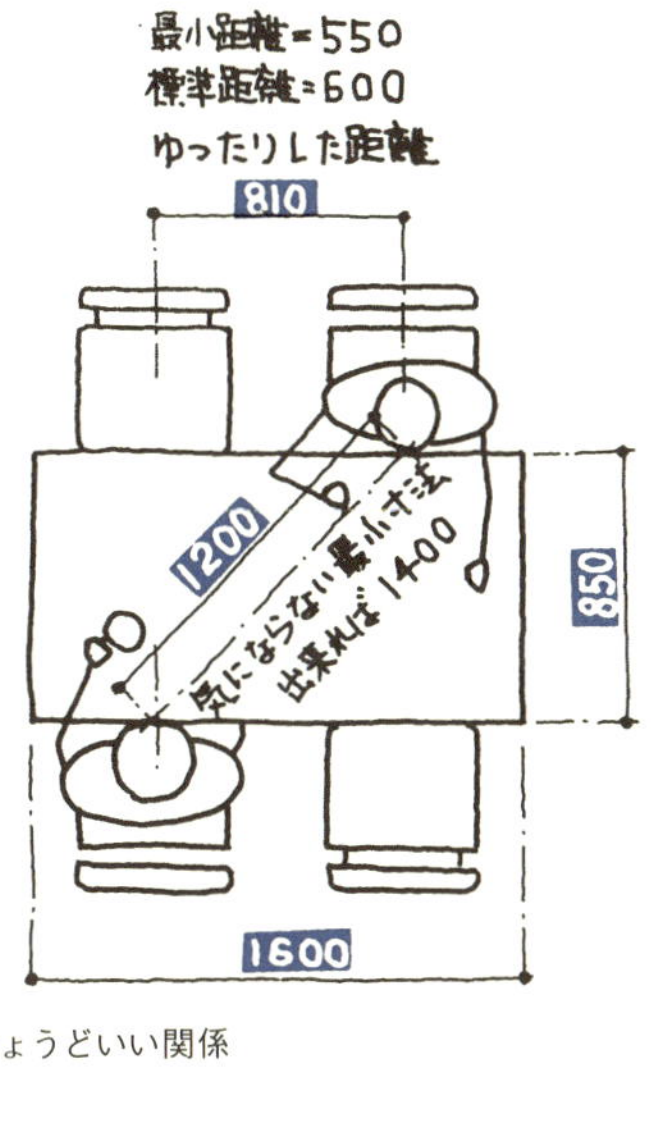


テーブルの大きさ・家族のちょうどいい関係

# 04 浴室・サニタリールーム・トイレの育て方

## ① 浴室に求めるもの

家をつくるときの建て主からの要望の中で浴室に対する要望ほど幅のあるものはありません。ある人は「体を洗って、浴槽で体を温められればそれで充分。快適さなど不要なので機能性本意で掃除をしやすい清潔なやつをお願いします」と言い、ある人は「できれば湯船に浸かりながら月でも眺めたい。裸のまま出られるバスコートも欲しいいし、夏にはそこでビールでも！」と言います。

この違いはとても大きいです。前者は、浴室は体を洗うための「機能の場」と考え、徹底的に合理的な浴室を求めます。体を洗うために必要な機能以外、余計なものは一切不要です。一方後者は気持ちをも洗う「心の場」を求めます。浴室には体を洗うだけでなく癒しのために必要な要素が求められます。この2者では、使う時間もずいぶん違うはずです。

この両者についてどちらが良いかなどという正解はなく、ともすれば同じ人でも時の流れの中で希望は変わってゆくものかもしれません。

また浴室はハードな使われ方をする場所です。日々の清掃がしやすい素材の選定や、通風に配慮するなど清潔に保ちやすい窓のとり方などの工夫がたいへん重要です。また裸で居る場所です。外部からの視線への配慮や防犯への配慮は当然のことです。

同時に設備機器の交換のしやすさなども考慮した設計とすることも大切です。

## ②「育てる家づくり」の浴室とその育て方

「育てる家づくり」の浴室は……、まず建物の構造体である基礎コンクリートをそのまま活かした洗い場とします。コンクリートの洗い場にはスノコを敷いても快適です。常に清潔に保てる浴室となります。コンクリートの床のままと聞くとあまり良い印象を持てないかもしれませんが清掃も容易で常に清潔を保てます。防水塗装を施しますが滑らないようにする注意が必要です。何も敷かずにその

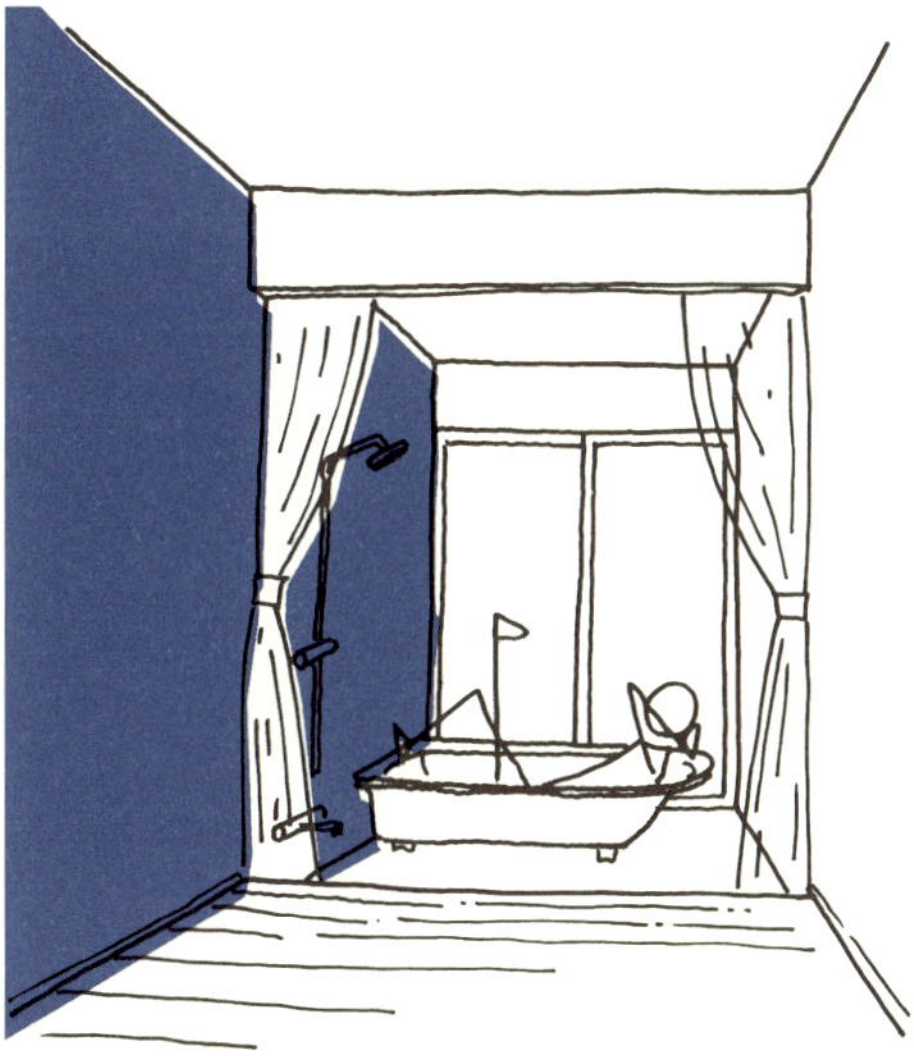

明るくゆったりとしたバスルーム

まま使用することを考える場合は、コンクリートの中にリビングのコンクリート土間と同様の蓄熱式床冷暖房を埋設させる方法もあります。壁や天井には浴室用パネルを貼るのが耐久性の点で最も安心ですが、比較的水に強いフレキシブルボードを貼った上に耐水性能の高い塗装を施す方法やモルタルの左官仕上げとした上に弾性塗装とする方法もあります。塗装の場合はその色を自由に選べる魅力がありまず。自ら塗装を行い、家を育てることを楽しむ魅力もあります。将来は壁に檜、槙、サワラ、レッドシダーなど水に強い木の板を貼って楽しむこともできます。

バスタブは置きバスを推奨します。最もシンプルな浴室となります。置きバスと聞いて最初に想像するのは猫足の洋バスのような派手なものかもしれませんが、それだけではありません。最近ではローコストでモダンなものも多く売られています。また実は日本でも古くからあります。五右衛門風呂は元祖日本の置きバスだと思いますし、ヒノキ風呂もまた一考です。一方で置きバスの採用には設計の段階で少々コツも必要です。掃除がしやすいように四周にしっかり隙間を取ることです。かつてのバランス釜付き浴槽を知る少し年配の方々は置式と聞くと良い印象がないかもしれませんが、ここでい

木をたくさん使った和風の風呂

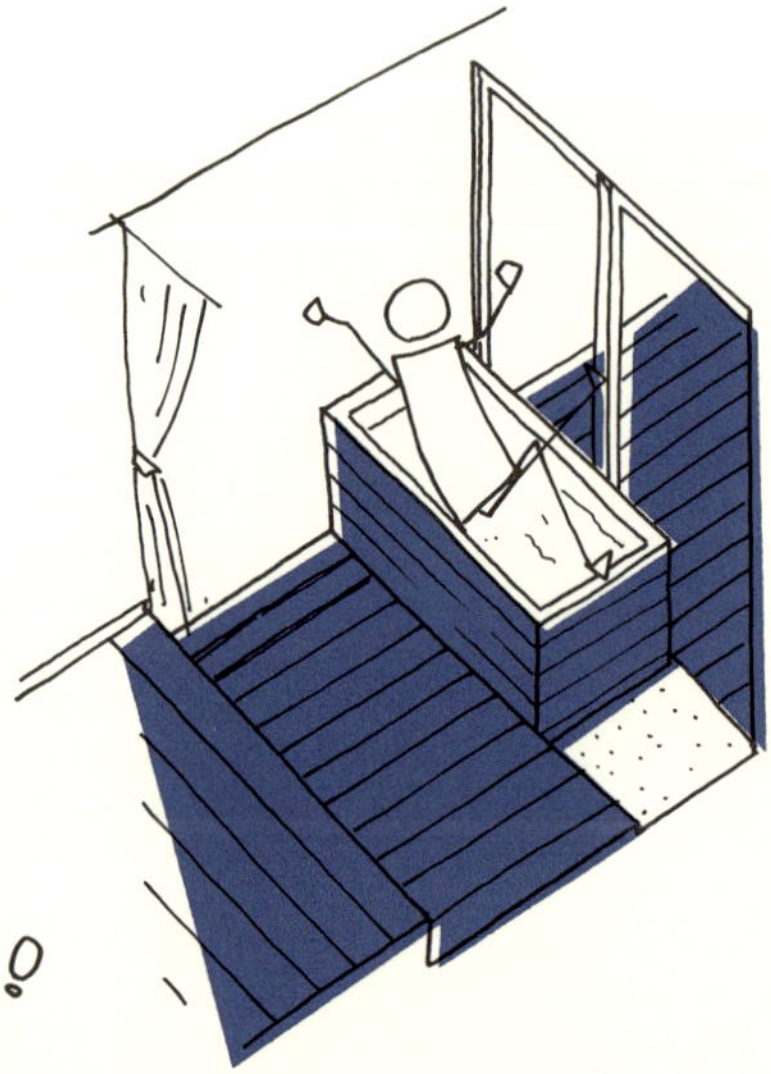
洗い場にもスノコを敷いて！
屋外のウッドデッキにもつながる♪

う置きバスとはそれらとは全く別のものです。また将来の浴槽の交換や配管の交換など、置きバスの魅力はメンテナンスの点でとても優秀です。万が一の事故や将来の交換の作業はとてもスムーズです。「育てる家」の浴室は時の流れの中で変わりゆく趣味嗜好と共に、少しずつ育てゆくのが良いのです。

## ③ サニタリールームの機能

この空間に求めるものは、朝晩や帰宅時の手洗い顔洗いなどの洗面機能、それに入浴のための脱衣着衣室機能、そして洗濯室機能です。大家族であれば利用時間の重複や物量を考えてこれら洗面室、脱衣室、洗濯室は分けてつくりたいところですが、小家族の小さな家であれば仕切らずに3つの機能を兼用させれば良いでしょう。また寝室にドレッサーを設けない場合はここを化粧の場として兼ねることになりますし、状況によってはトイレを兼用させることも良いと思います。また温風乾燥機を設置して室内の洗濯物干し場を兼ねたりすることもあります。そうなれば6つの機能が集約する多機能ルームとなり、名称も「サニタリー」などと呼んだりもします。

6つの機能を持つサニタリー

## ④「育てる家づくり」のサニタリールーム

この部屋の床はどのような仕上げが良いでしょうか。まずは少々の水に耐えられることが大切です。風呂上がりにはバスマットを敷いたとしても洗面ボウルからの水はねもあります。湿度も他の部屋に比べて高くなります。そして何より裸足になることを前提に体に触れて気持ちの良いものを選びたいものです。分譲マンションや建て売り住宅などでは発泡系の塩化ビニールシートを貼ることが多いようです。水に強いために洗面室やキッチンの床に使われますが、ビニールは肌ざわりに違和感を感じてしまいます。また経年変化によって味わいが増してゆかないこともあり「育てる家」では採用しません。「育てる家」では無垢の木の床を採用します。芯がベニヤ材の複合フローリングは水分を含むとすぐに表面の木の部分が割れてしまうので採用できませんが、無垢の木であれば問題ありません。無塗装でワックス仕上げのものを選択し、裸足の歩行感を楽しむこともお薦めです。

壁と天井は石膏ボードの上に水に強い塗装仕上げとします。防火による内装制限がない場合はシナ合板貼りの上に耐水性の高い塗装

シンプルなサニタリーから始める

とすると、あとからビスなどが打ちやすくお薦めです。

## ⑤ サニタリールームの育て方

サニタリールームは多機能空間です。小さな空間を合理的に使うことが求められます。電気設備、給排水設備、衛生設備など多くの設備機器も設置されます。日々の清掃などの維持管理に考慮した設計、生活をしながら気が付いたところを改善してゆくことが楽しくなるようなベーシックなデザインが大切です。

洗面機能、脱衣着衣機能、洗濯機能、化粧機能、トイレ機能、洗濯物干し場機能を合体させたこんなサニタリールームはどうでしょうか。

## ⑥ トイレの機能

トイレに求めるものは衛生面への配慮だと思います。便器そのものは近年の多機能な進化に驚かされます。しかし自動で蓋が開く必要もないと思うし、便器の中が美しく光る必要などまるでないと思います。また環境配慮は素晴らしいことですが、最近の過度な節水

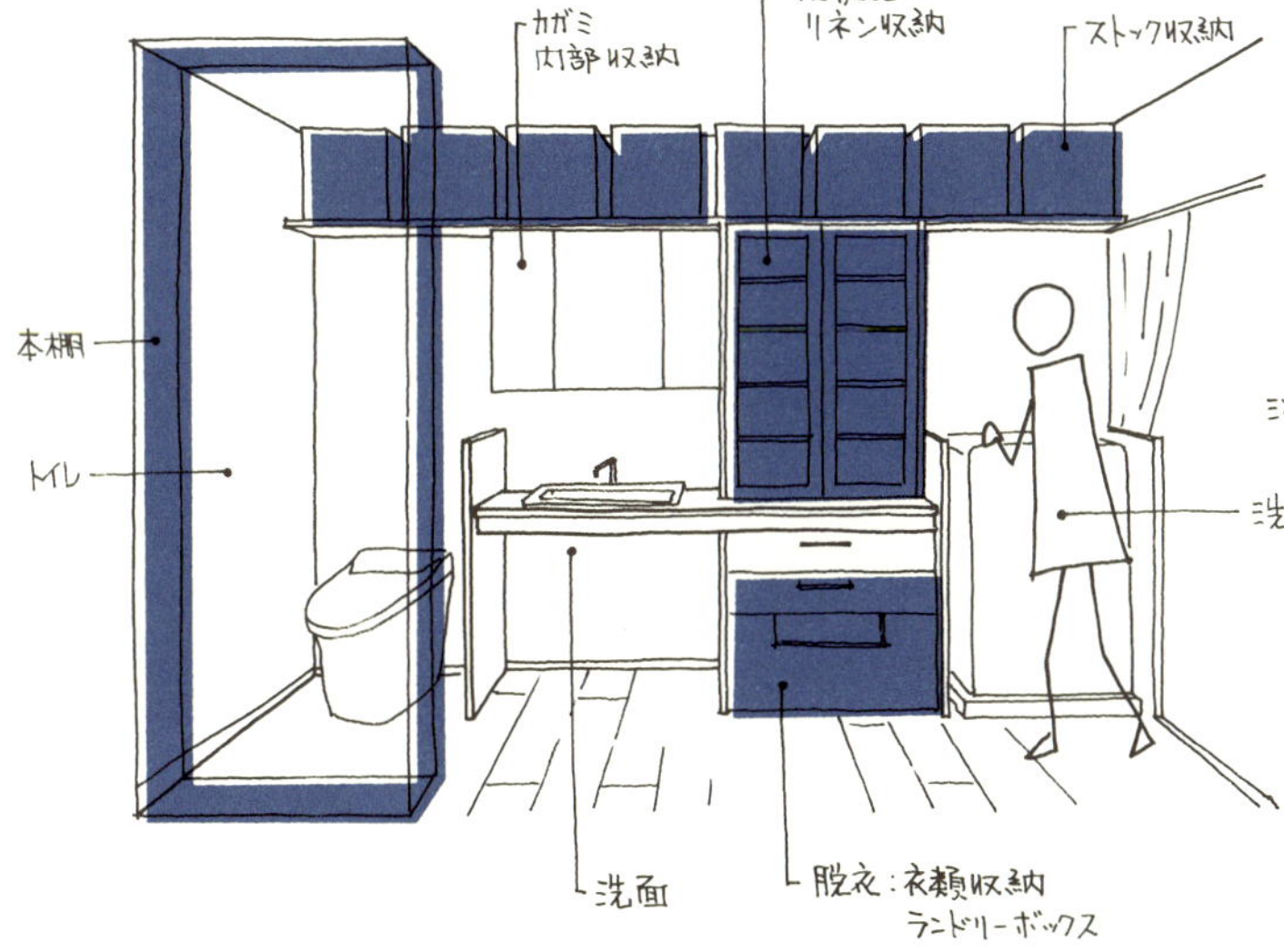

充実したサニタリー

はどうでしょうか。個人的にはやや過ぎると感じます。

一方脱臭装置の性能には驚きます。実はトイレの設計で一番注意を払うのはこの匂いです。どのように脱臭するかです。便器に付いている脱臭装置に頼るのも一方法ですが、窓や換気扇によって汚れた空気を排除することが大切です。また匂いが他の部屋に行かないようにすることにも気を使う必要があります。そのためにトイレを他の部屋より負圧に保ちます。空気は圧力の高いほうから低いほうへ流れます。従ってトイレの中の圧力を低くしておけば、匂いは他の部屋に流れることはないのです。

排気を上手に行い常にトイレの中を負圧に保つ方法として、24時間換気設備をトイレの中に設ける方法があります。シックハウス法という法律により、0・5回換気といって住宅の居室は2時間ですべて空気を1回入れ替えられる能力を持った換気扇を常に可動させていなければならないことになっています。この機能を持つ換気扇をトイレに設ければ、トイレは24時間常に排気され、常に負圧の状態を保ちやすくなります。

床の素材は何が良いでしょうか。サニタリールームと同様に考えれば良いでしょう。無垢の木をお薦めします。壁や天井も同様にシナ合板か石膏ボードが標準で、その上に塗装を施します。

収納も必要です。トイレットペーパーやハンドタオル、生理用品などをストックしておく場所、掃除用具を収納する場所です。来客が使用することも想定して上手な収納方法を考えることが必要です。

## ⑦「育てる家づくり」の楽しいトイレとその育て方

トイレはちょっと楽しくありたいと思います。本来トイレは便器が1つ置いてあり、適正なサイズの空間があればそれで良いということだとは思いますが、トイレはおそらく唯一、必ずたった1人で過ごす場所です。機能面もさることながら、1人で過ごすそのひと時は少しだけ楽しいものであって欲しいと思います。

ロータンクの上に手洗い機能が付いている便器があります。極めて合理的な商品ですが、育てる家のトイレにはあまりお薦めしません。別にカウンターを設けて小さくても良いのでそこに手洗い器を設置したいと考えます。そこには旅の思い出を飾ったり、手作りの置物を置いたりしたいものです。

トイレの中に見せる収納と隠す収納があると良いと思います。掃

除用具や生理用品などはやはり視線に入らないように扉などを付けて隠す収納とすべきです。カウンターの下に扉を設けて納めたいところです。

　一方見せる収納にはトイレットペーパーのストックやハンドタオルなどを収納します。古材などを利用してオープン棚をつくっても素敵だと思いますし、奥行きのある木枠の付いた鏡をつくって、そこに置く方法もあります。トイレットペーパーを多めにストックする場合はワイヤーバスケットがお薦めです。プラスチック製のものではなく、金属製のバスケットが丈夫で見た目にも清潔感があり、素敵です。

　たまにトイレの中に本棚を付けて欲しいと依頼を受けます。壁の全面に本棚を設けるのもユニークです。なにも本で埋め尽くすためではなく、収納棚として利用するためです。それだけで楽しいトイレが出来上がります。

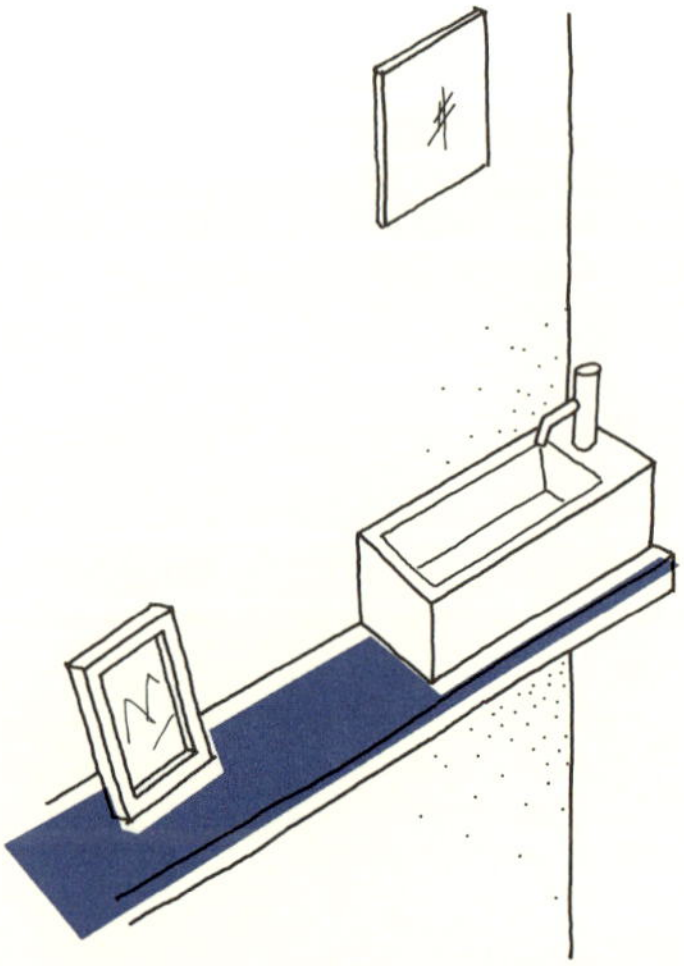

トイレにはカウンターを

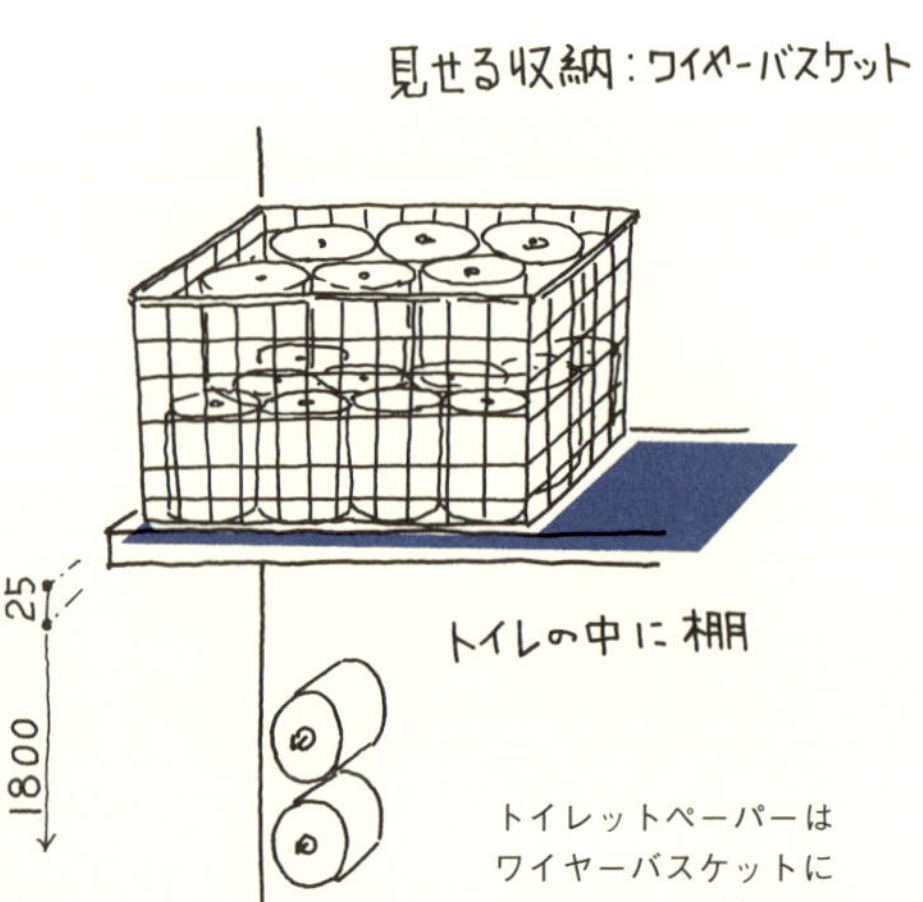

トイレットペーパーは
ワイヤーバスケットに
入れて見せて片付ける

# 05 寝室の育て方

## ① 寝室に必要なもの

住宅の中でも特にプライバシー度の高い寝室、設計者にもあまり細かな注文を付け難いようで、要望の少ない部屋の1つです。それでも布団はどこに持っていって干せば良いのか、クローゼットとの関係はどうかなど考えなければならないことはたくさんあります。

寝室に必要なもの、それは何をおいても安眠のための設えです。しっかりと眠ることができなければなりません。1人のための寝室の場合は良いですが、夫婦の寝室の場合には眠る時間、起きる時間が異なる場合を考慮したベッドの配置や照明計画が必要です。夜中にトイレに起きる人、真っ暗でなければ寝られない人、朝は自然の採光が欲しいなど、聞いてみれば意外と注文が多かったりもします。また寝る前には必ず本を読まなければ寝られない人、枕元で必ず携帯電話の充電をする人など、ユニークな習慣もあるようです。

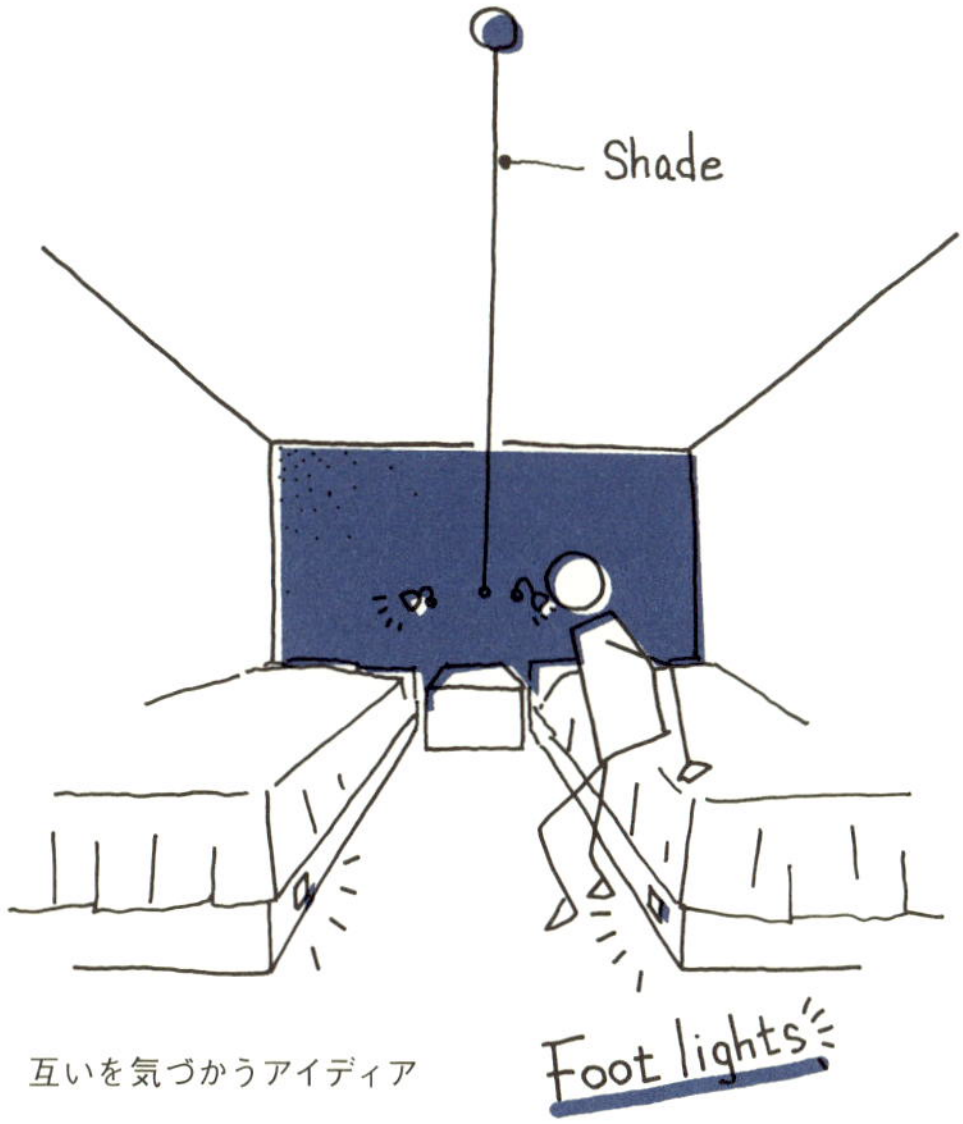

互いを気づかうアイディア

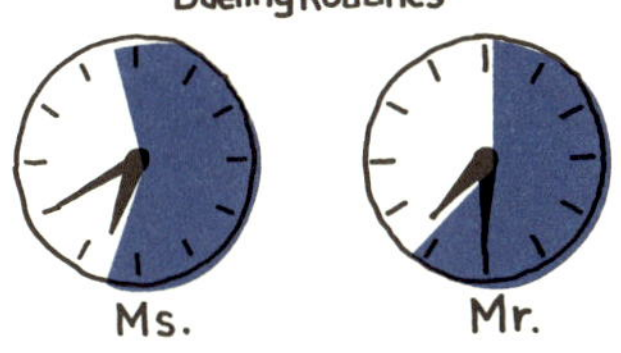

夫婦でも生活のサイクルが違うのです

納得させられる話がありました。初老のご夫婦のことです。畳の部屋に布団を敷いて寝るのですが、小さな部屋で良いので2つに分けて欲しいと言うのです。鼾（いびき）がうるさいとか、夜中に帰ってくる夫に起こされるのが嫌だなどが理由でしょう。ここまではまあよくある話です。しかしこの方は、2つの部屋の間は襖戸にして欲しいと言うのです。布団の上げ下ろしもあるし、開閉できるほうが便利だし、それはそうだなと思いました。しかしこの奥様の理由は別でした。半分だけ開けて寝たいから襖にして欲しいと言うのです。その理由を聞くとなんと、「朝起きて気づいたら夫が隣の部屋で死んでいたら困るから……」というものです。同様の話は他でもありました。その歳にならなければ理解がしづらい話です。

寝室に女性の化粧スペースを設けることは一般的ですが、不要だと言われることも多く、この場合には化粧スペースは洗面室を兼ねることになります。

洗濯物を取り込んだあと、たたんだり、アイロンをかけたりする場所として使われることもあります。アイロンをかける場所をきちんとつくるとなると、これは意外と幅の広い机が必要となります。洗濯物の部屋干しスペースとしたいという要望もあります。また寝

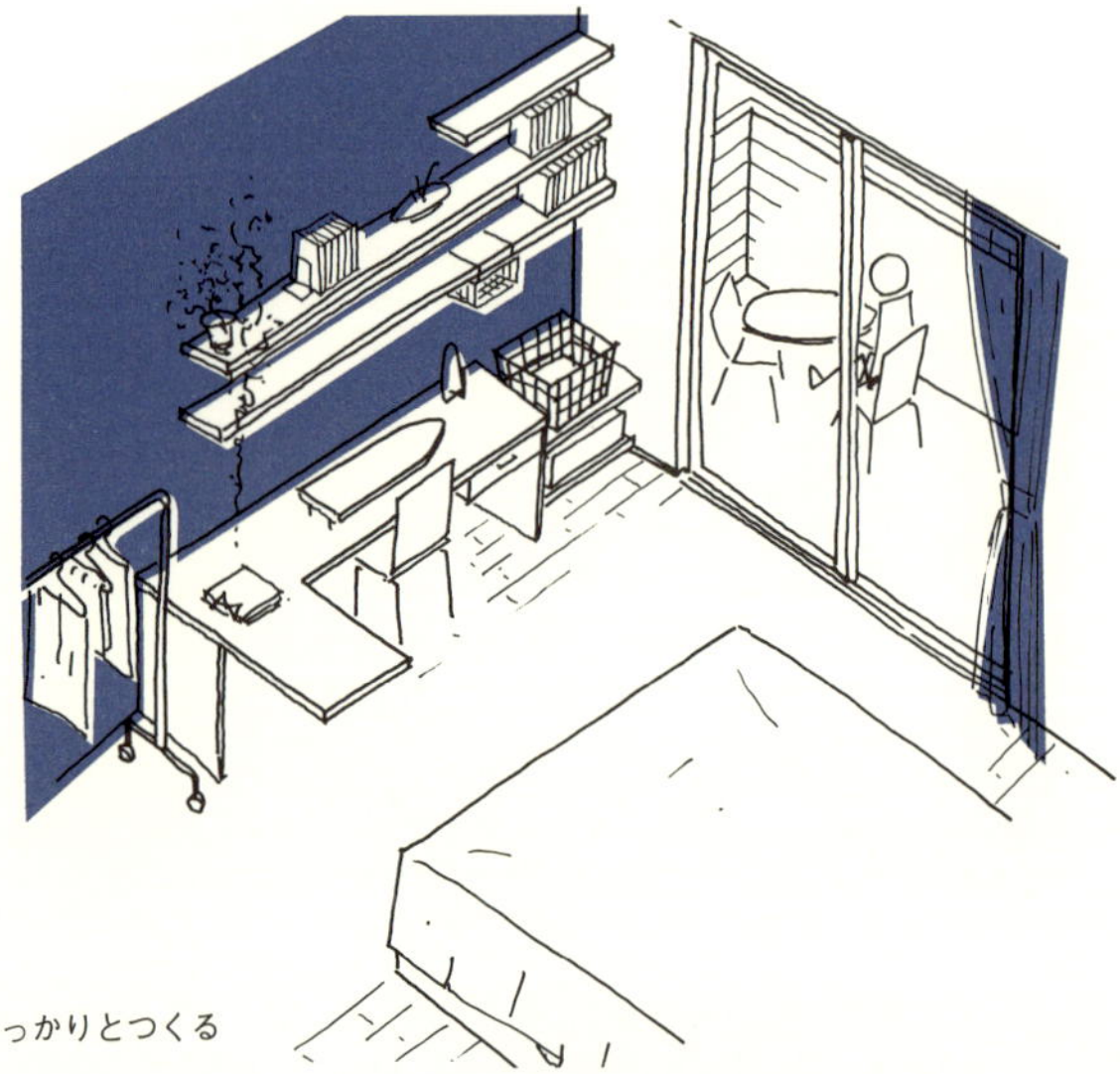

寝室に書斎。アイロン台と兼用にしてしっかりとつくる

室に面して洗濯物干し場としてバルコニーを設ける場合は、できれば少し広めにつくって就寝前のひと時をバルコニーで過ごせたら良いのではと思いが膨らみます。

## ②「育てる家づくり」の寝室とその育て方

寝方は、畳に布団か、それともベッドか。実は畳派が意外に多いのです。その理由は、「当面子供もいっしょに寝るから」というものなのですが、子供がいっしょに寝ないようになったらどうするのか。高齢になった時には布団の上げ下ろしの問題もありそうです。

そんな悩みをすべて解決してしまう方法があります。畳ベッドです。シングルサイズ、1m×2m、高さ40cm程度のサイズを人数分用意します。子供が小さいうちはこのベッドもすべて連結して並べます。夫婦と子供が川の字で寝られます。3つを少しずつ離して置くことも良いでしょう。将来子供室へ移動して使います。ベッドの間隔を広くして、その間に間仕切り壁をつくって使うことも良いと思います。もちろん畳ベッドの下には収納庫を設けます。季節に応じて使わない布団やリネンを納めます。

畳ベッドは生涯の友

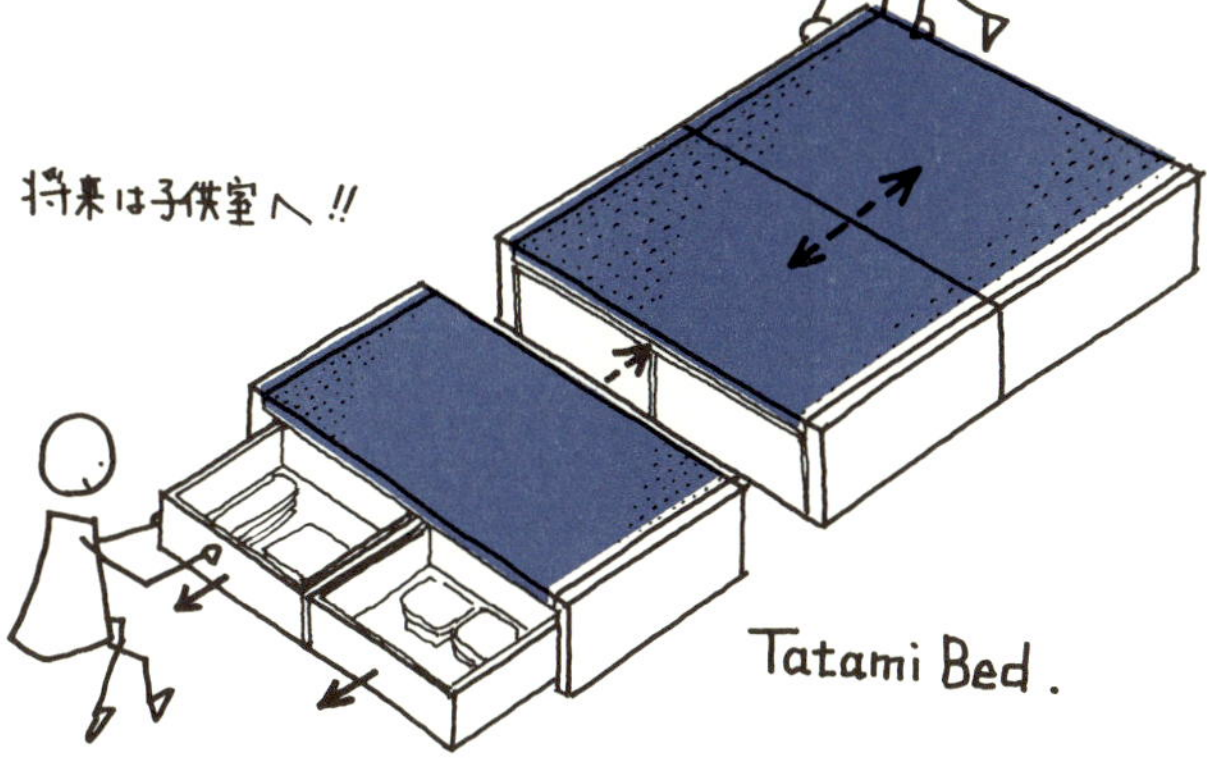

# 06 子供室の育て方

## ① 子供室とは

子供室とはどのようなものでしょうか。子供が小さなうちは躾の場でしょうか。整理整頓を教え、自立心を養なわせる場かもしれません。そもそもこの段階では子供の部屋は要らないのではという考え方があります。引きこもりや少年犯罪が社会問題となった時代によくいわれたものです。また成績優秀な子供はダイニングルームなどの家族の気配に触れられる環境で勉強しているという調査結果もあります。ダイニングテーブルが学習机だというものです。子供室は子供を自立させるのではなく、孤立させるだけだ、家族のコミュニケーションがなくなるという考え方です。

子供の部屋の必要性をはっきりさせなければ子供室に求める仕様は決まりませんが、1つだけはっきりしていることがあります。それは子供のモノの収納、保管スペースです。子供が小さな時は玩具がいろいろとあり、成長に応じて衣服や本などさまざまなものが増えてゆきます。それらを収納する場所としての機能は必ず必要になります。

## ②「育てる家づくり」の子供室

子供室をどう考えるか。当面は就寝と子供のモノの収納場所として捉えます。子育ての方針にもよりますが室内には机を置かない方法が良いと思います。この場合、3畳間に満たない小さな部屋があれば充分です。幼少期は玩具を片づける場所として、1人で寝る時期になったらココに畳ベッドを移動します。年月が進むにつれて玩具の収納場所は衣類用のクローゼットに変わります。就学期には子供室とは別に机を設置して学習コーナーを設けます。ここは子供の学習室であると同時に家族の書斎と捉えます。面積があればセカンドリビングとしての機能も備えられれば理想です。大きめの机を置いてみます。居間やダイニングルームとの関係性にも留意したいところです。

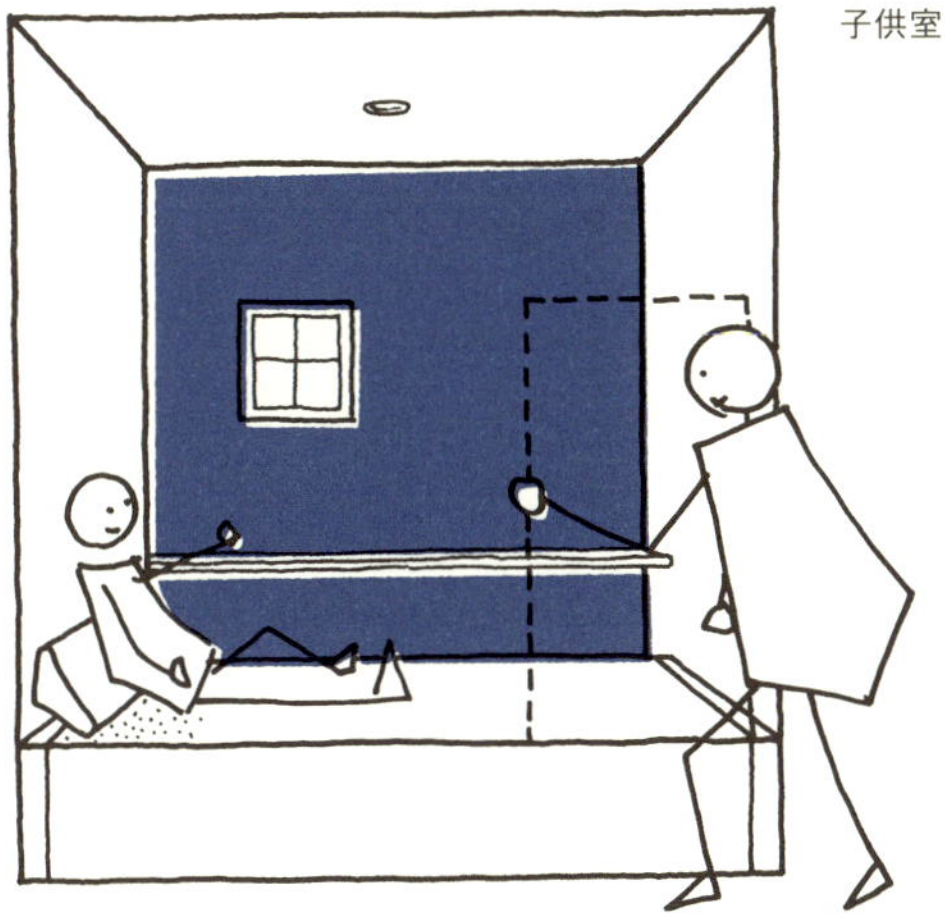

子供室は寝るためだけの空間と考えても良い

## ③ 子供室の育て方

多様な子育て論は別にしても、最終的には子供室は不要になるものです。子供室が必要な時期は意外に短いものかもしれません。10年間前後くらいなものかもしれないのです。従って子供室は将来のための多様な使い道を想定しておくことが大切です。概ね3つの可能性を考えます。

1つは「ゲストルーム」として、もう1つは「親の部屋」として、そしてもう1つは「夫婦の趣味の部屋」としてです。

ゲストルーム、つまりお客様の部屋です。最近ではお客様を自分の家に泊まらせるということを想定した設計依頼が少なくなったように感じますが、それでも成長し独立した子供が帰ってくれば泊まる部屋が必要です。親が泊まることもあるでしょう。ゲストルームを最初から用意するのは小さな家では難しいですが、子供室の再利用としてはありえます。

もう1つの利用方法、それは親の部屋としてです。つまり2世帯住宅です。両親か片親かは別としてもこれは充分に想定される事態です。

子供室は多様な部屋に変化できる

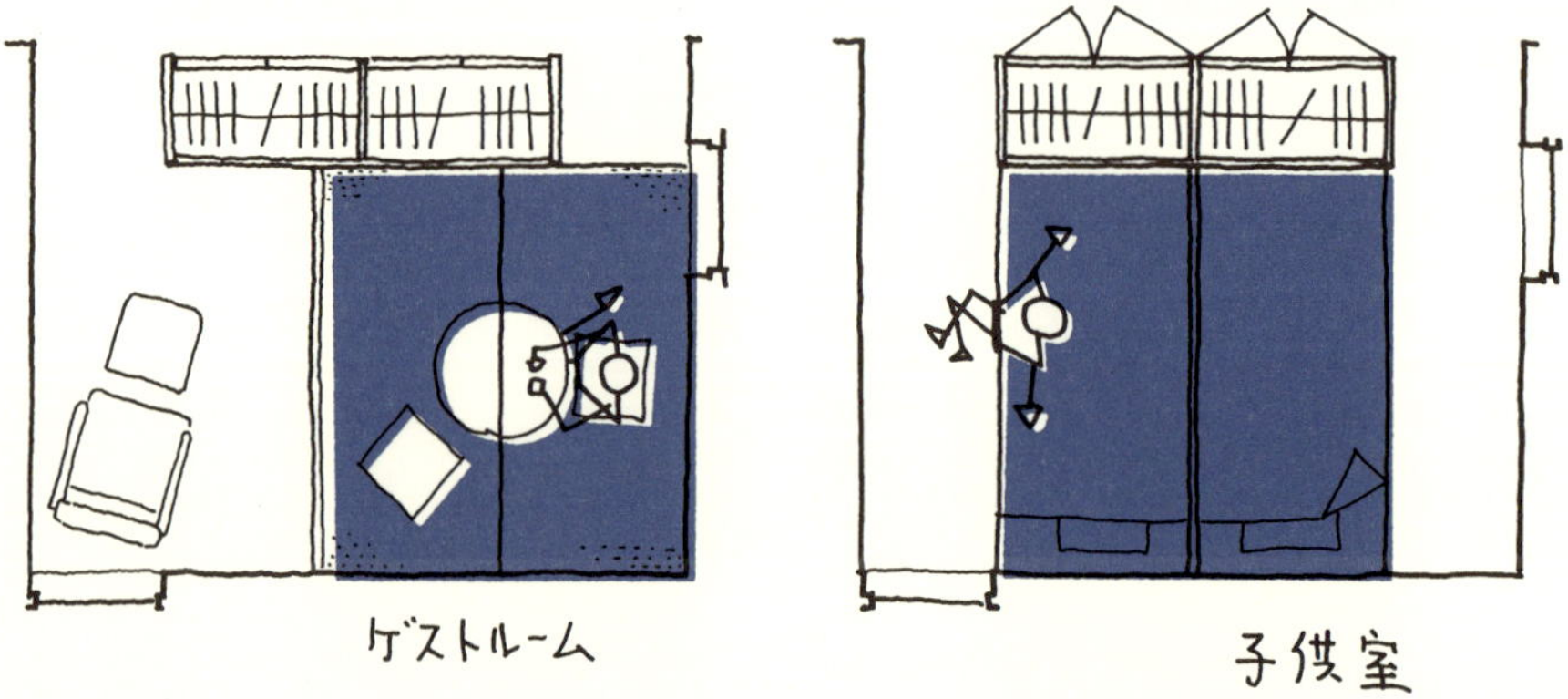

そしてもう1つは夫婦の趣味の部屋。子供がいなくなり夫婦だけになることで空いた部屋は趣味の部屋として改造してはどうでしょう。もちろん今の段階で何の趣味の部屋となるのかなどわかるはずもありません。その時が来たら考えれば良いことです。

# 07 収納の育て方

家の中に収納はいったいどれほど必要なのでしょうか。

ある調査によると、一戸建て住宅の場合、床面積の10～15％だそうですが、実は最も大切なことは量より質です。質とは、必要な量が必要な場所に、そして必要な時にあるということです。

## ① 現在の収納量を知る

悩ましい法則があります。「モノの量は収納量で決まる」というものです。どんなに大きな収納をつくっても、いつの日か、必ずいっ

ぱいになってしまうという法則です。放っておけばモノは時間と共に際限なく増えていきます。油断をすれば必ず足りなくなるのです。時の流れの中で、モノを増やさない努力が必要ですし、捨てる勇気も必要です。

必要不可欠な収納量というものはあります。しかしこれは各々の家で異なります。決まったものはありません。我家に必要な収納量はどのくらいなのかを見極める必要があります。まずは我家の現在の収納量を正確に知ることから始めてみましょう。

まず一番かさばる本から調べてみます。本は何ｍと計算します。本棚に立てた時に幅が何ｍになるかを計ります。さらに書籍のサイズで分けて考えます。例えば文庫が20ｍ、Ａ４ファイルで５ｍといった具合です。

衣類はハンガーに掛けるものは、やはりハンガーパイプの長さを計ります。ハンガー１つで８㎝と計算して、もし30着あれば２・４ｍということになります。たたんでしまう衣類は抽き出し何個という具合に計算します。

同様に食器の収納、靴の収納、リネンの収納を計算してみることはとても大切です。食器は棚に数枚ずつ重ねてしまう方法が一般的

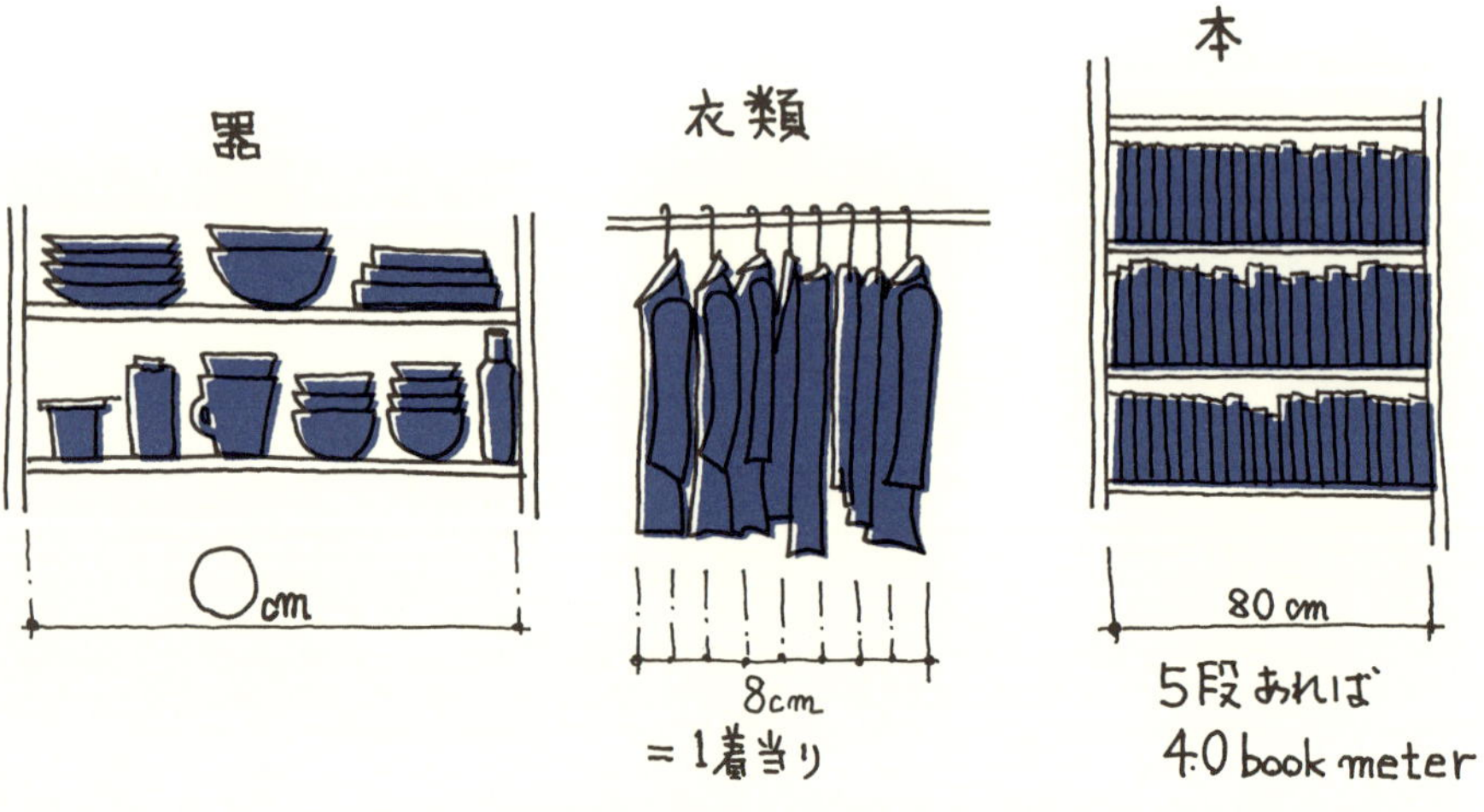


いったいどれだけの量があるのか……。正確に持ち物の量を計ってみることはとても大切

ですが、最近では抽き出しに立ててしまう方もいるようです。食器は棚に並べて何mと計算します。靴は1足を20㎝と計算します。30足で6mとなり、皿のように重ねることもできないため、靴は意外とかさばるものです。リネンは抽き出しでしまう場合は抽き出しの長さを、箱に入れてしまう場合は何箱として数えます。

## ② 大きな収納は要らない

大きなウォークインクローゼット、いわゆる納戸を求める人がとても多いのですが、納戸は整理整頓が上手な人でなければなかなか片づけられないものです。壁面いっぱいにオープンな棚があって、整然と収納されている姿を雑誌やカタログで見ると憧れてしまいます。しかしこれらはおそらく、量としては充分なのだと思いますが場所が良くない。すべてのものが1カ所にまとめられているということは、適材適所ではないのだと思います。居間で使うものは居間に、キッチンで使うものはキッチンに、玄関で使うものは玄関に。これが基本です。そしてそのように適材適所に収納があれば、結果として大きなウォークインクローゼットは要らないはずなのです。

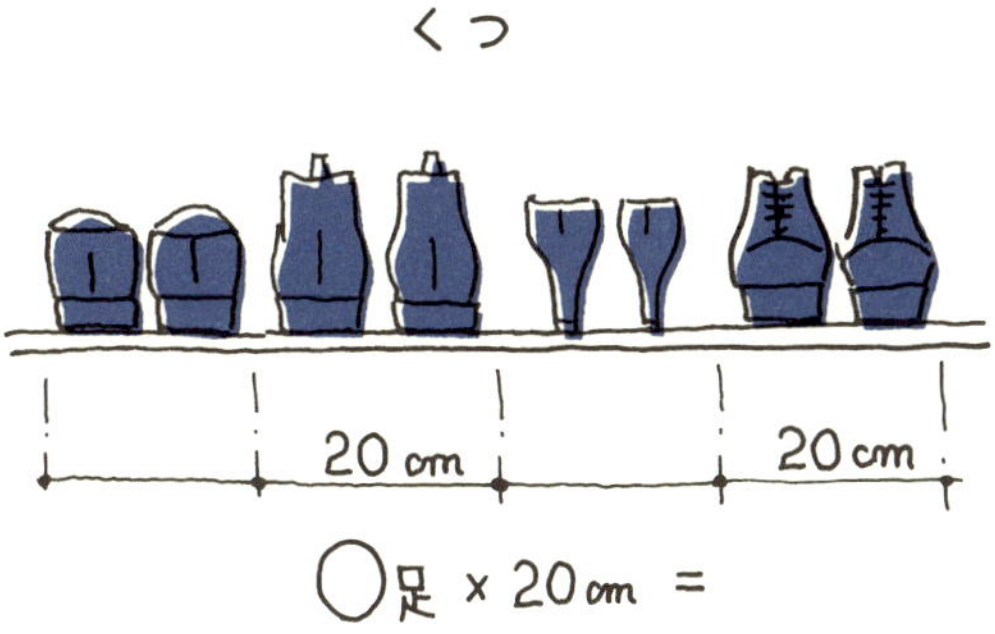


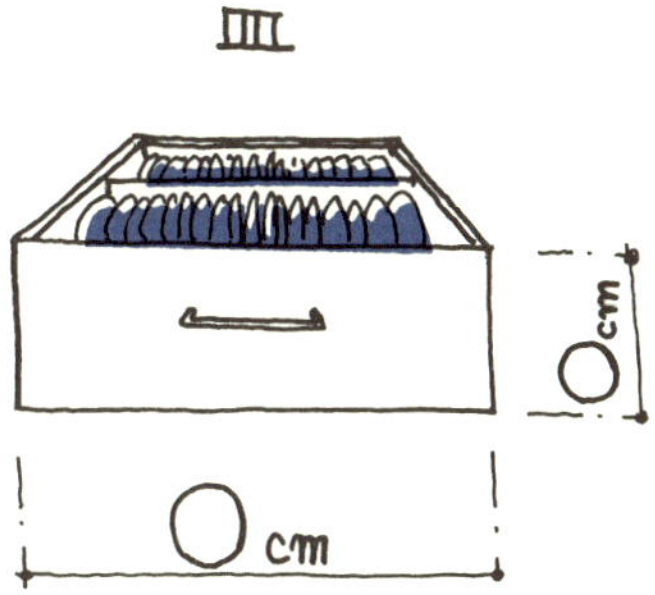

多くの場合、ウォークインタイプの収納は1年も経てば進入不能な謎の空間に変わります。収納は必要な場所に必要な量が大切なのです。

それとウォークインクローゼットは面積に無駄がとても多いのです。4畳半のウォークインクローゼットを想定してみます。両側にできる収納部分の真ん中は1・5畳分もありますが、空けておかなければなりません。実質3畳分の収納です。つまり最初から通路の部分に収納を設ければ同じ量の収納が3畳分でつくれるということになるわけです。

進入不可能なウォークインクローゼット

憧れの美しいウォークインクローゼット

大きなウォークインクローゼットではなく、適材適所に収納を確保することが大切です。ウォークインクローゼットにはいろいろなところで使うものをストックして置きがちです。例えばトイレットペーパーの買い置きなどですが、これも本来は最初からトイレの中にあれば良いもののはずです。

## ③「育てる家づくり」の収納とその育て方

育てる家の収納は、各室に必要な量を置いていきますが、あまりつくり込まないことが大切です。時の流れの中で予期せぬことが起こるからです。空間を確保して、あとは既製品の収納棚などを上手く使う方法を考えます。

収納を育てる考え方としてとても大切なことはDIYです。収納の中の棚をつくるなどは、日曜大工で自らつくることが良いと思います。扉の中の棚であれば上手にできなくてもご愛嬌ですし、慣れてくれば美しい飾り棚をつくることも可能です。

見せる収納と隠す収納の使い分けも重要です。隠す収納は扉で蓋をすることになりますが、コストダウンを考えれば最初はカーテン

気に入ったボトルに詰め替える！

のようなものでも良いところもあるでしょう。

収納の育て方は収納量を増やすということではありません。収納の仕方が変わる可能性を確保しておくということなのです。

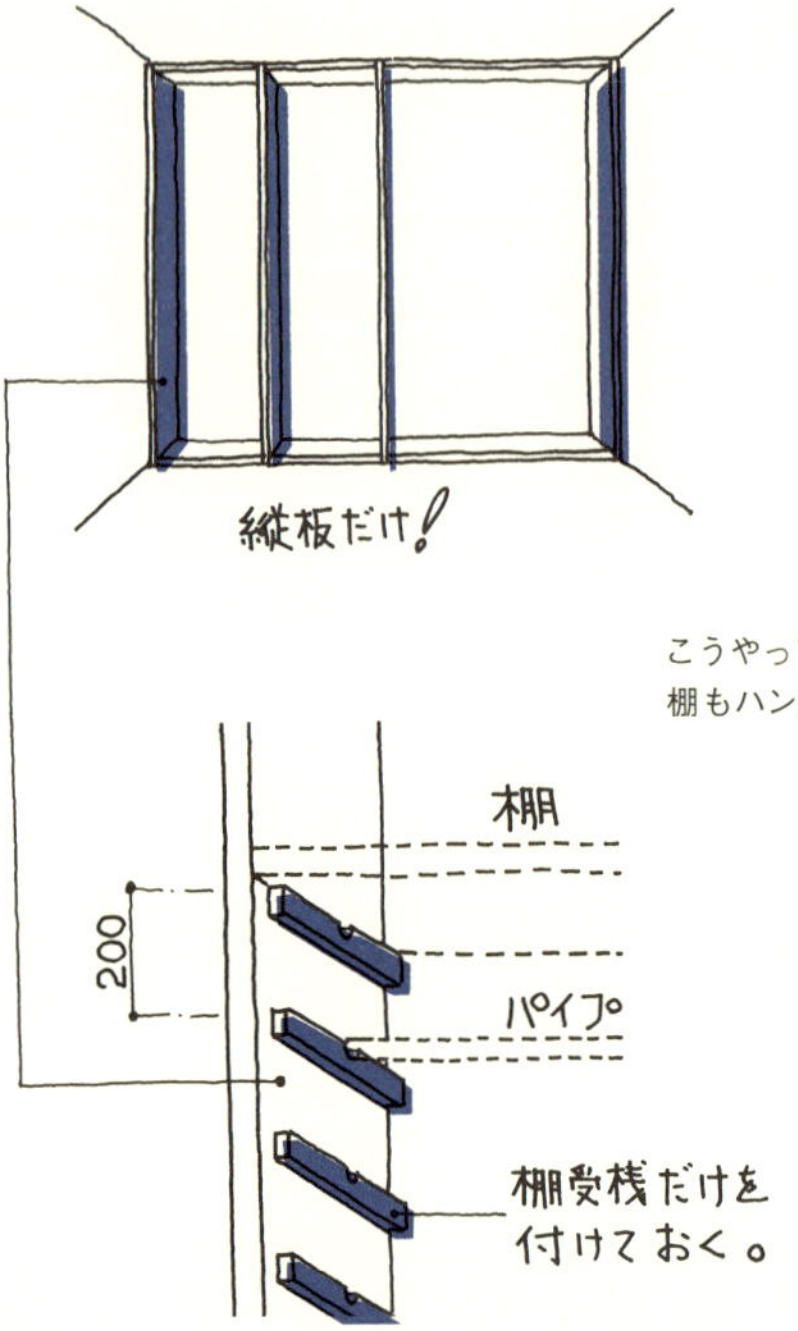


こうやっておけばいつでも、
棚もハンガーも増やせます

きちんと納めてカーテンで仕切る

# 04

# お金のしくみ

# 01

# これまでの家づくりの構図

家をつくろうと思う時、最初に何をするのでしょうか。おそらく多くの人が「自分はいったいいくら借りられるのだろうか」と試算してみます。最近では年収などを入力するだけで簡単に融資限度額がはじき出される便利なサイトもありますし、銀行や会社内の相談窓口に行けばより正確な額を教えてくれます。自己資金がいくらで年収がいくらで借り入れ限度額がいくらで……、とおおよその金額が見えてきます。

少し驚く数字があります。家を建てる時の自己資金のことです。とある調べによると970万円という数字があります。夫婦でしっかり貯めたものなのか、はたまた親御さんからの援助なのかは別にしても、かなりの大金です。これまでの家づくりは皆、この自己資金を元手に、あとは長期借り入れの住宅ローンを組んで行います。借り入れ可能な金額は原則、この自己資金に対する比率と、建て主の過去2年間の年収によって決まります。いずれにしても「借りら

**[罪深き住宅展示場]**

家が欲しいと思うと、かなりの人がハウスメーカーの住宅展示場に行くようです。気軽さと日曜日の家族サービスの気分も重なり合って、こんなに家を建てたい人がいるのかと驚くほどの人がいます。

住宅展示場のモデルルームにはすべてのものが詰まっています。すべての人を対象にしていますからすべての人に気に入ってもらえるようにそうなっています。従って床面積が80坪もある夢のようなかつ不必要なものがそこにはあるのですが、それはとても巧みにできているわけです。それを見た多くの人たちは、皆それを理想型だと思うようになり、ここにあるものすべては実現できないけれど、1つでも多くを実現しようと思うようになります。こうやって物質至上主義ともいうべき家を、最大限のローンを組んで手に入れることこそが理想となるのです。

れるだけ借りる」のですから、それによってつくられる家は、当然のことながら「つくれるだけつくる」ということになります。

何やら世知辛い構図となります。

## 02 「育てる家づくり」の軍資金＝「我家のリノベ基金」

家づくりを考えることは人生の物語を描くことと同義語なのかもしれません。「育てる家づくり」は家を時の流れの中で捉える家づくりですから、お金についても時間軸で考える必要があります。

それでは「育てる家づくり」に必要なお金とはいったいどれほどのものなのでしょうか。想像の通り、育てるという行為には何に付けてもお金がかかります。これまでの家づくりは最初につくれるだけつくってあとは何もしないというものでした。正確にいえばあとのことは何も考えていない、もしくは考えないようにするといっても良いと思います。「育てる家づくり」は「育てる」のですから、その度にお金がかかります。しかし一方、最初にかかるお金は少な

くて済みます。言い方が逆です。最初に大金をかける必要がないのです。かけてはいけないといっても良いです。育ててゆくのですから、最初は小さく頼りないくらいが正しいのです。

工事費を最小限に抑えます。そのための仕様はあとの章に記します。当面必要な仕様に留めれば初期の工事費は75％程度まで圧縮ができると試算できます。結果として月々のローン返済額は圧縮されます。大切なのはここからです。この本来支払うべき返済額との差額分を預貯金に回します。つまりこれまでなら工事費として使われ、住宅ローンとして返済しなければならないはずだった費用を、逆に預金に充てるということです。こうやって蓄えられたお金は「我家のリノベ基金」として3～5年に一度、何度もリノベーションを繰り返してゆくことが可能になります。

住宅ローンを返済しながら、その一方で「我家のリノベ基金」をつくり出すことによって、常にその時の家族のニーズにぴったりと寄り添った素敵な家であり続けることが可能になるのです。

1つの例を示します。

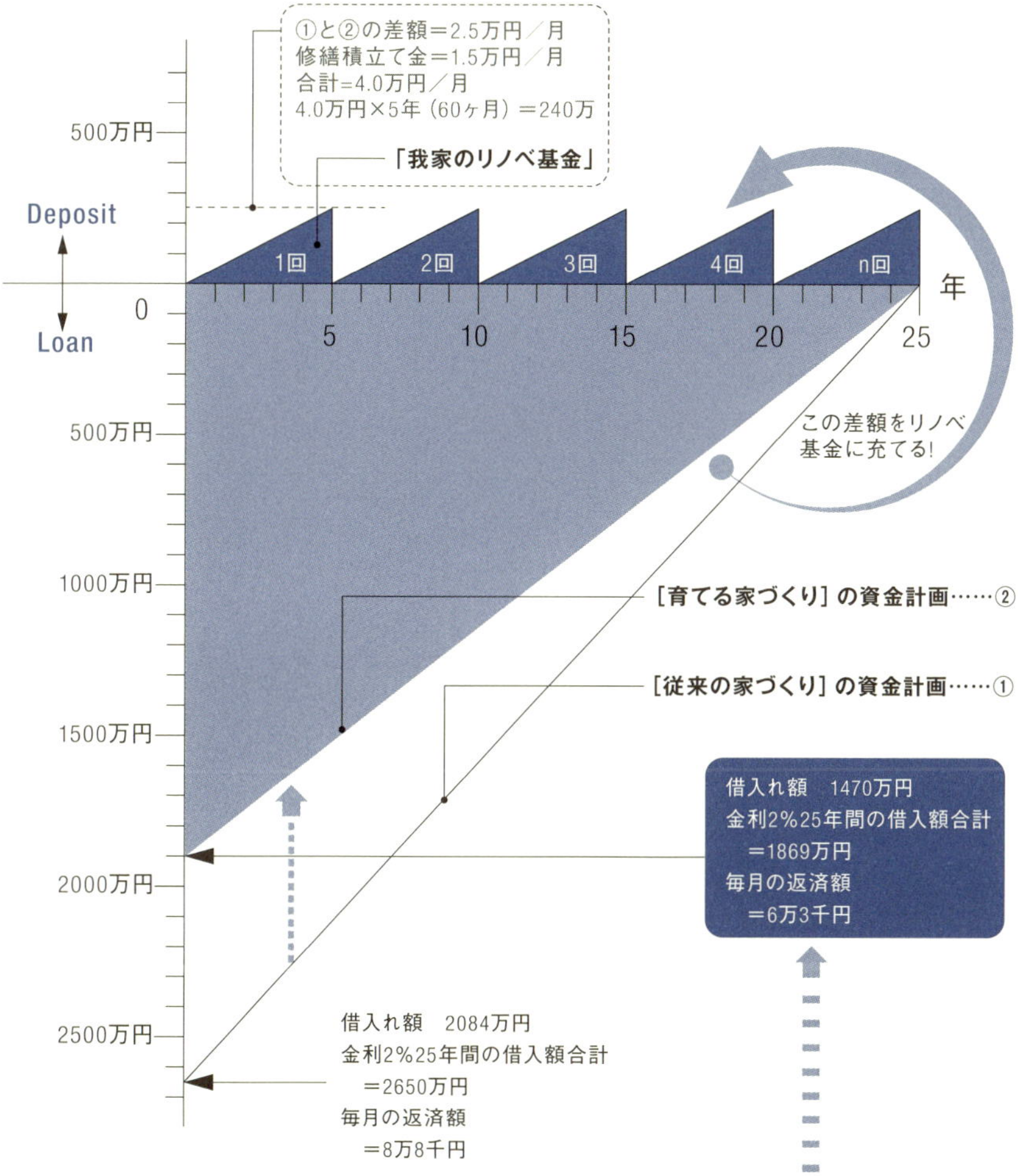


**［従来の家づくり］の資金計画……①**

| | |
|---|---|
| 自己資金 | 400万円 |
| 借入れ額 | 2084万円 |
| 合　計 | 2484万円 |
| 建 築 費 | 1900万円 |
| 設 計 料 | 210万円 |
| 監 理 料 | 60万円 |
| 諸 経 費 | 130万円 |
| 小　計 | 2300万円 |
| 消 費 税 | 184万円 |
| 合　計 | 2484万円 |

**［育てる家づくり］の資金計画……②**

| | |
|---|---|
| 自己資金 | 400万円 |
| 借入れ額 | 1470万円 |
| 合　計 | 1870万円 |
| 建 築 費 | 1400万円 |
| 設 計 料 | 190万円 |
| 監 理 料 | 40万円 |
| 諸 経 費 | 100万円 |
| 小　計 | 1730万円 |
| 消 費 税 | 140万円 |
| 合　計 | 1870万円 |

※土地から購入する場合には、これに土地購入費が加算されます

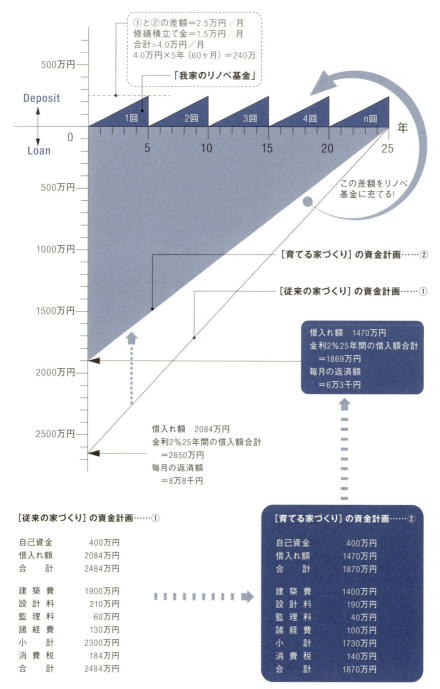

本来であれば自己資金400万円に2084万円を借り入れて合計2484万円で家づくりを行います。仮に金利2%で25年返済としたとします。毎月の返済額は8万8000円となります。これに対して、「育てる家づくり」は借り入れを1470万円に抑えます。自己資金と合わせて1870万円になります。これを同じ条件で借り入れると毎月の返済額は6万3000円となります。この毎月の差額2万5000円と、いずれにしても発生する修繕積み立て金1万5000円を加えて合計毎月4万円を「我家のリノベ基金」として預金に回します。これにより、5年に一度、240万円を使ってリノベーションができる家となるのです。

## 03

## 最初にかけるべき場所！あとでやるべき場所！

そもそも住宅の工事費はいったいいくらなのでしょうか。週末ともなると新聞に挟まれたチラシには「坪45万円からの注文住宅！」などの派手な文字が並びます。一方で私の事務所で日常的に設計し

家づくりにかかるお金の配分

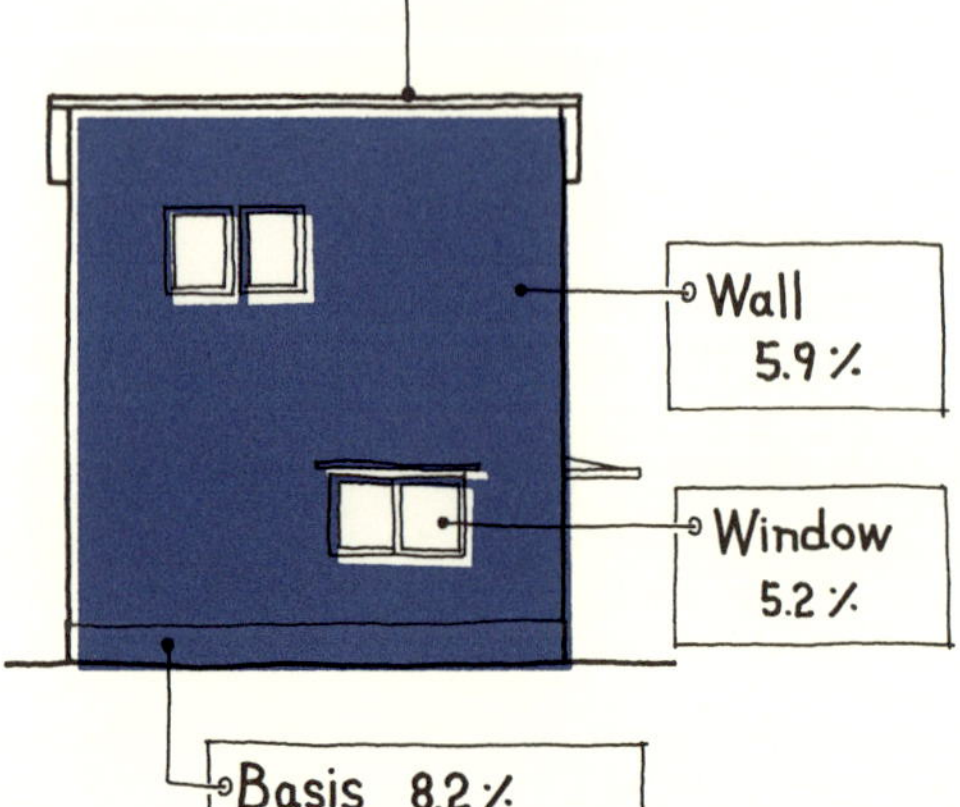

ている住宅は、決して高価な材料も贅沢な仕様も採用しないにも関わらずそのような低価格でつくることは不可能といわざるを得ません。

家のお金はいったいどこにどれだけ使われているのでしょうか。17頁の図は、私の事務所で一般的なローコスト住宅を建築した時の平均的な工事費の内訳を円グラフにしたものです。

実は「育てる家づくり」とは、このお金の配分を時間軸に置き換えていつどこで何にどれくらいのお金を使うかということを自由に設定することともいえるのです。最初にやるべきところはどこなのか、10年後にやるべきことは何なのかを設定すること、また自分が大切にしたい部分はどこなのかを客観的に理解して、そこにこそ手厚く費用をかける。そうでないところにはそれなりにするということなのです。建物の強度に対して、または断熱や気密、外観、造作家具やキッチンに対してどこにどれくらい、いつの時点で重きを置くのかを考えることが「育てる家づくり」の基本となる考え方なのです。

最初にお金をかけるところはどこか。それは明快です。生命や健康を守るために必要なところです。そしてもう1つ重要なこと、それはあとからやることができないところにお金をかけておくということです。

基礎や構造体にはしっかりとお金を使います。生命を守るために

**[坪単価について]**
坪単価という家の価格を表す指標があります。文字通り1坪当たりの家の価格、つまり総工事費を床面積（坪）で割った値です。本文に記した坪45万円はかなり怪しい話です。いったい何を何で割っているのか。多くのハウスメーカーが自社の坪単価をいう時、そのほとんどにキッチンの価格が含まれていません。空調設備や床暖房などの特殊設備、照明器具、もちろん外構工事つまり庭や塀、車庫やその舗装工事などもすべて含まれていません。価格に大きなひらきがあるものを加えずに見た目の工事費を安く見せるためです。ちなみにキッチンは50万円から特別高価なものを除いても200万円くらいまであります。4倍の差があるのです。延べ面積30坪の住宅ならば坪当たり5万円の差になります。同様に空調設備50万円、床暖房60万円、外構工事120万円を乗せると、ハウスメーカーのいう坪単価に対して本当の坪単価はプラス12.6万円高くなるのです。決して極端な話ではありません。

必要なコストです。ここを削ってはいけません。大きな地震は全国どこでもいつでも発生します。想定外とはいえません。どんなに大きな地震が来ても、生命だけは守る家でなくてはなりません。

断熱と気密もしっかりと行わなければなりません。日々の冷暖房コストに大きく影響します。これをしっかりと押さえないと光熱費がかかるばかりでなく、結露を起こします。結露はカビを呼び、カビは人体に有害な影響を与えます。健康な生活ができなくなるということです。

構造と断熱気密はあとから強化することがとても大変です。生命の安全からも、あとからやり難いという観点からも、まずは最初にしっかりとお金をかける場所なのです。

04

# 家の維持費

マンションを購入すると修繕積立金を管理組合に収めます。国交省発行の「マンション修繕積立金に関するガイドライン」の試算式

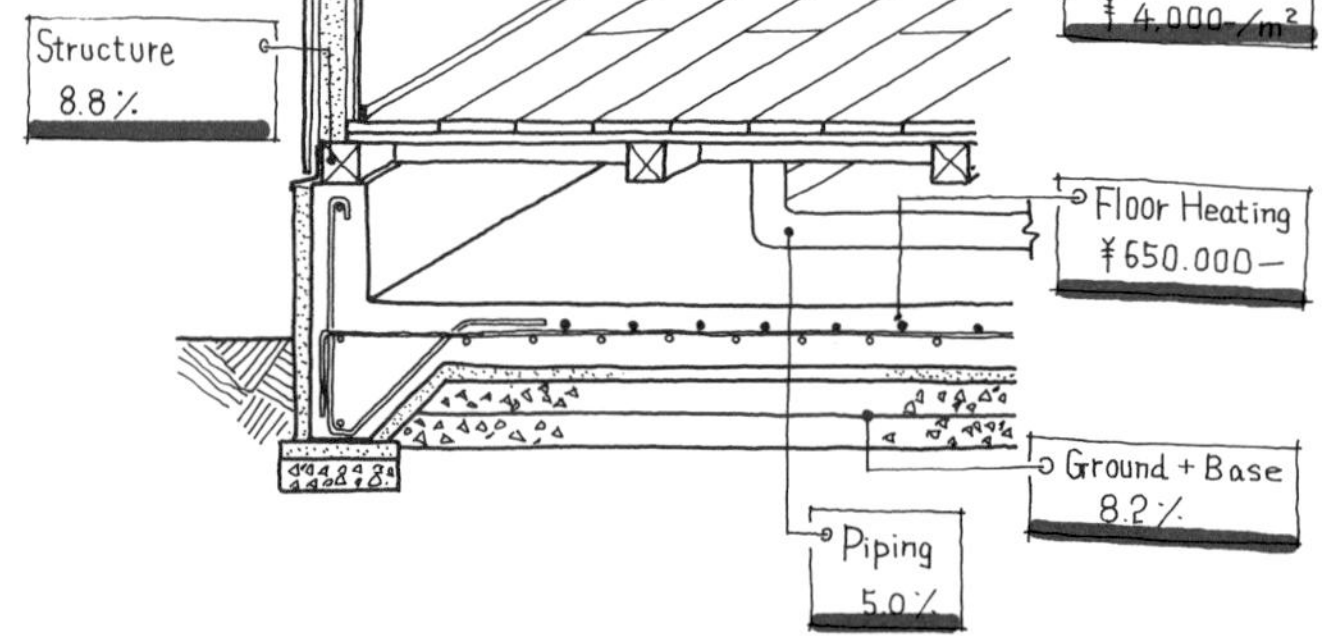


どこにどれだけお金を使うかをしっかりと考える

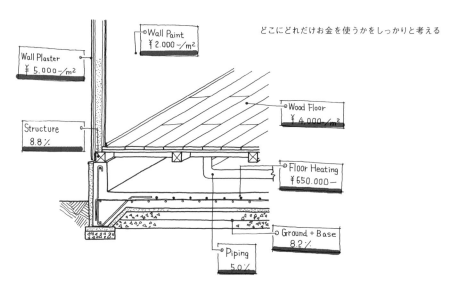

で計算すると、10階建て、延べ面積8000㎡のマンションに80㎡の住戸を購入すると、平均毎月1万6160円の修繕積立金が必要になります。このお金を使って定期的にマンションの修繕を行い、長期間にわたって建物を維持管理することになります。同時に自宅部分の修繕積み立ては独自に行う必要があります。マンション修繕積立金はあくまでも共用部の修繕のためのもので、自宅部分は別にお金をプールしておかなければならないことを多くのマンション購入者が忘れています。

一戸建て住宅の場合も同様にローンの返済以外に毎月一定額の修繕積み立てをしておかないとあとで大変なことになるのですが、こちらも家ができるとそんなことはすっかり忘れてしまいます。

家は定期的な維持管理がとても大切になります。選択する建築材料にもよりますが、10年前後で外壁や防水箇所の点検が必要です。ちなみに防水保証期間は10年です。設備配管や機器も15年前後を目安に補修や交換が必要になります。家を維持するということはいろいろとお金がかかるものなのです。計画的に「家の維持費」として積み立てを行うことが必須です。毎月2万円の積み立てを行えば3年間で72万円、10年で240万円です。家の大小や仕様にもよりま

すが、これくらいは10年後に必要になると考えなければなりません。10年後には外壁の塗装、コーキングや防水のやり替え、配水管の洗浄、設備機器の一部交換等々が考えられます。

これら従来の家の維持費は「修繕」ですから、極めて消極的なリフォームの意味合いの強いものです。劣化したもの、老朽化したものを元に戻すための費用、RE＋FORM＝リフォームです。新築の状態に復元するための費用といえます。

これに対して本書で提案する「育てる家づくり」での「我家のリノベ基金」は、このような従来の家の維持費とは考え方を異にします。生活してゆく中で起こる家族構成の変化、生活スタイルの変化、趣味嗜好の変化などに対応して、生活しやすい環境につくりかえてゆく費用、家をどんどん良くしてゆくRE＋INNOVATION＝リノベーションとしての費用です。「価値を維持する」のではなく、「価値を上げる」ものとなります。まるで考え方が異なるのです。

# 05
# 住宅ローンって本当にいいの？

住宅ローンとはいったいどのようなものでしょうか。それは「極めて低い金利で長期間にわたって住宅を建てるために借りられる制度融資」といえます。フラット35は文字通り35年間にわたって低金利を固定で借りられる優れた融資といえます。

しかし喜んでばかりはいられないのではないかと思うのです。住宅ローンの歴史は古く100年以上も前からありますが、当初は一部の特権階級のものだったようです。それが戦後に飛躍的に一般の人々に普及しました。特に高度成長期の60年代以降は、企業の終身雇用制度も後押しして、無理をしても不動産を購入すれば10年後には資産価値は倍になっているのだから借りたほうが得だ、給与もどんどん上がるのでとにかく借りてしまえ、という空気が強かった時代です。

国も企業も一般サラリーマンが家を持つことを推進しました。いわゆる持ち家制度の充実です。企業が社員に低利で融資を斡旋する制度です。これにより社員は簡単に家が持てるようになり、そして簡単に退職できなくなりました。会社に縛り付けられたような状態です。こうやって日本中ががむしゃらに成長を続けて日本は世界有数の経済大国となったわけです。

しかし現在は違います。まるで逆の社会です。成長しない社会、終身雇用どころか非正規雇用が常態化している社会、不動産の上昇のない社会、そして少子高齢化社会です。このような社会環境の中で低金利だからといって、高額な住宅ローンを長期間にわたって借り入れて良いものなのでしょうか。住宅ローンは個人の収入を原資として返済をするのですから、その収入が途絶えれば当然、返済ができません。少なくとも、かつてのように給与が数年で倍になるというようなことはありえません。地価高騰もほぼありませんから、売却してもローン残金をすべて返済しきることは困難です。

そして肝心なことは現代社会の価値観として、1つの会社に生涯勤め上げることが良いことなのだという美学もない、多様な価値観の時代です。長い人生、リセットをかけたい時が来るかもしれません。住宅ローンとは若いうちに人生を決定付けてしまう「足枷（あしかせ）」とも取れる制度なのかもしれません。

「育てる家づくり」は住宅ローンの借り入れを極力抑えることにも繋がります。「すべてをつくり込まない家づくり」ですから「足枷」となり難い家づくりなのです。そして何より常に手をかけることにより「資産価値」が損なわれない家づくりなのです。

# 05

# 「学び」から始まる「共創」のプロセス

# 01

# 「願望」をぶつけてもいい家はできない

家をつくるという作業は極めて専門性の高い技能を必要とします。プロの仕事となります。だから住み手は信頼できる建築家を探し、設計契約を交わして自らの家への要望をぶつけます。建築家もまたそれに応えようと懸命に設計を行います。住み手から提示されたたくさんの要望を理解するために、建築家は時に質問や提案を繰り返しながら最終的には住み手が望む家を完成させてゆきます。これが理想的な正しい家づくりだとされています。

住み手が考える要望書（もちろん書面でなくても）に込められているものは要望という名の「願望」です。あれもしたい、これもしたい、でもお金がかかるし……、といったものが並びます。家族内で割れるバラバラな意見もそのまま載せられてゆきます。それはそれで悪いことではないのですが、この「願望」をそのまま建築家にぶつけると、建築家は自らの解釈でそれらに解を見出してゆきます。

私たちにとって何が必要で
何が不必要なのか……

そして解釈が合えばいい家となりますが、それではいけないと考えます。たまたまいい家ができることもあるかもしれませんが、そうならないことも起こりうるからです。

「育てる家づくり」では、ここからもう1つ先に踏み込みたい。建築家に対して住み手はもっと家づくりのプロセスにコミットしてゆくことが大切だと考えます。

## 02

## 「共創」とは「大切に思うこと」を導き出すこと

これまでの家づくりになかったこと、それは共に創る「共創」という視点です。住み手が一方的に「願望」を伝えるのではなく、住み手と建築家が共に考え、つくるという視点です。ハウスメーカーなど、家を建てて売る側からすれば、家づくりはビジネスですからこの考えはありません。手間ひまが掛かり過ぎるからです。手間ひまが掛かるということは利益が上がらないということです。建築家も同様に家づくりを「作品づくり」だと捉えてしまえばこの発想には至りません。「共に創る」では、建築家の主体性が失われ、作品性が損なわれると考えるからです。

建て主が望まなければ「共創」は実現しないということです。

中途半端な専門家は「専門家に任せなさい」と言います。素人にはわからないことがたくさんあるのだと……。しかしそれは違います。家は極めて内省的なものでできています。日々の生活の一つひとつはその家の習慣として普通にあることでも、他人から見れば不思議なことがたくさんあったりするのです。家はそういった暮らしのすべてを受け止める「器」でなくてはなりません。何よりも先に置かなければならないことは、住み手が「大切に思うこと」は何かです。この「大切に思うこと」を知ること、理解することこそが設計のスタートです。この設計の初期段階で住み手と共に「共創」することで「大切に思うこと」を導き出すことが必要なのです。

# 03 「学ぶ」ことから始める家づくり

「共創」というスタートを住み手と建築家が切るために、住み手にはまずは「学ぶ」というプロセスが不可欠になります。大仰に感じるかもしれませんし、面倒だと思うかもしれませんが、家づくりはまず住み手自らが「学ぶ」という作業から始めなければなりません。せっかくの家づくりです。たくさん学んでこれから始める家づくりを楽しむための基礎を固めることが大切なのです。我家にとって「大切に思うこと」が何なのかを確認するための最初の作業ともいえます。

## ① 本を読む

まずは「家づくりに関する書籍を読む」ことです。

書店に行けば膨大な家づくりに関する書籍があることがわかります。もちろん専門家が読むようなテクニカルな技術書は不要です。ほんの1例を挙げてみます。

本を読んでみる

□**間取りや家の機能に関する本**

多種多様な間取りがあることを知ることが大切です。伝統的な間取りから前衛的な不可思議な間取りまで、よく読めばそれぞれに理由があります。

『心がときめく間取りアイディア図鑑』（エクスナレッジ）
『宮脇檀の「間取り」図鑑』（山崎健一＝著／エクスナレッジ）
『おうちのはなし』（石川新治＝著／経済界）

□**家族のあり方や子育てから家づくりを説いた本**

子育ての考え方と空間のつくり方の関係性を知ることができます。

『家をつくって子を失う』（松田妙子＝著／住宅産業研修財団）
『変わる家族と変わる住まい』（篠原聡子、小泉雅生、大橋寿美子、ライフスタイル研究会＝著／彰国社）
『家族を容れるハコ　家族を超えるハコ』（上野千鶴子＝著／平凡社）

□**暮らし方や生き方に関する本**

ライフスタイルと家の姿の関係が見えてきます。

『やさしさの住居学――老後に備える100のヒント』（清家清＝著／情報センター出版局）
『「家をつくる」ということ――後悔しない家づくりと家族関係の本』

（藤原智美＝著／プレジデント社）

□**家づくりのしくみに関する本**

住宅を取り巻く社会的背景について学べます。

『「住宅」という考え方――20世紀住宅の系譜』（村松秀一＝著／東京大学出版会）

□**お金に関する本**

賢いローンの組み方から、税金のことまで理解が深まります。

『資産になる家・負債になる家』（南雄三＝著／建築技術）

『家づくりのお金の話がぜんぶわかる本2015－2016』（田方みき＝著／エクスナレッジ）

□**エコや省エネに関する本**

光熱費のかからない家づくりが学べます。

『エアコン1台で心地よい家をつくる方法』（西郷徹也＝著／エクスナレッジ）

『本当にすごいエコ住宅をつくる方法』（野池政宏、米谷良章＝著／エクスナレッジ）

□**建築の素材やDIYに関する本**

どんな材料を使えばどんな家ができるのか、自分でもやれることがあるのか等、多様な家づくりのスタイルを知ることができます。
『使える内外装材［活用］シート2014－2015』（みんなの建材倶楽部＝著／エクスナレッジ）
『プロのスゴ技でつくる楽々DIYインテリア』（古川泰司＝著／エクスナレッジ）

これらを自ら学ばずして家づくりを始めるなんて本当にもったいない話だと思います。建築家に「願望」だけを伝えてしまう受け身の家づくりは、家づくりの楽しさを半分以上捨ててしまっているようなものなのだと思います。

## ②セミナーに参加する

次に「セミナーに参加する」ことです。これは本を読むよりかなりハードルの高いプロセスですが、家づくりに関する一般向けのたくさんのセミナーが開催されています。お金の借り方から省エネ住宅のつくり方、使いやすいキッチンのつくり方や賢い収納のつくり方など、安価な費用でたいへん役に立つ話が聞けます。書籍には書かれていないような専門家の本音や、裏話のような話題が聞けることもセミナーの魅力です。また他の聴講者の様子も刺激となって楽しいものです。

私のオフィスでは「家づくりカフェ」と称していろいろなセミナーを開催しています。「夢の叶う土地、叶わない土地」「リノベーションのＡＢＣ」「新築でもリノベでも無い家づくりの方法」などなど、毎回楽しく役に立つテーマで一杯です。今後も「快適なキッチンのつくり方」「照明デザインで変わる空間の演出」などを準備中です。

## ③ 建築家と話をする

そして最後に「建築家と話す」ことです。より一層ハードルが高くなりますが、建築家を訪ねてみることです。書籍の著者、セミナーの講演者、雑誌やインターネットで見つけた建築家など、自分がこれまで学んだ中で、自分の思いと共感できる建築家を訪ねてみることです。そして話を聞いてみることです。自分の思いを話してみることで、その建築家の家づくりに対する姿勢を知ることができます。

以上が「学ぶ」というプロセスです。

家づくりについて、「聞いてみる」「話してみる」

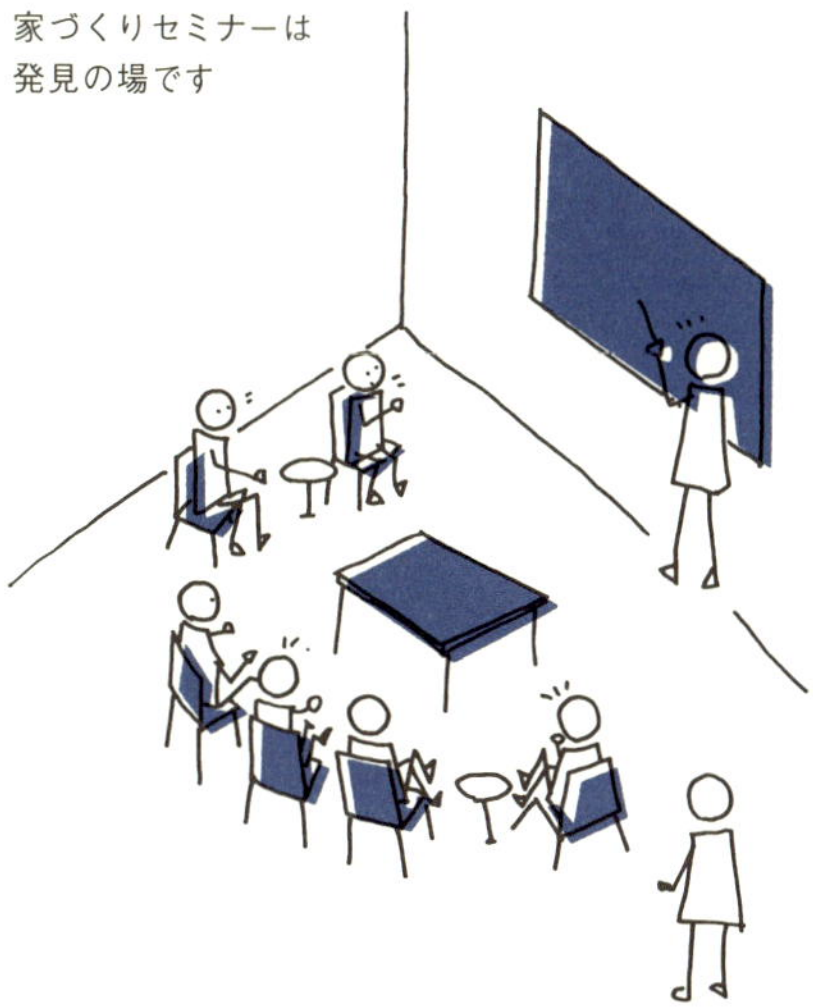

家づくりセミナーは発見の場です

# 04

# 住宅展示場の罪

多くの家を求める人たちが最初に行くところがあります。住宅展示場です。「百聞は一見に如かず」ということなのだと思いますが、見てしまうことでかえって家づくりへのオモイが曇ってしまうということもあります。目から入る情報はそれだけ影響が大きいものなのです。住宅展示場に並ぶ住宅はどれも80坪前後の豪邸のような大きな家ばかりです。一般的な住宅面積の倍以上ということになります。広々とした玄関で営業マンが優しく迎えてくれます。室内はどこも広くてピカピカです。ここには複数のメーカーによるモデルルームが並んでいますから当然のこと、他社との優位性を強調するあまり実際の家とは乖離したものが展示されてゆくことになります。一見して見栄えの良いものになってゆくわけです。高級家具で装いのされたそこは広くて豪華です。これが「理想型」として記憶に焼き付いてゆきます。自分にはどんな家が必要なのか、「大切に思うこと」は何なのかということを考える前に一方的に「理想型」

華やかに演出される
住宅展示場

をつくらされてしまうところに住宅展示場の罪があるのです。

## 05

# 「共創」という文化

家づくりの理想だけでいえば「自らつくる」ことだと思います。住み手自らが設計を行い、施工もする。手間ひまを惜しまずコツコツと我家を築き上げることこそが理想の家づくりだと「究極の理想」を思ったりもします。しかしそれは不可能で、現実的ではありません。そのような時間的余裕が住み手にはないし、知識も腕もない。そうすると家づくりを誰に依頼するのかということになります。

まず建築家を探してみます。建築家の「過去の作品」という事例を見て、自分のテイストと合うか否かを判断したりしますが、それは結果だけを見ているに過ぎません。少々危険です。それよりは、実際につくられたものを見るのと同時に、その建築家の言っていること、書いていることを知ることです。そこに共感があれば依頼に値する建築家の1人となりえます。

家づくりは文化です

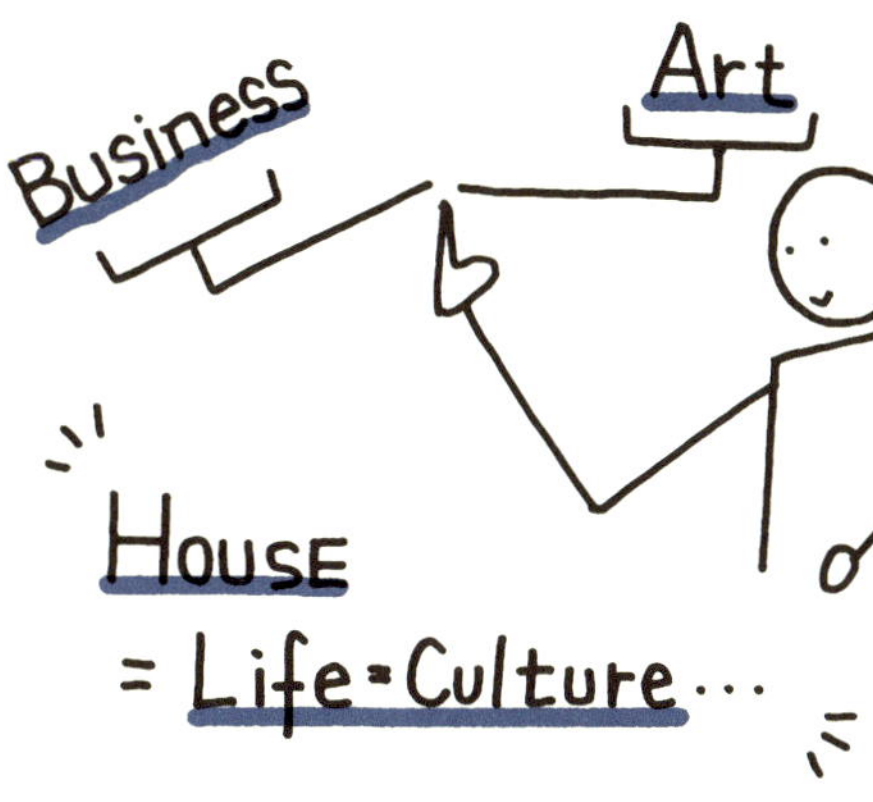

なぜそのような間取りになったのか、なぜそのような形、色になったのか、なぜそのような素材を選んだのか。それは家づくりのプロセスの中に潜んでいる、とても大切な住み手と建築家の「共創」の結果なのです。それらすべては建築家の嗜好で選定されたものではなく、住み手と共に理解を共有して決められたものなのです。またその作品がどんなに素敵に見えたとしても、必ずしもその家の住み手が満足しているとも限らないことも現実としてあったりします。

家づくりは「文化」なのだと思います。そう捉えると、この「共創」という発想は自然と腑に落ちるのではないでしょうか。「ビジネス」にも「作品づくり」にも行き過ぎてはいけないものなのだと思います。「育てる家づくり」では設計の初期段階において共に創るプロセスを大切にします。そこで営まれる日々の生活を物語化します。イメージを共有します。そうやって「大切に思うこと」を共有してゆきます。文章や絵にまとめます。そして共に間取り図を描きます。住み手自らが模型をつくることもあります。建築家が提案するだけではなく、住み手も自ら考え、カタチにしてみます。「要望書」をまとめるだけではなく、それに対する解も自ら考えてみること、建築家と共に考えることがとても重要なことなのです。

# 06

# すべてを頼まない家づくり

# 01

# 「楽（らく）」と「楽しい」は反意語

かつてバブルの時代に「フルターンキーシステム」というものがありました。鍵を回せばすぐに使えるという意味で、お客様には何の気苦労もさせずに完成したその日から何のストレスもなく使えますという、いかにもバブルなシステムです。今日でも似たようなシステムはないわけではなく、例えば大学病院に勤める若い医師に対して医院開業などに似たようなシステムが使われることがあります。業者は医院開業の地域の選定、不動産物件の手当、医院の建築から医療設備の手当、スタッフの手配から開業後のあらゆるソフトサービスまでもをワンパッケージでケアしていくのです。

ハウスメーカーでの家づくりはまさにこのフルターンキーシステムに近いものを理想とした住宅供給システムだと感じます。客ははじめに完成した家の具体的なカタチを住宅展示場で見学し、その後、設計もそこそこに初期の段階で一気に工事請負契約を結んでしまいます。メーカーはその後、必要なインテリアデザインや家具やカーテンの購入、庭づくりまでのすべてを、関係グループ内で丸抱えして売り上げを上げてゆきます（メーカーにより差異はあります）。工務店も少し事業規模が大きくなると、ハウスメーカーのこれを理想と考えています。家づくりに関連するあらゆる過程をすべて囲い込んでビジネスとする事業モデルです。

　これにかかる費用がどれほどかは別としても、住み手にとって、表面的にはとても「楽」で理想的に見えるかもしれません。しかしここには大きな落し穴があります。住み始めてからのケアがほぼないのです。家づくりに全く参加していない、このような家の住み手は知識の準備がありませんから自らケアする方法もわかりません。家は住み始めた最初が最高な状態で、あとは劣化の一途をたどってゆくことになるのです。

　家は「フルターンキーシステム」ではダメなのです。「楽（らく）」は「楽しい」とは違うのです。家づくりにおいては反意語と解釈すべきです。

楽（らく）…Easy

≠

楽しい…Happy

02

# 意外と多い「自分でもできる！」

家づくり、特に施工についてはプロの世界と思われがちですが、そんなことはありません。書店に行けば日曜大工を始めとしたDIYの関連書籍が、コーナーができるほどたくさんあります。また昨今のホームセンターの充実ぶりは大変なもので、住宅1軒ができてしまうほどのさまざまな資材を誰でも購入することが可能です。我家なのですから、プロのように上手でなくてもその仕上がりには満足できるものです。思い出にもなりますし、愛着も湧きます。将来のメンテナンスの練習にもなります。

工事中にはたくさんのプロの職人さんたちが出入りします。これは絶好のチャンスだと思います。毎日次から次へ、自分の家の現場にやってくる職人さんたち。先生が傍らにいるようなものです。

住み手が頑張れば自らできそうなことを列記してみます。（以下、職人の名誉のために記します。ここで掲げる項目が簡単だということでは決してありません）

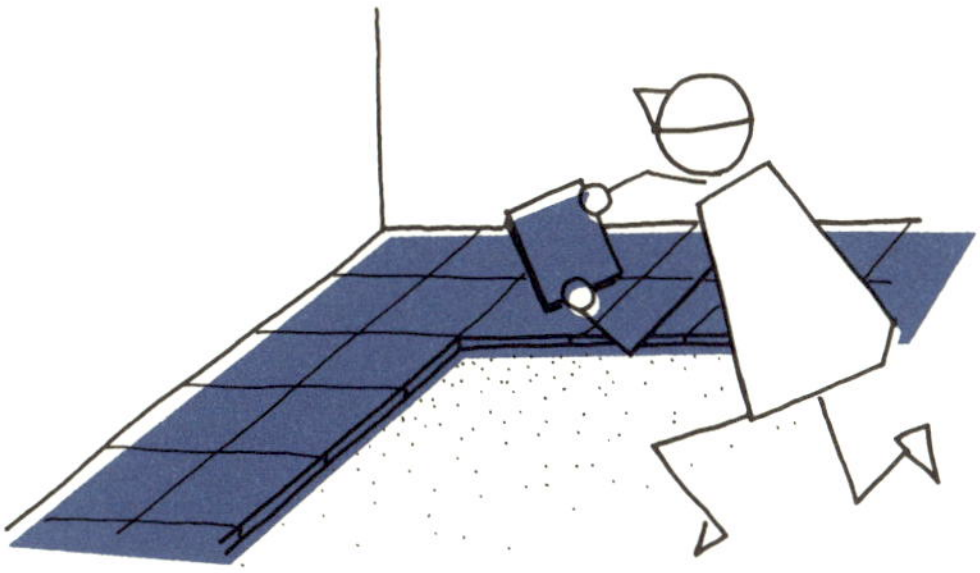

【タイル貼り】
室内の床など接着剤で貼る工法であれば意外と可能。

【塗装】
パテ処理などの下地づくりを職人に頼めば仕上げは可能。すべての部位を行うのは難しいので部分的な塗装工事に参加してみる。

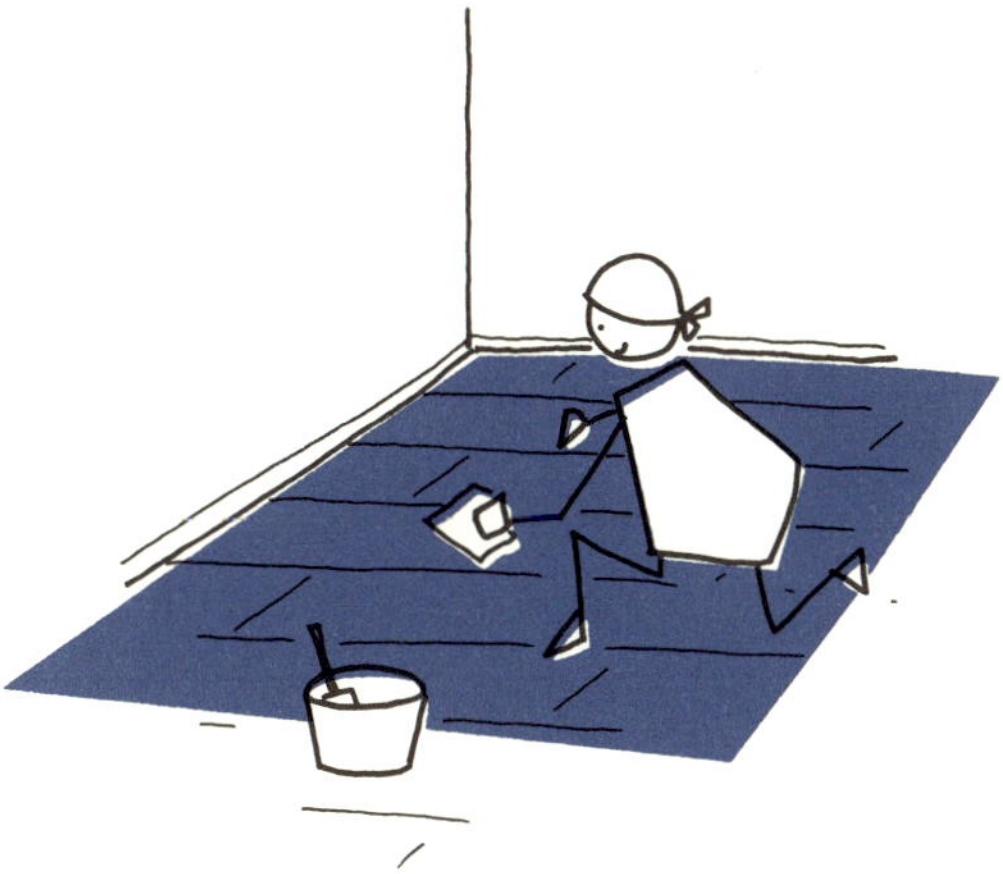

【床板貼り】
器用であればある程度可能。

【左官】
塗装より難易度はかなり高いが、職人のサポートがあれば可能。

【家具をつくる】
専用工具が必要だが、達成感は大きい。

【棚をつくる】
電動工具が必要だが、是非挑戦をして欲しい。

【照明器具をつくる】
配線工事は資格が必要だが、照明器具をパーツアッセンブルで制作することは可能で楽しい。

【植木を植える】
簡単なようで難しいのは土を掘るなど体力が必要な仕事が多いため。手伝ってくれる仲間が必要。

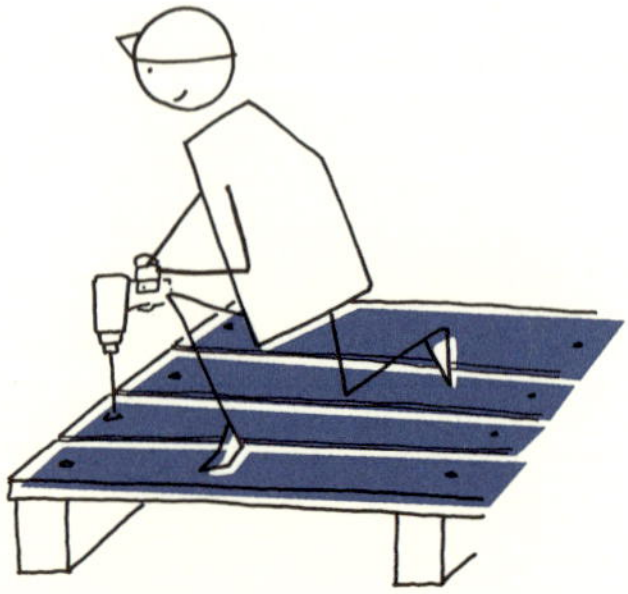

【ウッドデッキをつくる】
日曜大工センターで木材を買う。工務店に材料の手配のみを依頼する。インターネットでウッドデッキセットを買う。

# 03 分離発注に挑戦する

その他、自分でつくることが困難でも、それをすべて1社の工務店に依頼するのではなく、自分で別途発注してみることもとても良いことだと思います。例えば古材を使ってこだわりのインテリアに挑戦してみたいと考え、古材問屋から直接木材を購入し、家具を別途発注してみる。またインターネットやアンティークショップを訪ねて気に入ったドアノブを自分で探してみることなどはとても良い家づくりへの関わり方だと思います。

しかしこういったことはそもそも工務店では不得手なことでもあります。なぜなら工務店は大抵の場合、大工や塗装職、設備業者などを社員で抱えているわけではありません。小さな木造住宅でも10工種以上の職人が必要になります。そこで工務店はそれらの職人に安定的に仕事を供給することで社外の労働力として育てて、ある意味では彼らを養っているのです。今時の非正規雇用の契約社員に似たような契約形態ですが心情はまるで異なるものです。木材のことは大工に、塗装のことは塗装職に任せて、強い信頼関係で結ばれています。そんなしくみの中で、住み手や建築家が特別なルートからでしか購入できない素材を要求すると嫌がられたり、異常に高いものになったりしてしまうわけです。

それでも前述のように自ら古材業者を訪ねて木を選定し、注文してみることは、決して「楽」ではありませんが「楽しい」家づくりの工程となるはずです。優良な工務店であれば、例え工事の一部を分離して、同じ工務店にすべてを依頼しないことになったとしても、その主旨を理解し、住み手が望む家づくりに協力をしてくれます。

キッチンは分離発注に適した項目です。「育てる家づくり」ではキッチンはオーダーメイドのオリジナルキッチンを推奨しています。天板のステンレスの厚さにこだわった注文も可能です。コンロや水栓金具を自分で気に入ったものを探して独自購入し、取り付け工事のみを依頼することも可能です。

前述のように、かつての工務店はこのような工事の一部を受注しない形態をたいへん嫌いました。住宅1軒を丸ごと一括受注しなければ良い仕事はできないと考えていたのです。今でも同様な考えを主張する工務店がないわけではありませんが、工事の一部を分離させる発注形態は以前よりは一般的になりました。住み手はインターネットで世界中の商品を購入することが可能な時代です。すべてを1社の工務店に依頼する必要はないのです。先駆的な工務店はこのような受注をむしろ時代の流れとして普通に受け入れています。

04

# 「時間」という身方

これまでこの本で語っていることは「育てる家づくり」なのです。慌てて完成させる必要はないのです。

住み手の多くが日常は多忙であり、できるできないという思いの前に時間がないという現実があります。しかしそこは発想を変えてみれば良いと思います。「育てる家づくり」なのですから、完成を急ぐ理由はないのです。家族の同意や協力が必要ではありますが、完成を急がなければ大抵のことが可能かもしれません。

「器」の部分はしっかりと完成させます。風雪に耐え、そこに暮らす人を、四季を通じてしっかりと守る「器」です。一方「ツクリ」の部分は未完成の部分があっても良いし、育てながら、つまりつくりながら、時間を身方につけて、暮らしながらじっくりつくり続けることこそがとても幸せな姿だと思うのです。

# 07 「育てる家づくり」のケーススタディ

01

# 「器」のカタチのケーススタディ

「育てる家づくり」は家のカタチを標準化して決めてしまおうとするものではありません。敷地の形状、住み手の希望、予算を踏まえて多様なプランをつくることを前提としています。最も大切にしていることは、家の形状ではなく、「暮らしながら育ててゆく」という考え方と、その理念を裏付ける家の仕様です。その上で本章では「育てる家づくり」の1つのカタチを提示します。前6章までに示した「育てる家づくり」の具体案です。まずはスターターキットともいうべき、最初の「器」の提案です。そして10年後のカタチ、20年後のカタチもご覧ください。家がどのように育てられるのか、参考にしてください。

## ① 予条件

□土地の条件

第2章で示したように「器」はその土地の予条件をしっかりと把握して100年先まで快適な環境が確保できるように考えてつくられなくてはなりません。本章では極めて標準的な土地を想定して「器」のカタチを提案します。どこにでもあるような標準的な土地で「育てる家づくり」の方法について説明を行います。

土地形状は8・5m×11・5m＝97・75㎡（29・57坪）の平坦地を想定してみました。西側に道路があるどこにでもある住宅地の一角です。

□家族構成

30歳代の夫婦と3歳の子供がいる3人家族を想定してみます。

□予算

第4章で示したように「器」の価格を1400万円とします。

## ② 構造の条件

【柱と梁】

柱と梁にJASで強度が示された構造用集成材を使用した木構造とします。集成材という強度が定量化（数値で表すことができる）された部材を使用することで初めて正確な構造計算を行う意味が生

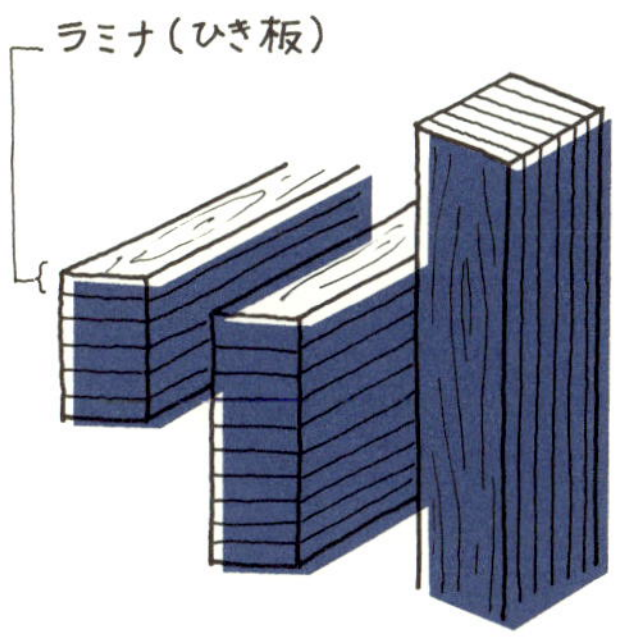


※1 構造用集成材とは？
所要の耐力を目的として等級区分したひき板（ラミナ）を集成接着したもの。必要な耐力に応じた断面の大きさと安定した強度性能を持ち、大規模建築物の建築にも可能な強度を有する。JAS（日本農林規格）によりその製造方法から製品強度まで細かく規定されている。

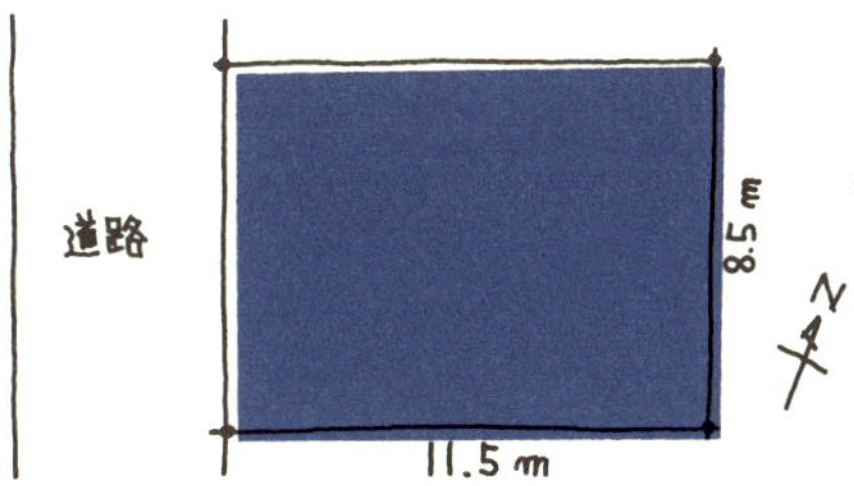


標準的な敷地を想定してみます

まれると考えます。一般に使われる無垢の木材は天然の素材であるがゆえに、同一の樹種であっても強度面で個体差（個々のバラツキ）が生じます。従って厳密な構造計算を行ったとしても、実際に使う柱や梁が、計算で採用した強度と比べて実際にどこまであるのかが不明です。そのためどうしても計算で算出された値よりも大きいサイズの材料を選択するなど安全側に調整を行うことになります。構造計算という正確性が求められるものの中に曖昧な評価が加えられ、構造計算そのものの意味が薄れてしまうということになります。

「育てる家づくり」では将来壁に新たに窓を設けたくなるかもしれません。床を貼ったり抜いたりすることも考えられます。そのような多様なニーズの変化も、しっかりと構造計算が行われ、その通りにつくられた家ならば、何年先であっても正確にその可否を判断することができるのです。家を長く使い育ててゆくことを前提とすると、明快な構造体＝「器」をつくることはとても大切なことなのです。

**【接合部】**

木造にとって柱と基礎、柱と梁の接合部は家の強度を確保する上でたいへん重要な部分です。社寺建築等で採用されてきた伝統的な

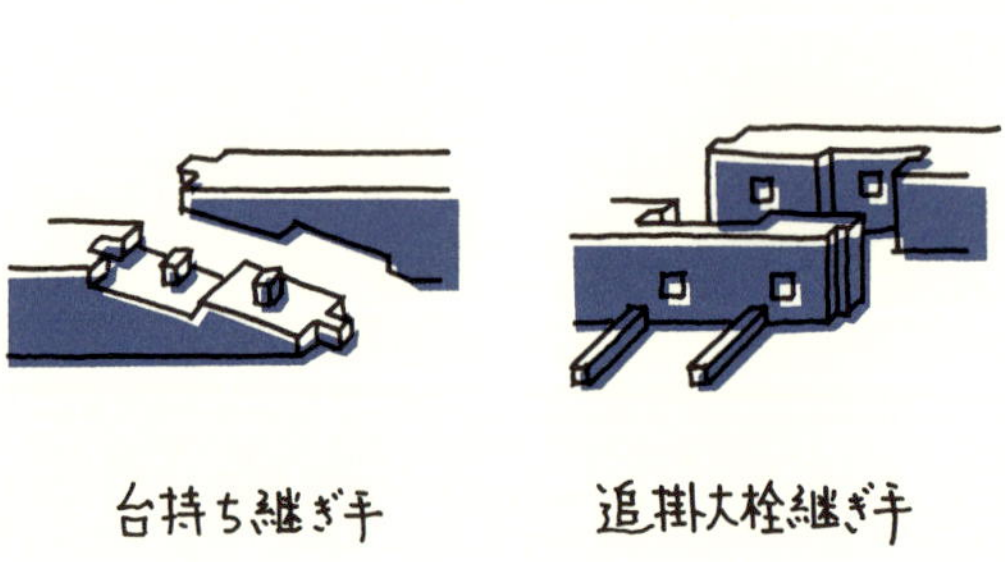


宮大工による伝統的な継ぎ手

仕口（しぐち）や継ぎ手（つぎて）と呼ばれる接合方法は魅力的ではあるものの宮大工などの熟練工のみが持つ高度な技術であり、一般の木造住宅にこれらの熟練工の技術を当てにした設計は行えません。また現在の多くの住宅が採用している機械で加工するプレカット工法による簡略化された仕口や継ぎ手は、それだけでは計算上必要とされる強度を確保することは不可能であるため、その上から補強用の金物で留めなければなりません。

「育てる家づくり」の「器」ではこの仕口に代わる部分をＪＩＳで強度が定められた接合金物を採用することで強度を保ちます。補強のための金物ではなく、金物そのものが接合部材となる接合のための専用金物です。これにより計算上必要な強度通りの施工が可能となります。

**【基礎】**

基礎には「ベタ基礎」という構法を採用します。建物が建つ全面に鉄筋コンクリートの土間をつくり、面として建物の重量や地震などの力を地面に伝える堅固な基礎です。「育てる家づくり」では、この土間の面をそのまま室内の床として使い、必要に応じて床冷暖房を埋設します。

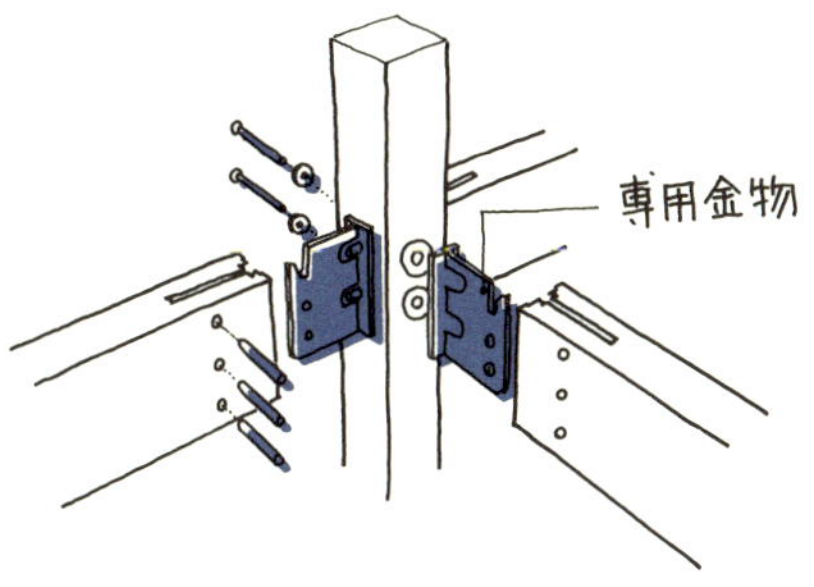


金物構法の代表的な例
＝SE構法

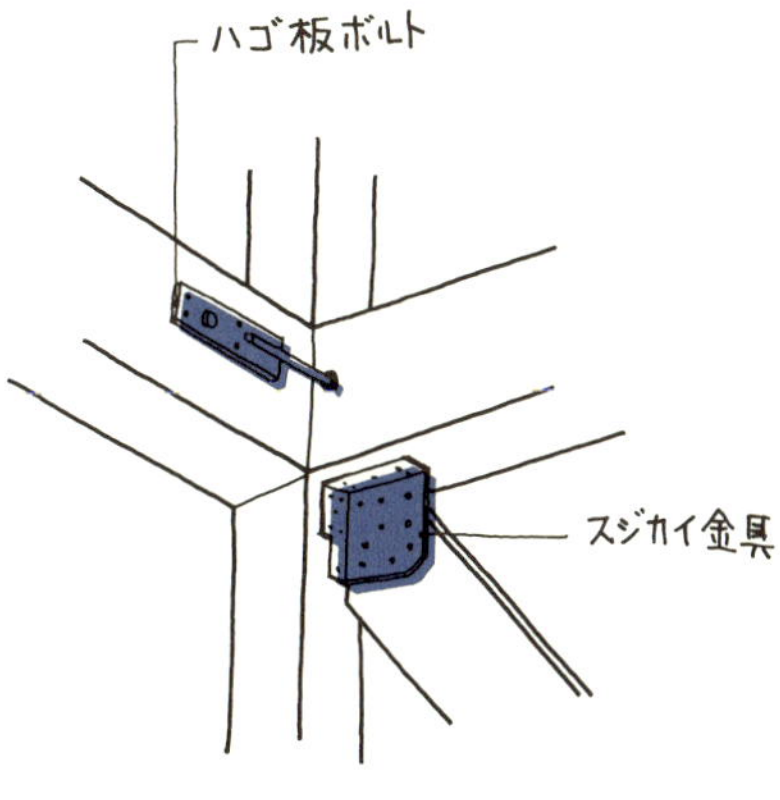


プレカット構法を金物で補強する
一般的な在来構法

## ③「器」のカタチ

1820㎜(6尺)×3スパン、2730㎜(9尺)×3スパン、1階は面積13・5坪、リビングルーム、ダイニングルーム、キッチン、それとサニタリーが配置されます(162頁)。2階は寝室と収納だけの7・5坪の空間です(163頁)。他はすべて1階からの吹き抜け空間として床を貼りません。最小限のサイズとしてシンプルな2階建ての四角形を「器」の基本構成と考えます。屋根は大きな片流れとしてシンプルな外観を強調した機能的なデザインを基本としますが、計画地の法的な高さ制限などに応じて三角形の屋根など屋根形状は自在に変更が可能な柔軟性を備えた設計になっています。

**1 玄関**

初期の「器」の段階では独立した玄関とせずに使います。玄関扉を開くとすぐにダイニングルームやリビングルームに繋がります。下足入れは固定せずに床に置き、移動が可能なようにします。

**2 コンクリート土間のLDK**

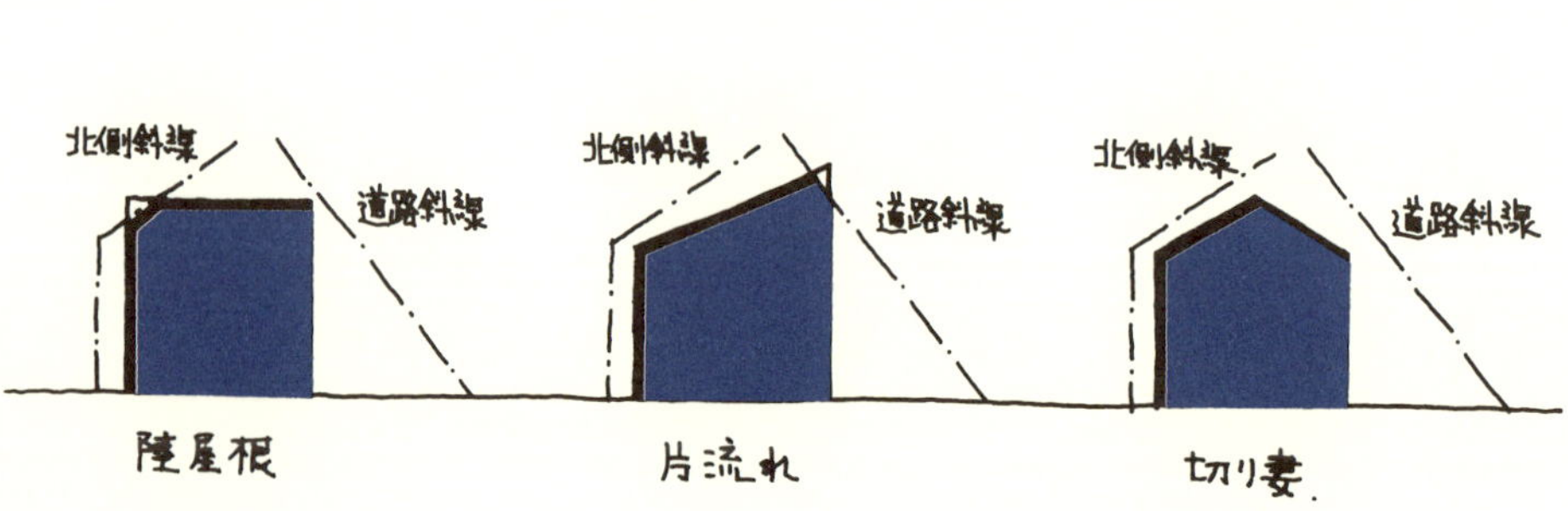


法律上の「高さ制限」で決まってしまう屋根の形状

「育てる家」の大きな特徴は最初の「器」の段階ではLDKのすべてをコンクリートの土間床としているところです。ここにコンクリートの素地を活かした塗装を行います。コンクリートとはいっても手仕事ですから、コテでならした跡や工事中の小傷、コンクリートの水分が抜ける時に生まれる細かなひび割れなども見ることができて、それらをあえて隠さずに透明な塗装とすることで石面のような自然な仕上がりを楽しむことを考えます。原則、床冷暖房を埋設しますので季節を通して裸足でも快適に過ごせます。

### 3 キッチンとダイニングルーム

コンクリート土間のまま繋がるオープンキッチンを提案します。キッチンセットはシンプルなオリジナルキッチンがお薦めです。シナのランバーコア材で箱をつくりその上にシンク一体型のステンレスカウンターを載せたものです。周囲には2㎝ほどの高さの水返しを設けることで、シンクのみならずカウンターの上面すべてが水でじゃぶじゃぶと洗えます。大きな魚も丸ごと捌けます。粉ものの料理も掃除を気にすることなくできます。ちなみに下図の水栓は同じものを2本立てて、それぞれお湯と水が別々に出ます。高価な混合

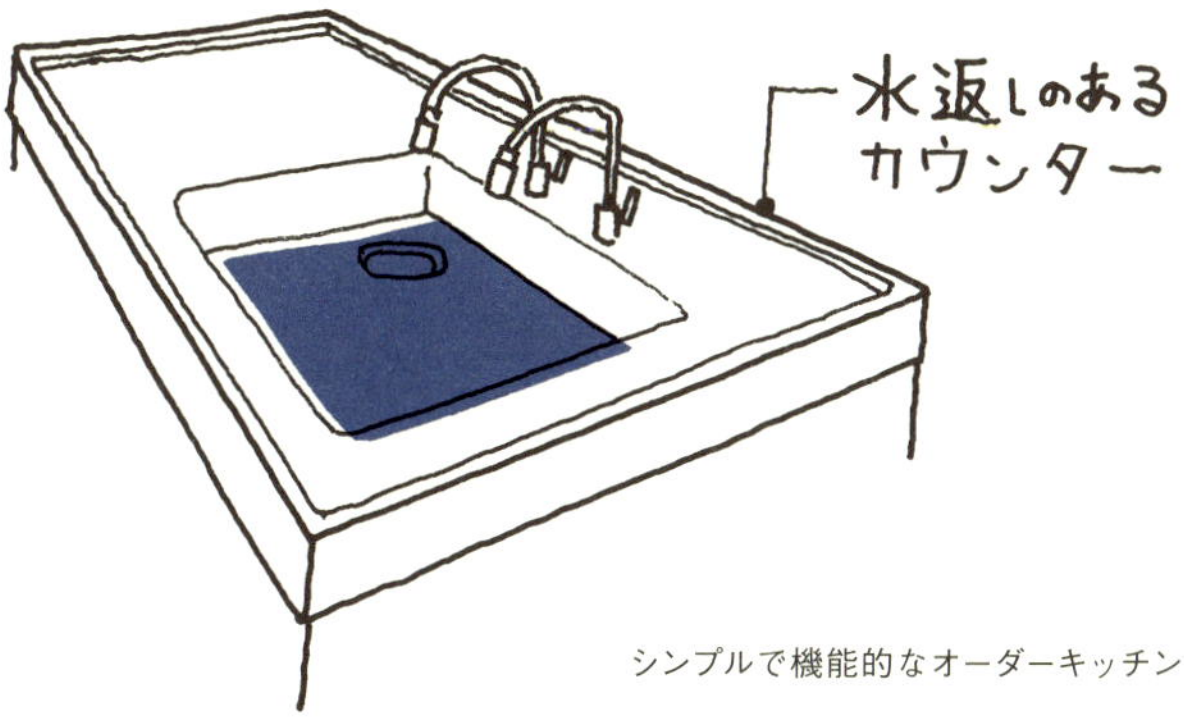


シンプルで機能的なオーダーキッチン

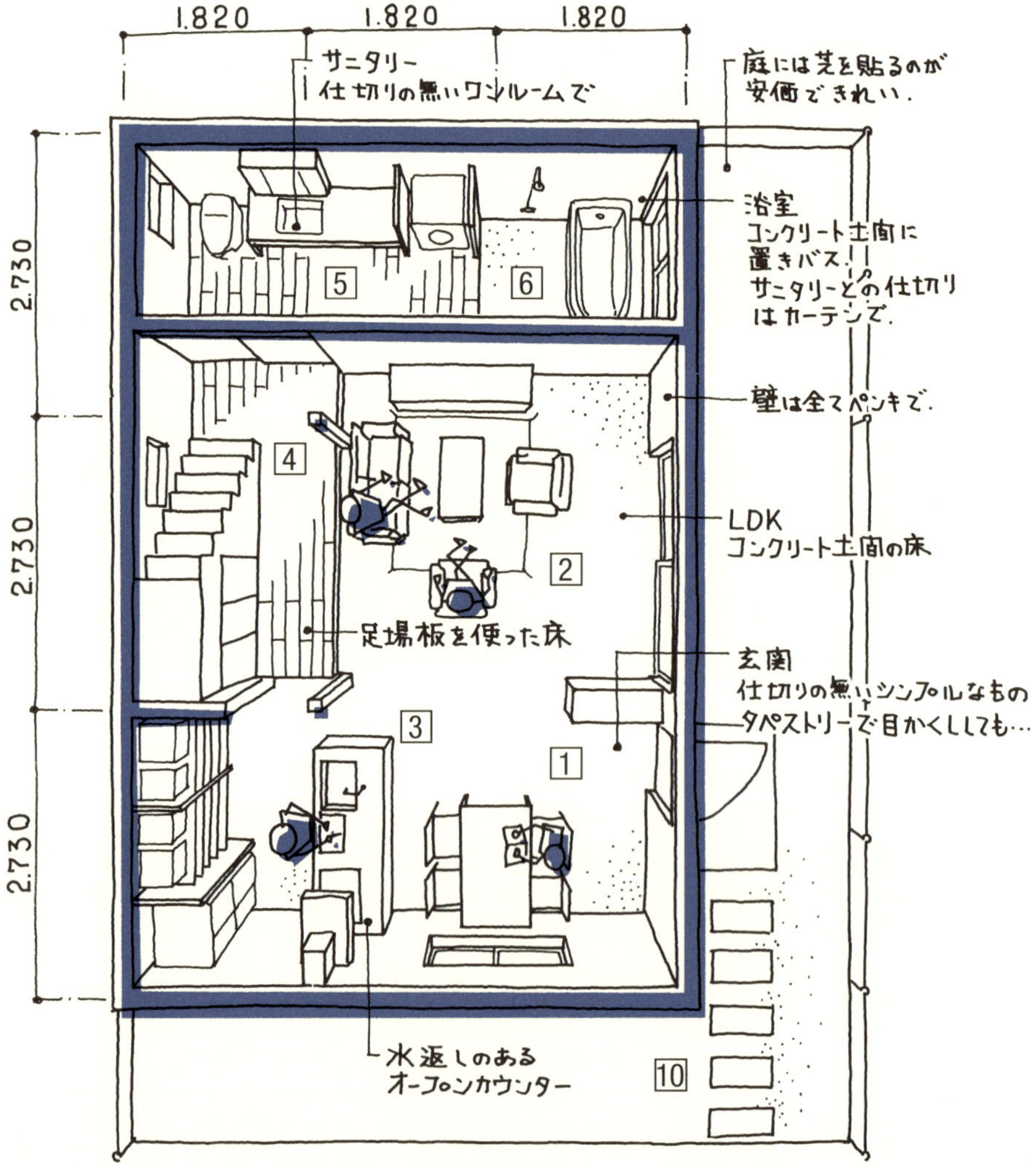

1.820
1.820
1.820
2.730
2.730
2.730
サニタリー
仕切りの無いワンルームで
庭には芝を貼るのが
安価できれい.
浴室
コンクリート土間に
置きバス.
サニタリーとの仕切り
はカーテンで.
壁は全てペンキで.
LDK
コンクリート土間の床
足場板を使った床
玄関
仕切りの無いシンプルなもの
タペストリーで目かくししても…
水返しのある
オープンカウンター
1
2
3
4
5
6
10

# Start

最初の「器」のカタチ

2F

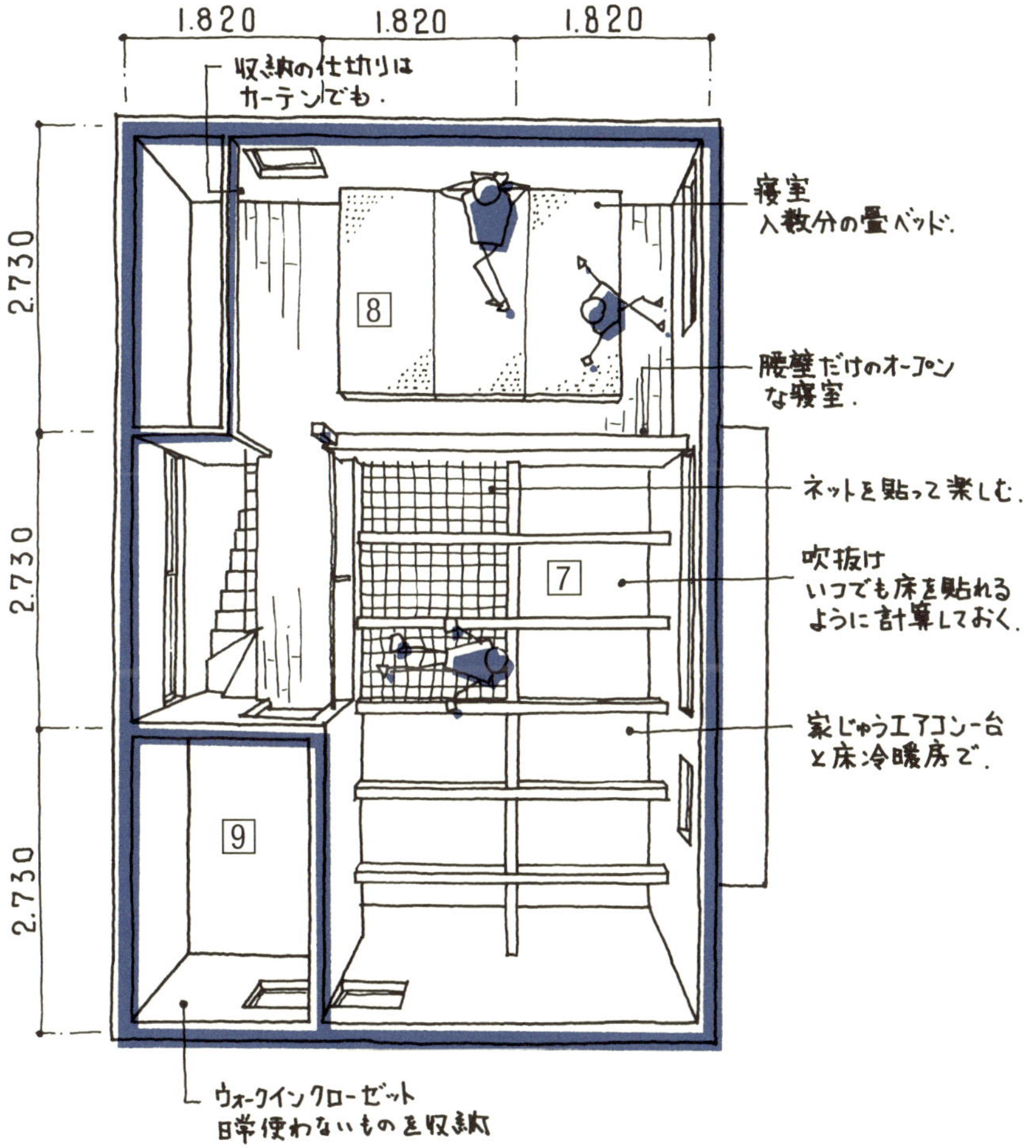

水栓ではありませんが、慣れるととても使いやすいものです。自在ホースとシャワー切り替え付ですがとても安価です。将来の配置の変更に備えて基礎下部には2カ所の給排水管をセットしておきます。

ダイニングテーブルは幅ハギの集成材でつくるのがコストパフォーマンスの点でお薦めです。仕上げにはワックスを塗り込んで長く使うことを前提にしたいものです。

### 4 小上がりの床と階段

コンクリート土間から一段上がった部分の床には木製の無垢の床材を貼ります。市販されている無垢のフローリング材でも良いですが、分厚い足場板（65頁）はどうでしょう。厚さ35㎜の杉板の無垢材は多少の反りやたわみはありますが、それ以上に木の温もりが感じられ魅力的な材料です。2階への階段の下は収納になります。掃除機などの清掃用具はここに収納すると良いでしょう。

### 5 サニタリールーム

サニタリールームは洗面、脱衣、洗濯、トイレの機能を集約した多機能な構成となっています。トイレは別に区画する方法もありま

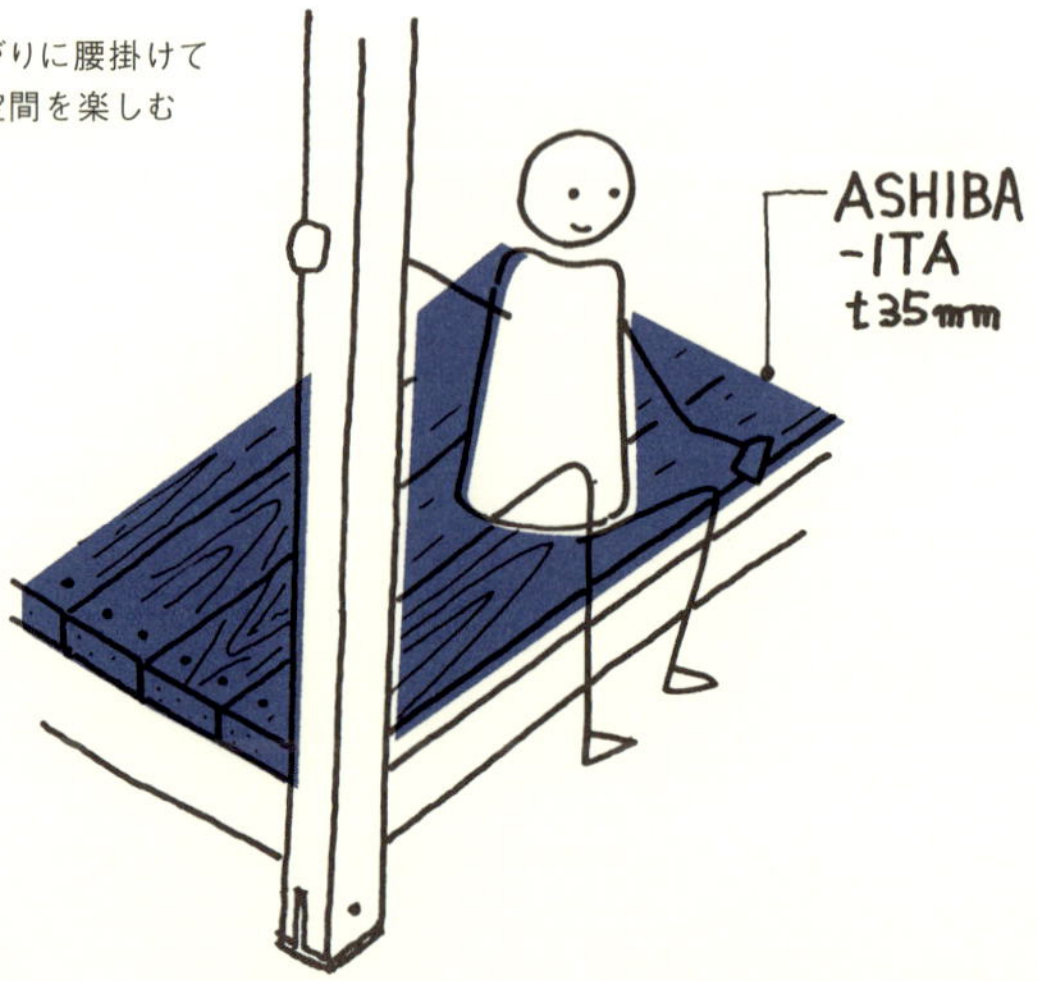

小上がりに腰掛けて
土間空間を楽しむ
ASHIBA
-ITA
t35mm

すが、それはあとにとっておいても良いと思います。当面の生活に不自由はないと考えますし、小さな子供がいる場合などはかえって好都合だと思います。床はここも杉の足場板がお薦めです。

**6 浴室**

リビングのコンクリート土間と同様に浴室の床も構造体のコンクリートの床を利用します。足下の冷たさが気になるのであればスノコを敷くことも可能です。またリビングルームと同様に最初からコンクリート内に床暖房を埋設してしまうことも良い方法です。

バスタブは置式タイプを選定します。経済性と実用性、それにインテリア性を考えてシンプルな洋バスを採用します。

**7 吹き抜け**

大きな吹き抜けは将来、床を貼ることを想定して構造計算を行い、窓も適宜配置します。将来、部屋となった時の照明やコンセントのことを考慮しておくことも大切です。

**8 寝室**

寝室には家族構成に合わせて人数分の畳ベッドを設えます。夫婦と小さな子供1人の家族構成だと仮定すれば、3つの畳ベッドを最初につくります。3つの畳ベッドは寄せて置いたり離して置いたり、おそらくその時々で変わるのだと思います。畳ベッドの中は収納となります。ベッドのように使うのであれば布団は敷いたままとなりますが、毎日布団を上げ下ろしすれば畳敷きの小上がりのような空間が生まれます。洗濯物をたたんだり、アイロンをかけたりするスペースにも有効です。

**9 ウォークインクローゼット**

3畳ほどのウォークインクローゼットとします。日常使わないものの収納を主に考えます。

**10 外構**

隣地境界のフェンスは隣接する住居と調整をして設置することが必要ですが、当面は必要最低限に留めて良いと考えます。暮らしながら近隣の状況と相談しながら充実させてゆきたいところです。歩行する場所には敷石ブロックなどを施工する必要がありますが、それ以外のところは芝を貼るのが廉価で良いと思います。

## ④ 外装と開口部

外壁の標準はモルタルの上に弾性吹き付け塗料を施します。モルタルの上に漆喰や珪藻土といった土塗りの左官仕上げ壁はとても良い仕様ですが、コストアップの要因になります。その他にプレーンな表面を持つ窯業系サイディング板や耐久性の高い金属系サイディング板なども選択肢としてありますが、まずは見た目にも美しく、安価な弾性吹き付け塗料での仕上げを提案します。

窓は防火指定を想定して防火性能を有するアルミサッシを採用し、省エネ基準に対応したペアガラスを標準とします。玄関ドアはやはり防火指定を想定して鋼製のものを特注し、希望の色で仕上げます。防火の指定がなければ木製ドアを特注する選択肢もあります。

## ⑤ 内装

石膏ボード貼りの上に塗装を施します。塗装はDIYで行うこと

シンプルで魅力的な外観としたい！

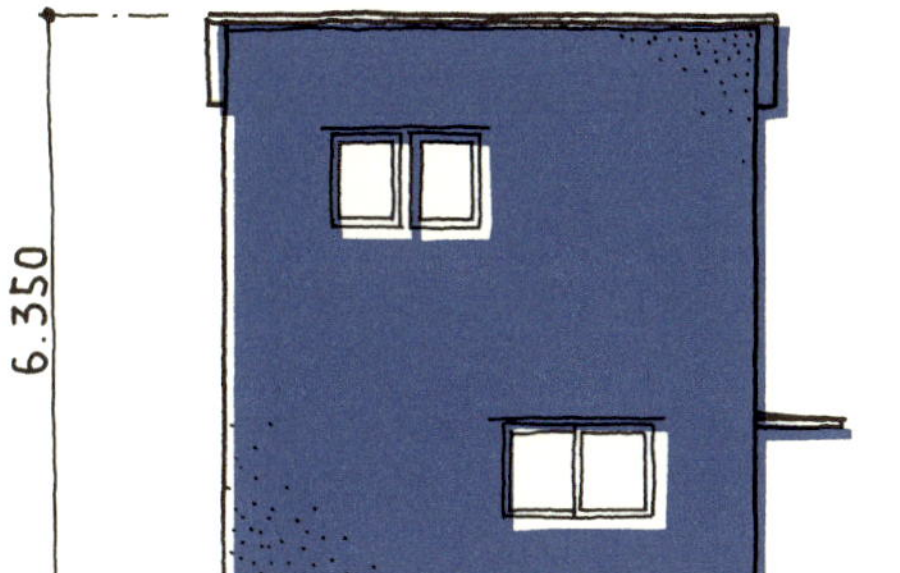

も可能です。寒冷紗（かんれいしゃ）という布とパテで目地を補強する下地づくりがとても難しいので、そこだけを専門職に依頼する方法もあります。塗装の魅力は色が自由に選べることです。自分に合った魅力的な「器」をつくることができます。将来の塗り替えが容易なことも大きな魅力です。

またシナ合板を貼る選択肢もあります。厚さ5・5㎜の合板を石膏ボードの上から貼ります。また防火指定がなければ石膏ボードを貼らずに直接シナ合板を貼る方法もあります。ニス系の塗装を施し木の風合いを出すことも、木の素地が見えないように塗装することも可能で、いずれも石膏ボードにはない質感が楽しめます。

## ⑥ 温熱環境

【断熱】

断熱材は現場発泡の硬質ウレタンフォームを採用します。現場発泡断熱材とは現場で壁面に直接吹き付けるタイプの断熱材で、発泡した直後に膨れ上がり、隅から隅まで隙間なく行きわたって構造体と密着する理想的な断熱材です。これを省エネ基準に基づき、その地域に必要な断熱厚さになるように吹き付けます。ちなみに東京では壁には80㎜、天井には160㎜以上の厚さになるように吹き付けます。

基礎部分にも断熱を施す基礎断熱構法を採用します。コンクリートの基礎の外側にスタイロフォームATというシロアリにも強いボード状の断熱材の厚さ50㎜のものを、基礎のコンクリートを打つ時に、いっしょに打ち込んでゆきます。これらにより家をぐるりと断熱材で覆ってしまいます。

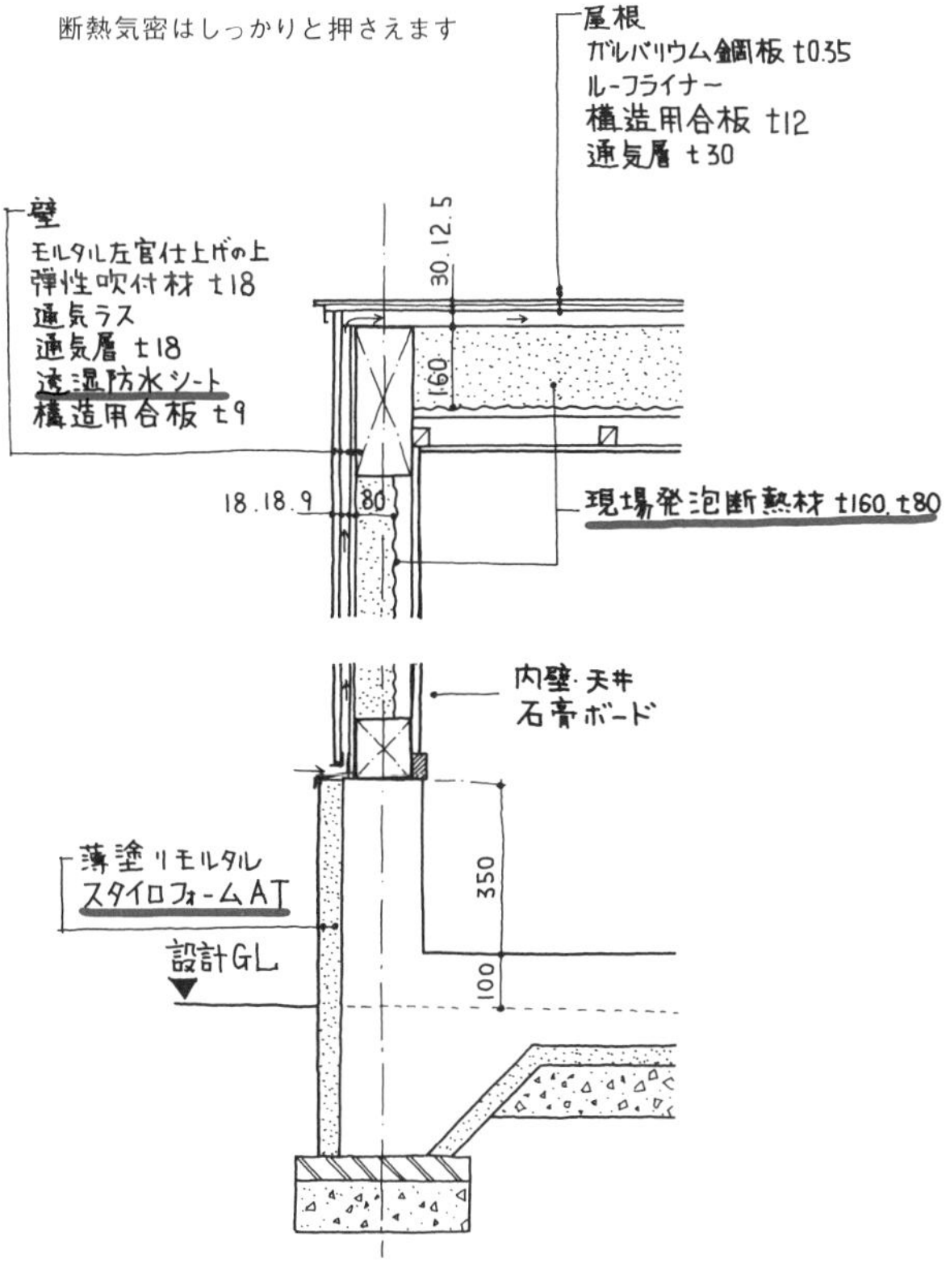

【通気工法】

これら断熱材の外側で、外壁の内側になるところに18㎜の隙間を設けて通気層を確保します。これにより建物の室内から放出される水分を発散し、内部結露など家に悪影響を与える要素をなくします。

【パッシブデザイン】

窓には夏の陽射しを極力室内に入れず、冬の陽射しを室内に採り込めるように外部環境に応じて小さな庇を設けます。小さな工夫ですが大きな効果が期待できます。また窓にはもう１つ大切な機能があります。通風です。「育てる家」ではその土地の特性を充分に読み込み適正な位置に窓を設ける工夫を行います。

また温度差換気というしくみがあります。空気は暖まると上昇することはご存知の通りです。これを利用して室内の高いところに窓を設け、暖まった空気を排出させることで、室内が負圧になり、低いところに設けた窓から風が入ってきます。屋外が無風でも部屋の中に優しい風が流れるしくみです。

コンクリートの土間は大変に熱容量が大きい性質があります。暖まり難く冷め難いというこの性質を利用して冬の直射日光をこのコンクリート面に当てる工夫をします。ダイレクトゲインといわれる方法ですが、暖まったコンクリートは日没後にもじんわりと家中を温めてくれます。もちろん夏の陽射しは室内に入れない工夫も合わせて行います。

**【冷暖房】**

まずは埋設式の床冷暖房を敷き込むことを提案します。電気ヒートポンプの蓄熱式床冷暖房として極めてシンプルなものです。1日6〜8時間前後スイッチが入るように設定しますが、東京近郊であれば11月に着けて3月まで着けたままです。ヒートポンプ式のしくみにより夏は床冷房となり、とても快適です。省エネルギーの視点からもとても有効です。

合わせて一般的な電気エアコンを採用しますが、極力台数を少なくします。「器」は2階建ての立体ワンルームのような構成です。快適だと感じる室温には個人差も大きいのですが、空気の流れを読んでエアコンの取り付け位置に気をつければ、ヒートポンプ蓄熱式床冷暖房と併用して、エアコンは1台で大丈夫です。ただし将来、部屋が間仕切られることを勘案してエアコンが増設される可能性の

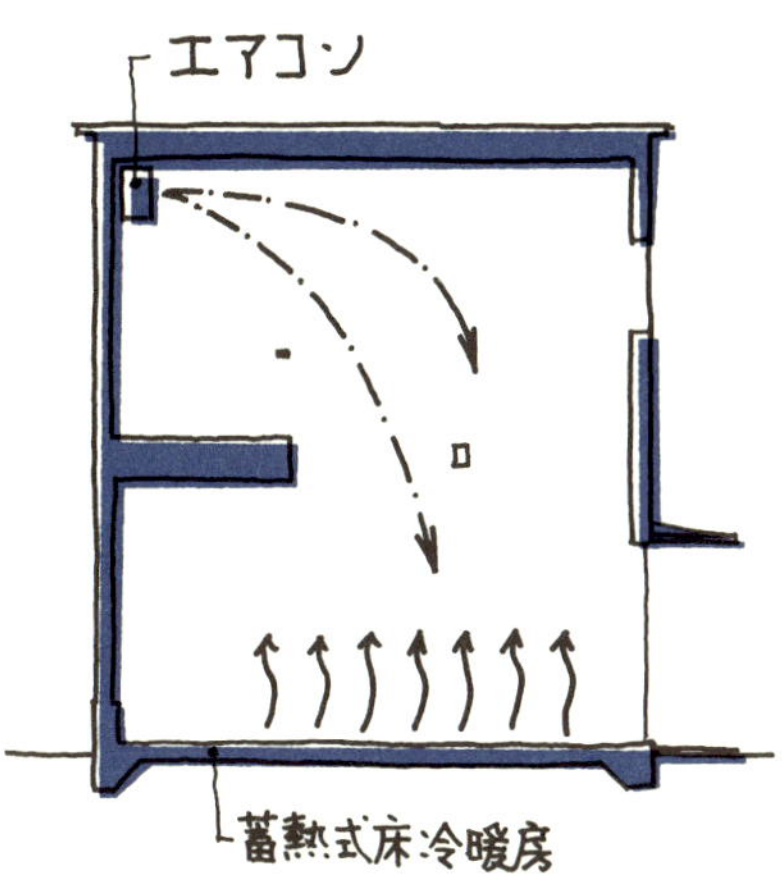


蓄熱式床冷暖房と壁掛けエアコン
1台で快適空間

ある位置にコンセントを用意しておきます。

## ⑦ 設備

たくさんの住宅設備メーカーから多様な設備機器が数多く発売されています。どれも一見して素晴らしくて購買意欲をそそられるものばかりですが、果たして本当に今の我家に必要なものなのかどうかをしっかり見極めることが大切です。そもそも設備機器の多くは建築本体に比べて極めて短命なものです。建築本体が50年でも保つものであり、構造体に至っては１００年以上も耐久性のあるものである一方で、設備機器の多くは10年から長くても20年未満のものばかりです。

「育てる家づくり」における設備機器は最小限の設備に留めます。今、本当に何が必要なのかをしっかりと考えれば、メーカーから出されている多くの商品が必ずしも必要でないことがわかります。今必要な最小限の設備をオリジナルなものとして用意し、そこから少しずつ育ててゆくのが良いと考えます。

よけいなものは要らない

### ⑧ 照明

美しい照明計画は部屋を広く見せたり、落ち着いて見せたりします。もちろん必要な照度の確保は大前提ですが、高価な照明器具を使う必要はありません。なぜなら器具を目立たせるのではなく、そこから放たれる光こそが大切だと考えるからです。省エネルギーを考えれば消費電力が普通電球の1割程度に抑えられるLEDの採用は必然ですが、壁の色とその壁を照らす光の色に配慮した照明デザインが重要になると考えます。

## 02 「育てる家づくり」の10年後

さて、「育てる家」に暮らして10年後、この家はどのように育てられているでしょうか。「器」をつくって暮らし始めた時に想像していた「ツクリ」はどのように育てられていくのでしょうか。3歳だった子供はすでに中学生になっているはずです。子供部屋ができ

器具より光そのものを楽しみたい

浴室から繋がる屋外にデッキを設けて塀で囲い、バスコートをつくる

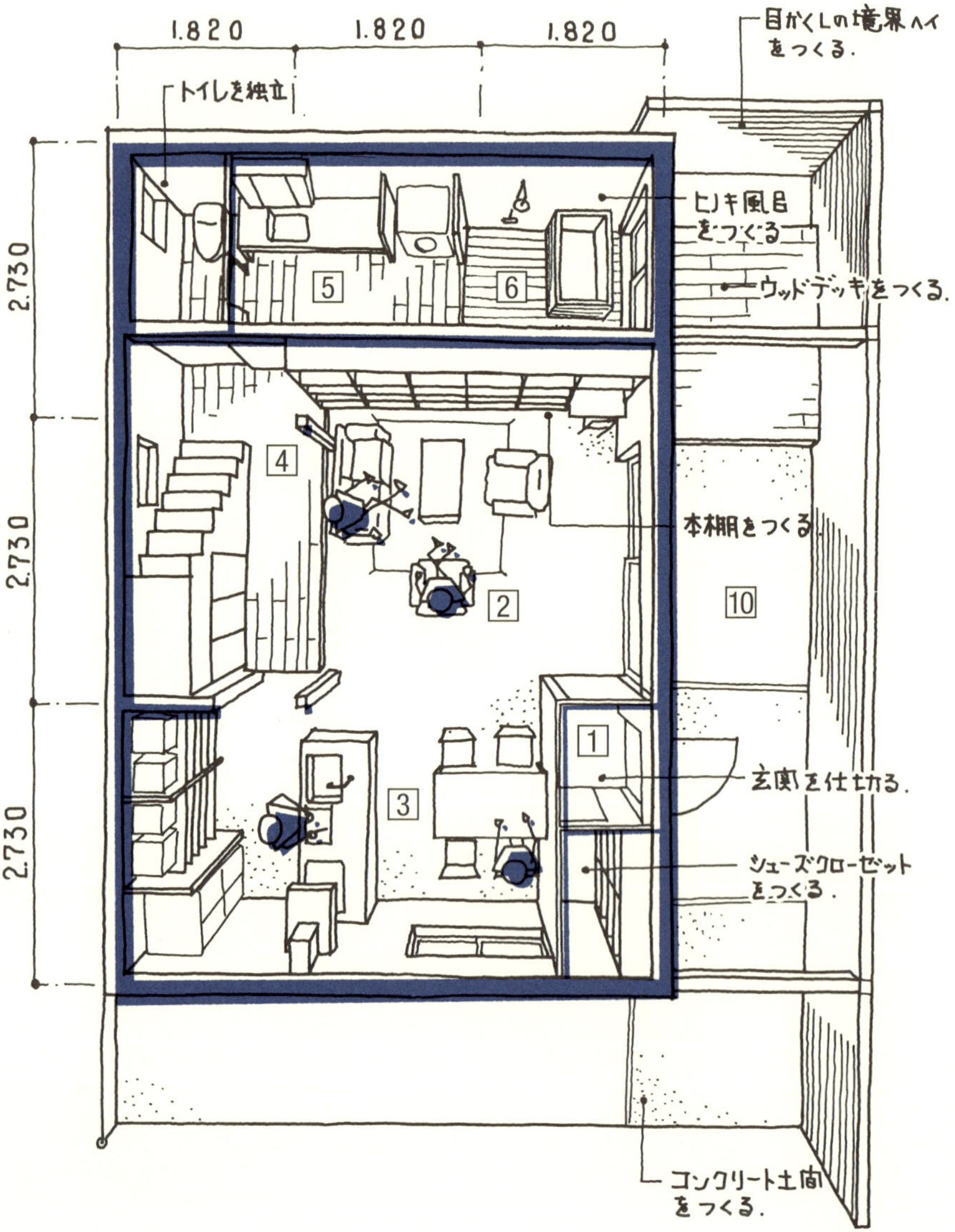
1.820
1.820
1.820
2.730
2.730
2.730
トイレを独立
目かくしの境界ヘイをつくる.
ヒノキ風呂をつくる
ウッドデッキをつくる.
本棚をつくる.
玄関を仕切る.
シューズクローゼットをつくる.
コンクリート土間をつくる.
1
2
3
4
5
6
10

# After-10'

10年後の姿

2F

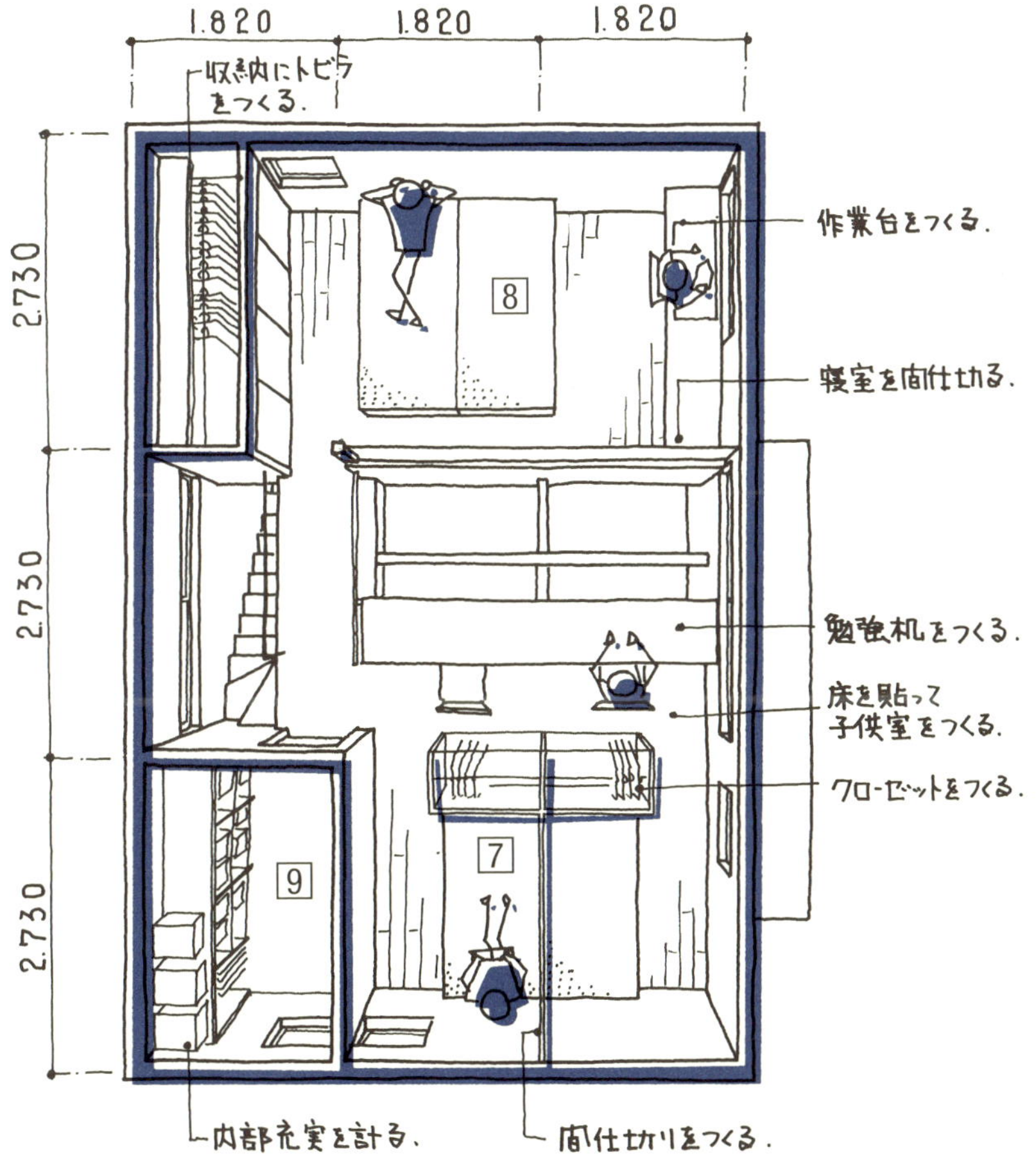

ているでしょうか。家族は増えているでしょうか。ご近所とのお付き合いはどうなっているでしょうか。この家を訪ねる来客はいるでしょうか。そもそも必要最低限の堅牢な「器」から始めた暮らしです。暮らしながら何が必要なのかを模索して、10年が経過して、自分たちにぴったりな家ができつつあるのではないでしょうか。

家の育ち方は多種多様です。従ってここで1つのカタチを提示することに大きな意味はないのかもしれません。しかしこの「育てる家」のカタチは10年間で多様に変化しながら育っていることは間違いありません。おそらく2度程度の大きなリノベーションを行っていることでしょう。

その可能性を少しだけ想像してみたいと思います。

### 1 玄関

「育てる家」の玄関には立派な構えはありません。ダイニングやリビングルームにコンクリート土間のまま繋がり、仕切りもありません。小さな子供を育てる過程で、玄関ドアを開けてすぐに繋がるダイニング空間は便利で、しかもとても楽しいもののはずです。しかし家族が成長したこの時点で、少しだけ落ち着いた玄関が欲しくなっているかもしれません。また小さな下足入れ1つで始めた暮らしの中で家族の成長と共に収納量も不足してきていることでしょう。「育てる家」の玄関は10年を経てシューズクローゼットを持つ独立した玄関が必要となりました。

玄関ドアを開けた正面、玄関とダイニングルームの間に木製の壁を建てて空間を遮ります。その壁のちょうど目線の高さに20㎝角ほどの穴を開け、旅先で見つけた小さなタペストリーガラスを嵌めてみます。リビングへ向かうところにドアを設けます。下足入れの位置を移動してシューズクローゼットをつくってみます。

## 2 コンクリート土間のLDK

10年の時を経て、コンクリートの土間はとても良い風合いを持っています。冬の陽射しはコンクリートに蓄熱されて夜まで快適ですし、埋設された床冷暖房は四季を通じて安定した快適環境をつくっています。土間の利点を活かして靴や自転車の手入れもここでやってしまいます。床がコンクリート土間であるために、時に屋外のような使い方で楽しむこともできるのです。この居間は家族の団らん

好きなものに囲まれて過ごす居間

の場であると同時に、皆が個々に楽しむ場として成長しています。また家族の成長と共に、書籍やパソコンなどが増えてきました。思い出の品や調度品も増えて、それらは皆、家族が育んだ歴史の証しです。大切に飾ってみたいものです。

リビングの壁面いっぱいに書棚を設けてみました。一部はテレビボードやオーディオ機器を納めるスペースとしても良いと思います。書棚としてつくれば1000冊近い蔵書の図書コーナーが完成します。また一角には小さな文机をつくります。読書スペースとしてはもちろんのこと、パソコン作業などのスペースとして重宝します。

材質は厚さ25～30㎜程度のナラやパインの集成材を好みの色に着色するのが良いと思います。濃い茶色に木地出し塗装をして、アンティークな柄の絨毯とアームチェアを合わせればクラシックなインテリアの完成です。白木のままに仕上げてワグナーの椅子と合わせればシックな北欧テイストとしても良いですし、ブライワックスで仕上げて中古家具を並べてカフェ風デザインを楽しむことも良いでしょう。

### 3 キッチンとダイニングルーム

三方から使えるオリジナルのアイランドキッチンは10年間、家族と共にあり、玄関を入るとすぐにあるダイニングテーブルは、この家の生活の中心となってきたはずです。

玄関を独立させ、シューズクローゼットをつくることによって生まれた壁で、ダイニングスペースはこれまでよりずいぶんと落ち着いた空間になりました。玄関を隔てた壁には思い出の写真を額に入れてたくさん飾ります。

### 4 小上がりの床と階段

足場板を使った床や無垢材の階段は10年の間にずいぶんと味わい深いものになりましたが、このあたりで1度点検をしてみても良いと思います。ワックス掛けなどは何度も行ってきてはいるものの、局所的には色の剥がれ等も目立っています。小さな傷はアジとなっていると思いますが、大きな傷や打痕は磨き直したり、蒸気をあてたりして補修を行い、色合わせをし直すことが良いと思います。

5 **サニタリールーム**

トイレから浴室までドアなしで続く開放的なサニタリー空間はとても機能的かつ衛生的な空間として使いやすかったはずですが、家族の成長と共にトイレを独立させることにします。サニタリーを通らずに直接トイレに入ることも考えられますが、サニタリー側から入るそれまでの動線を活かして、ドアで仕切り、合わせてトイレの中に棚をつくります。下段は清掃用具やトイレットペーパーのストックスペースとして扉で見えなくしますが、上段はオープンな本棚のような設えとして飾ります。

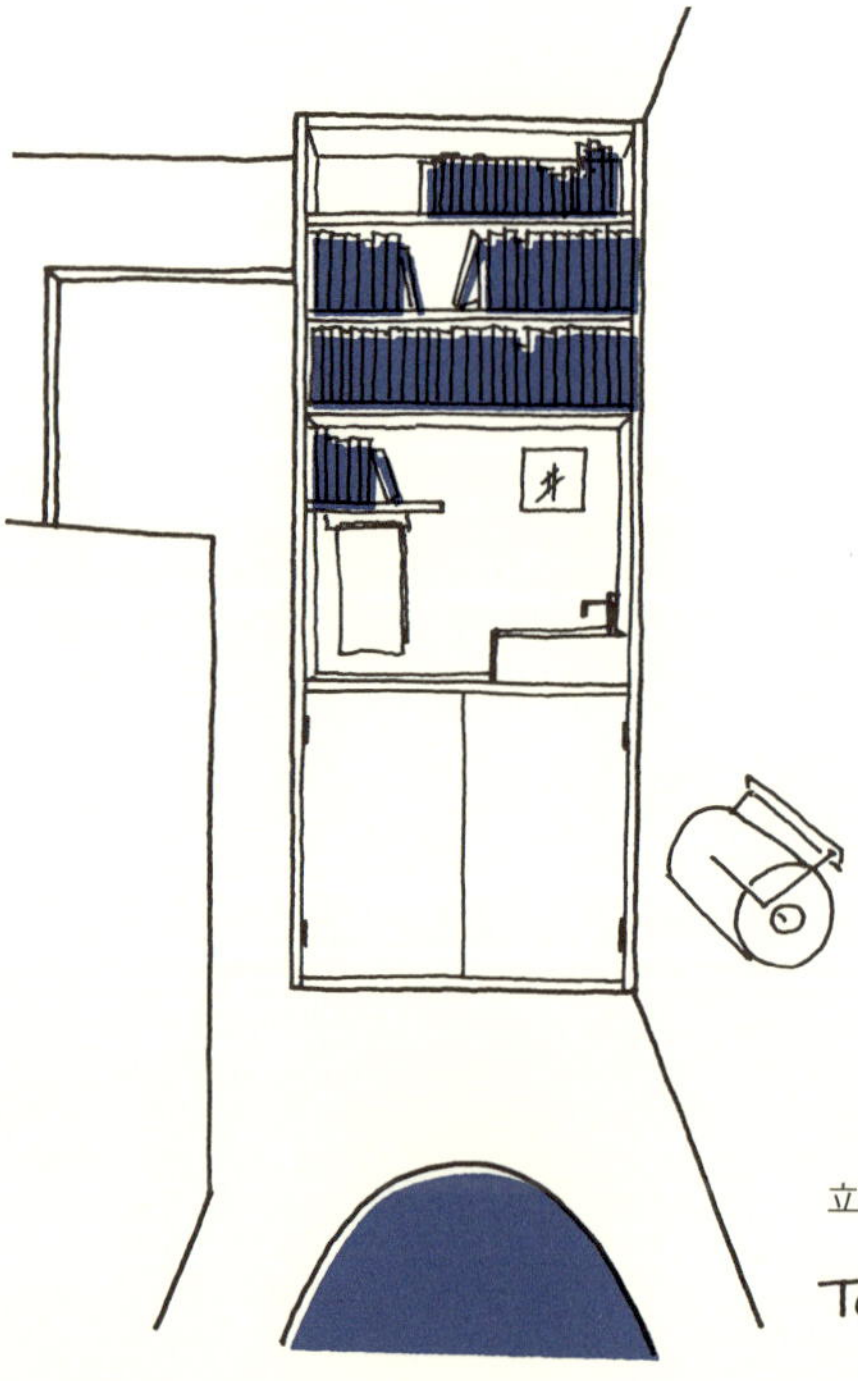

立派な図書コーナーです

Toilet Library

### 6 浴室

10年の時を経て、和風の浴室空間へと大改造を試みます。それまでの置式の洋バスを取り払い、檜でできた浴槽を置きます。洗い場にも檜のスノコを敷き詰めます。合わせて外にもウッドデッキの外部空間を作ります。

無垢の木の床がサニタリールームから浴室、屋外へと繋がる一連の気持ちのよい空間をつくります。

### 7 子供室

大きな吹き抜けは、これまでの毎日の生活に豊かさをもたらしていたと同時に、将来には床を貼って部屋とすることを担保してきた場所でもあります。ここに床を貼って子供室をつくります。小さな子供室を2部屋つくることが可能です。そこでどんな子供室が良いのかを考えてみます。

子供室に必要なものとは何でしょうか。寝るためのプライベート空間、勉強などのための机の空間、それに衣類や本などを収納する場所の3つのスペースが必要になります。このうち、寝るための空間だけをしっかりと分離して、あとは比較的オープンな設えとしてはどうでしょうか。子供が2人ならば寝る場所は別々として、新築時に用意した畳ベッドをここに移動します。2つのベッドコーナーはしっかりと壁によって区画し、プライベートスペースはこのベッドの部分だけです。この入り口には扉を設けることも可能です。勉強の場は同じほうが良いと考え大きな机を設えます。長さ3・5mのカウンター状の机が可能です。机の上下には書棚などの収納スペースが設置可能です。

子供が1人なら、残りを家族皆で利用するセカンドリビングとすることも楽しそうです。1階のリビングは比較的ゆったりと寛ぐ空間として、このセカンドリビングは家族のワークスペースとしても良いでしょう。また吹き抜けをすべてなくして床を貼り、寝室とつないでしまうような使い方もあるでしょう。無限の可能性を秘めています。

## 8 寝室

この寝室は吹き抜けに対して腰壁のみで区切られたとてもオープンな空間となっていました。10年の間、間仕切りのない一体の大きな空間として、欧州のホテルにあるメゾネットスイートルームのような形態を楽しんできたと思います。しかしその後、家族の生活のスタイルもさまざまとなり、寝室空間を他と分離することを考えます。これまで腰壁のみで仕切られていた吹き抜けとの間を天井までの壁で区切ることにします。

**9 2階ウォークインクローゼット**

収納は部屋ごとに適材適所に用意されるべきです。このクローゼットは普段は使わないものの収納場所です。布団、衣類などでオフシーズンのものを収納する場所として10年の間、重宝してきたと思いますが、同時に10年間で、予期できなかったものも個々に納められているはずです。中身を見極めて、内部の棚や仕切りなどをつくり直してみることも一考です。

**10 外構**

簡単なネットフェンスとしていた隣地との境界に高さ2mほどの木製フェンスを設けてみます。目隠しを目的としながらも風通しを考慮した横板貼りのフェンスです。浴室の前には木製の縁側を設けて夕涼みのできる場をつくりました。

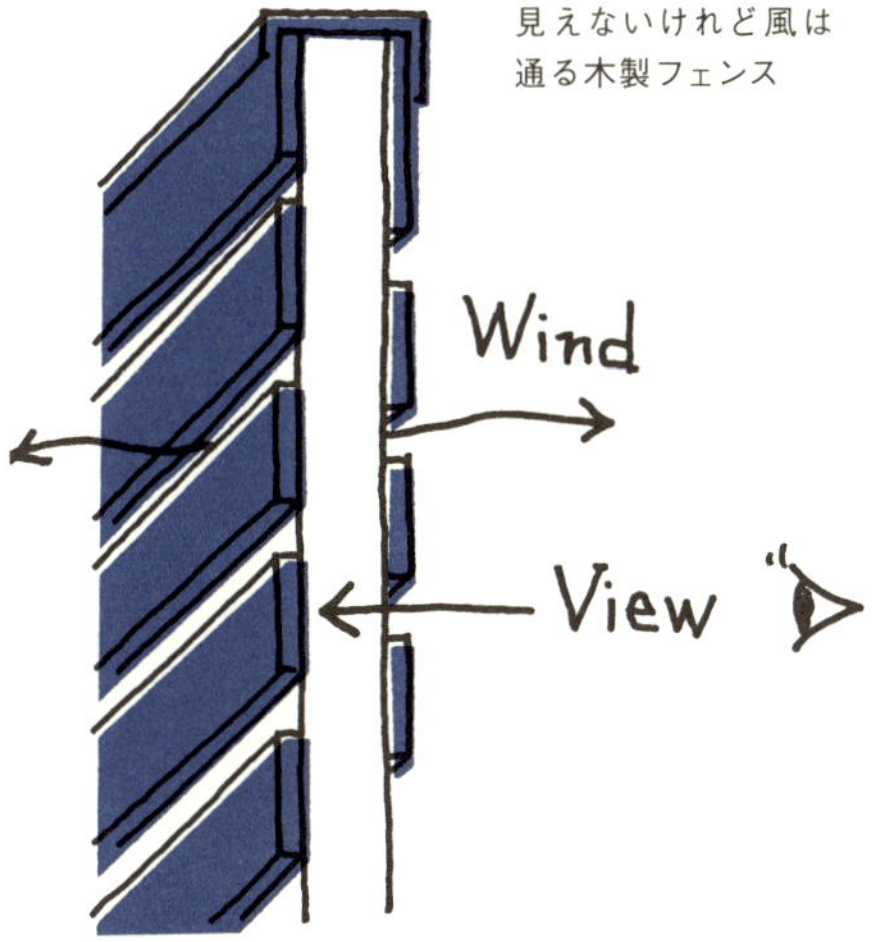

見えないけれど風は通る木製フェンス

03

# 「育てる家づくり」の20年後

20年の歳月が流れました。この家はどのような変化を遂げているでしょうか。どのように育てられてきたでしょうか。20年後の生活を想像することは極めて困難です。良くも悪くも想像したようにならないのが現実です。そのため第1章では無意味と記しましたが、ここではあえて20年後の姿を想像してみたいと思います。

3歳だった子供はすでに社会人となり、この家から出ています。夫は会社に勤めていますが、そろそろ定年後の人生についても考えなくてはならない年齢になってきました。生活スタイルも定まり、地域の親しい友人もできました。社会貢献活動にも参加しています。子育ても終わり、妻は自由な時間がこれまでより多く取れるようになっています。

こんな状況を踏まえて20年後の家のカタチを想像してみます。

最も大きな変化は夫婦の趣味を活かして料理教室を始めようと考

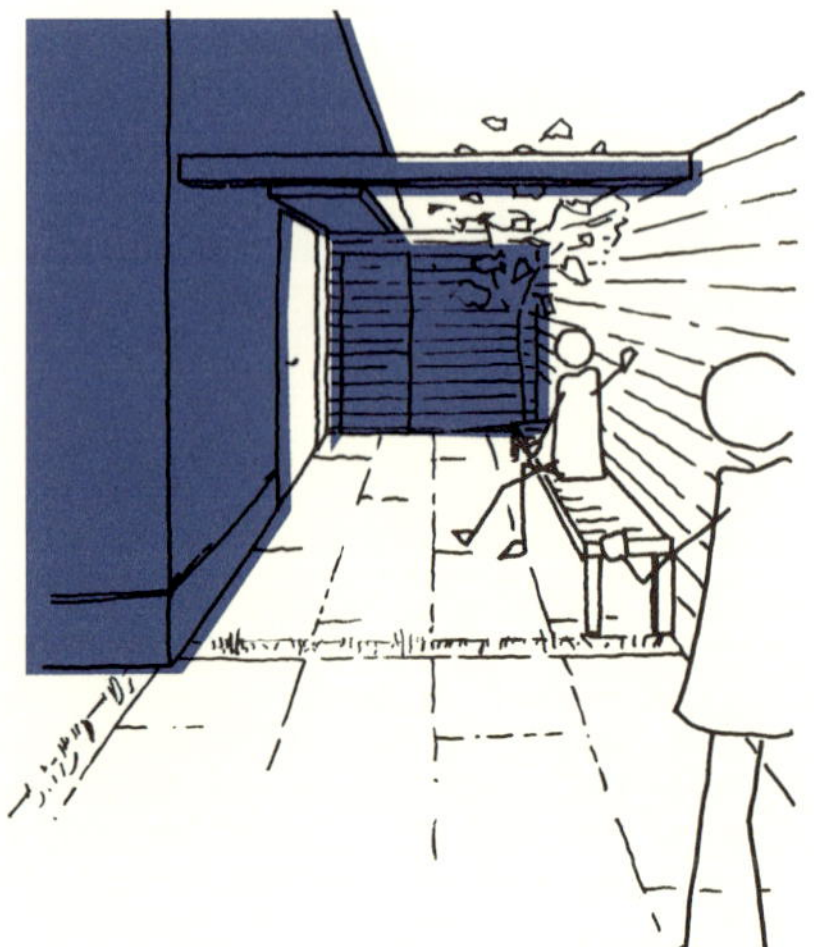

玄関先を演出する

えていることです。

## 1 玄関

玄関の外側、玄関ポーチと庭を区切る壁とくぐり戸をつくります。公私をここで区切るためです。

## 2 コンクリート土間のLDK

リビングルームにシガーストーブを設置してみます。小さな薪ストーブですが、これ1台で家中がしっかりと暖まります。寒い冬に家族が集まる素敵な空間となることでしょう。鍋をのせてホームパーティの中心となります。

## 3 キッチンとダイニングルーム

料理教室開催のために、これまで腰から上部のみだったキッチンの窓を、その腰壁を取り壊して大きなテラス窓とし、ここからの出入りを可能にします。キッチンはこれまでのアイランド型から壁付けのL型キッチンにつくりかえます。調理台もつくります。出来上がった料理を皆で食べる場所はリビングルーム側に配置するテーブ

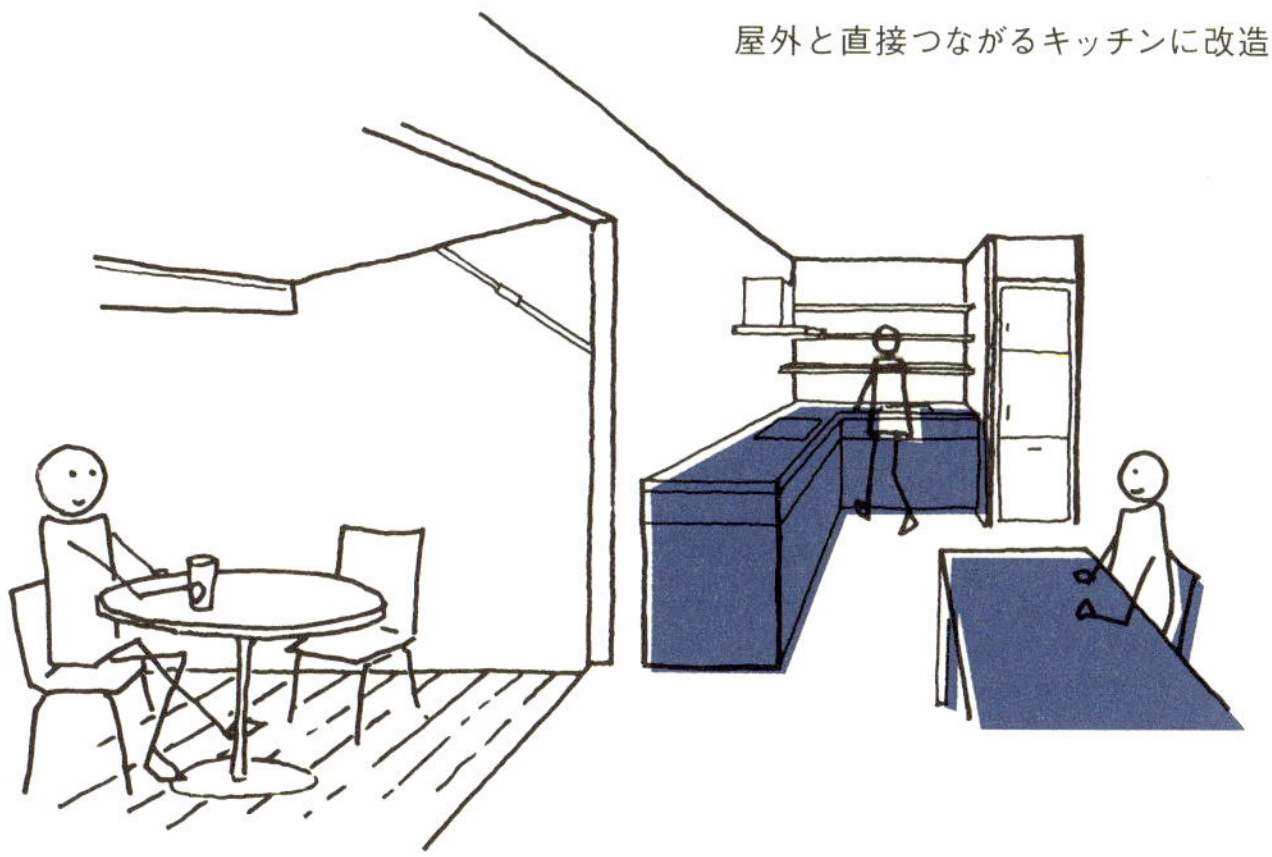

屋外と直接つながるキッチンに改造する

1F

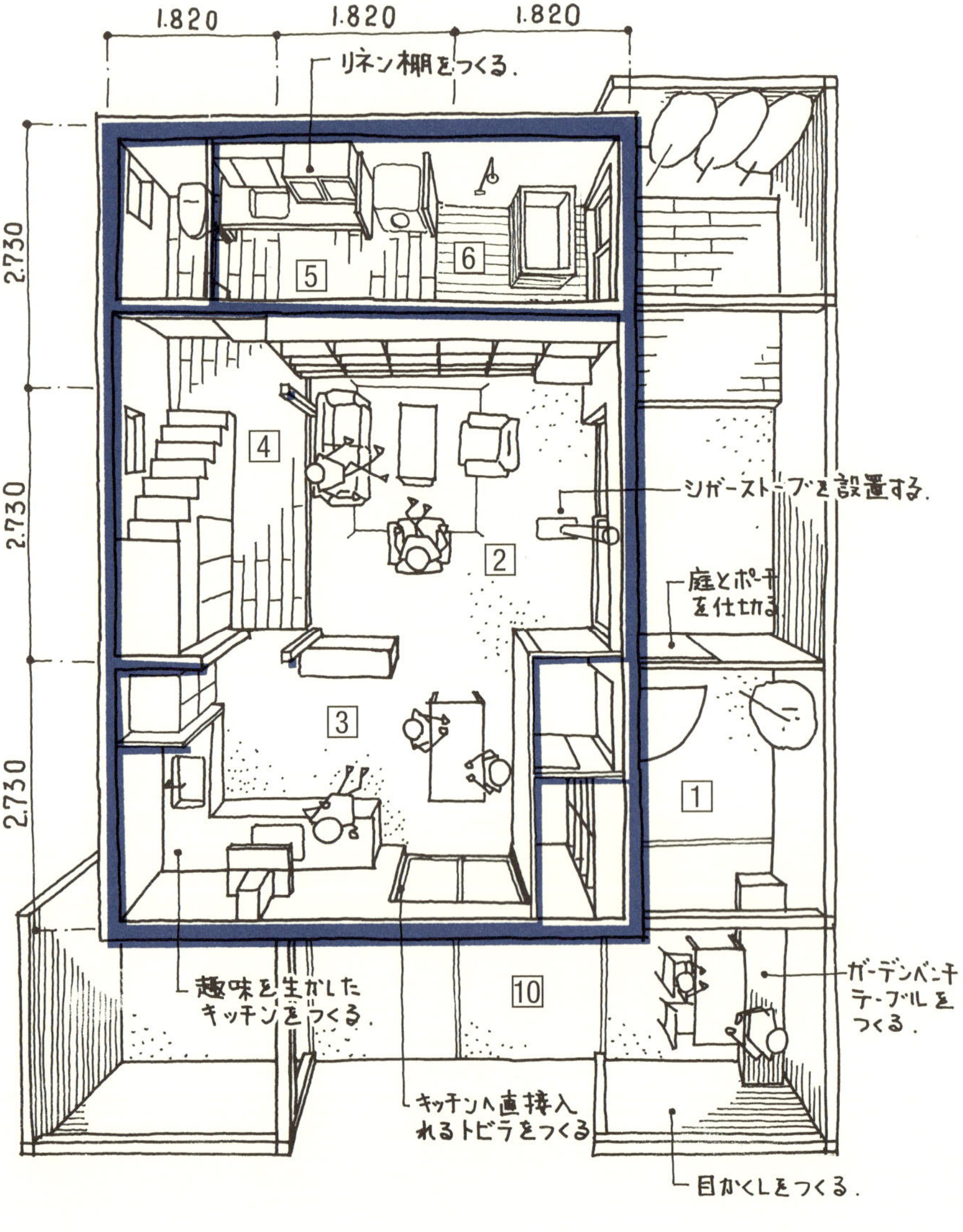
1.820
1.820
1.820
2.730
2.730
2.730
リネン棚をつくる.
シガーストーブを設置する.
庭とポーチを仕切る.
ガーデンベンチテーブルをつくる.
趣味を生かしたキッチンをつくる.
キッチンへ直接入れるトビラをつくる
目かくしをつくる.
1
2
3
4
5
6
10

# After-20'

20年後の姿

2F

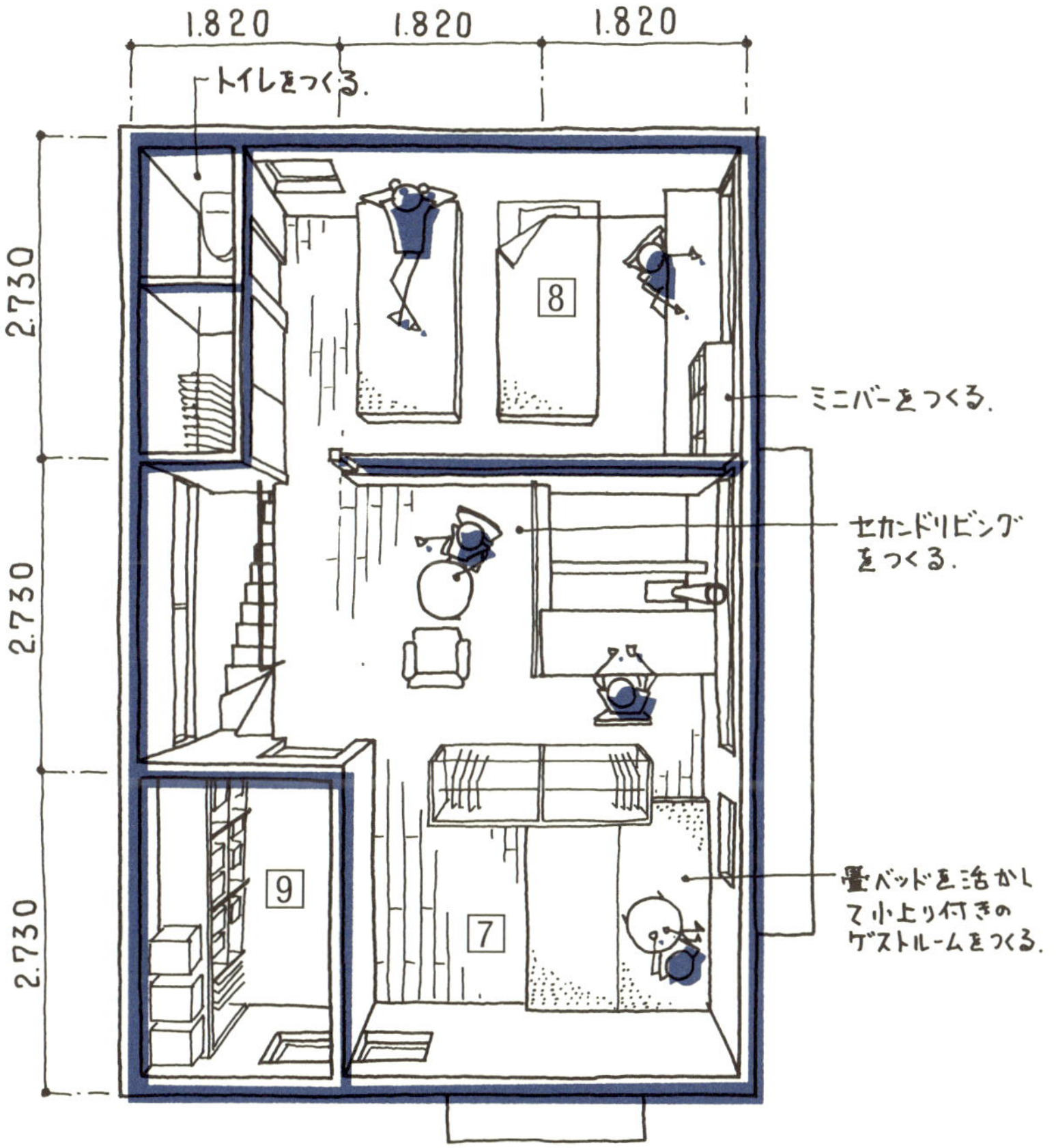

ルとなりますが、天気の良い日は屋外での食事ができるテラスダイニングもつくります。日常はご近所さんとの井戸端会議の場にもなりますし、犬の散歩の休憩場所に使われても良いのではと考えます。

**4 小上がりの床と階段**

10年目の時と同様に足場板を使った床や無垢材の階段は20年の経過と共により一層味わい深いものになっていると思います。同時に色の剥がれや傷や打痕は点検をして磨き直したり、蒸気をあてたりして補修を行い、色合わせをし直すことが良いと思います。

**5 サニタリールーム**

まずは入浴のための脱衣と着衣の機能を充実させます。洗面カウンターの上にリネン棚をつくり下着やリネン類を整理します。下段には脱衣篭を納めてランドリーボックスとします。

**6 浴室**

10年目のリノベーションで行った和風の浴室はまだまだ健在だと思いますが、洗い場のスノコはかなり傷んでいると思います。新しいものにつくりかえます。一方でシャワー水栓や設備の配管などは寿命に近く不具合も出ていると思います。設備の一斉点検を行う良い時期です。

**7 子供室**

子供が成長し出ていったあとの空間には多様な使い方があることは第3章で示しました（114頁）。そんな中でも来客のためのゲストルームとするのはどうでしょうか。これまで使用していた畳ベッドを活かして小上がりをつくり、残ったスペースにはアームチェアを1つ。来客の宿泊も充分に可能なゲストルームの完成です。

**8 寝室**

若い頃に出かけた海外のホテルで見たミニバーのあるベッドルームをつくってみます。窓辺に小さなカウンターをつくりその一部にガラス扉のある棚をつくります。就寝前のひと時が楽しくなりそうです。

また将来に備えて寝室にトイレをつくることもできます。まだ先かもしれませんが検討をしておくことは良いことです。1階のトイ

子供室をゲストルームに改造する

レの真上あたりにトイレをつくります。給排水共に1階の設備を延長するだけなので設置は比較的簡単です。

### 9 2階ウォークインクローゼット

改めて改良する必要はないかもしれませんが、生活を見極めて充実を図ります。

### 10 外構

道路境界線上にも柱を建てて、建物本体と梁で繋げます。藤棚のような仕掛けも良いと思います。一部に木製のフェンスをつくり、道路から少しだけ見え難くします。葦簀（よしず）をさげてもよいと思います。玄関ポーチへ向かう敷地の角にアウトリビングをつくります。天気の良い日の料理教室のあとの食事会はこんなところでできたら最高です。家と街との関係は長年暮らしながらつくりあげてゆくのが良いと思います。適度に開いて適度に閉じる。そんな設えが理想です。

# 終章

# 「育てる家」をリゾートする

## ―あとがきに代えて―

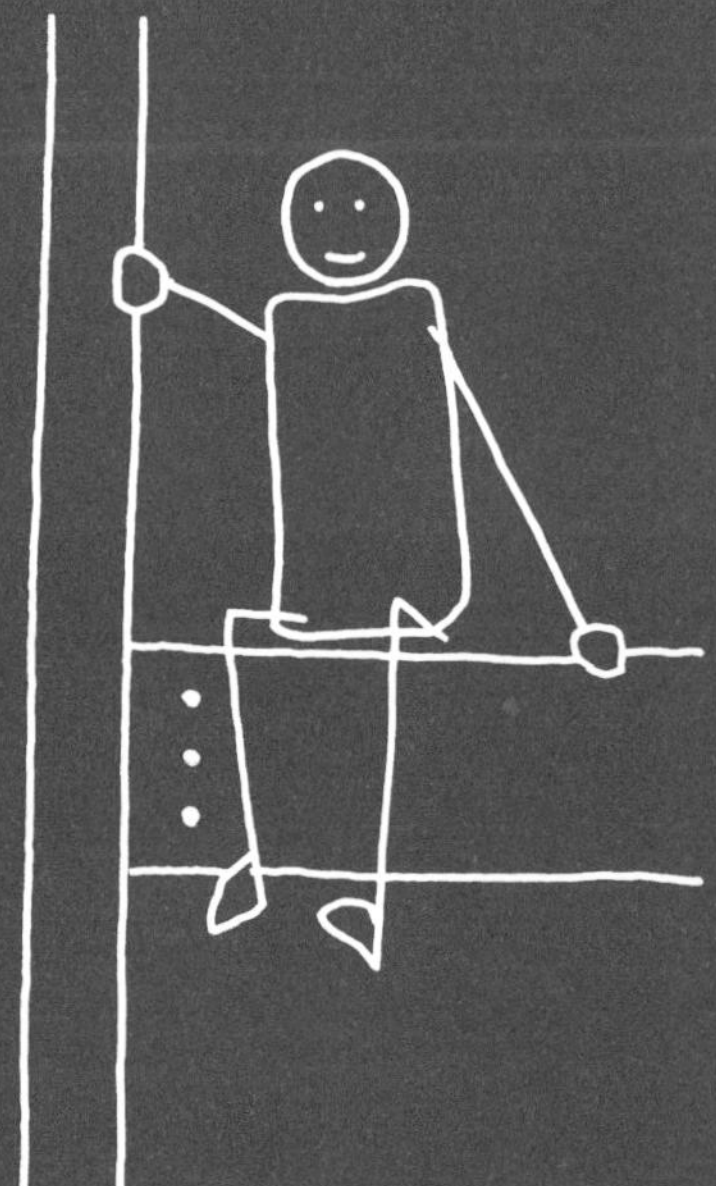

## 01

# 暮らしながらリゾートする未完成な家のカタチ

これまでの家づくりでは、家が出来上がると急に孤独になります。それまでの約1年の間、家づくりは慌ただしく展開してゆきます。設計中は頻繁に建築家と打ち合わせを繰り返し、家庭内でも家族でいろいろな話が展開します。夫婦間で思いもよらない新しい側面を知ったりする話はよく聞きます。時に食事をしながらの設計打ち合わせも楽しいひと時です。工事が始まったあとも、何度も現場に足を運びます。大抵の場合、地鎮祭を行い工事が開始されます。骨組みが出来上がった段階で上棟式などを行えば現場の大工さんと仲良くなることもしばしばです。コンセントの位置を確認したり、各所の色決めのために現場に行くこともあるでしょう。しかしこれまでの家づくりではそこまでです。つまりそうやって家が一通りの完成をみて、住み手に引き渡されればそれで終わりです。あとは連絡なきは良い知らせとばかりに1年検査、2年検査など決められた検査をやる程度。何だか急に寂しくなるのです。

「育てる家づくり」での暮らしはこれらとは大きく異なります。最小限の「器」で始めるシンプルな暮らしです。この「器」は周辺環境をしっかりと読み込み、同時に住み手のこれからをしっかりと考えた必要充分な「器」です。しかし細部までゆきとどいた家にはまだ至ってはいません。あえて選んだ「未完成」な状態です。これからの時の流れを考慮して、意図的に未完成に留めた育てがいのある家です。これから生涯をかけて少しずつ完成を目指す家なのです。

「器」から始めて「ツクリ」を育ててゆく家づくりです。

そもそも家とは完成が目的ではないのかもしれません。家づくりのプロセスを楽しむこと、それをずっと続けてゆくことができる家こそが理想と考えます。

家づくりにとって完成とはいったいどのような状態をいうのでしょうか。「人」がそこに暮らし、時の流れの中で変化を繰り返してゆく以上、その「人」のための家は永遠に完成することなどないと考えるほうが自然です。家は完成させることが目的ではないのかもしれませ

ん。少しでも快適に過ごせるようにリゾートしてゆくこと、そのプロセスを楽しむことこそが目指すべき、理想とすべきなのかもしれません。

## 02

# 家づくりの仲間

経験豊かな建築家や工務店が生涯傍らにいてくれたら、それはとても心強いことだと思います。主治医のような存在かもしれません。たくさんの書籍やインターネットの情報も、それらは皆、家を育ててゆく上でとても大切なものです。家づくりの最初に行った「学ぶ」というプロセスは住んだあとにこそ続いてゆく大切なプロセスとなります。

そしてもう1つあったら良いものがあります。それは同じ考え、同じ価値観のもとで家づくりを行い、暮らしている仲間の存在です。「私、今こんなことで困っています」「家をこんなふうに改良したいと思いますが良い知恵はありますか?」そんな相談に、プロではないけれど現実的で役に立つ回答を、経験談を元に示してくれる仲間がいれば、それはとても素晴らしいことです。そしていずれ、あなた自身が役に立つ話をする側になるのです。

大切に思うところが近い仲間は、さしずめ「育てる家づくりSNS」のようなものかもしれません。家を育てる中で直面する問題点を気軽に相談できる場が必要だと考えます。

これまでの家づくりのプロセスはそのほとんどが二人称の関係です。「住み手と建築家」です。それもかなり濃密な二人称です。これが時として良くないことがあるかもしれません。客観的な第三者の意見も時には必要になります。また専門家を介さない住み手同士の意見交換もとても意味のあるものだと思います。

**住んでみてからいろいろなことを相談できる仲間がいたら、それはとても安心なことです。三人称の関係です。**

# 03 本書への思い

「目まぐるしい社会情勢の変化の中で……」などという書き出しで始めなければならないほど、私たちの家づくりを取り巻く環境は大きく変化しています。それにも関わらず実際の家づくりの現場は高度経済成長期からほとんど変わらずにあります。

30年と少し前、まだ私が建築を学ぶ学生だった頃のことです。テレビのニュース番組で、「家を建てる時どこに依頼する？」という特集をやっていました。そこには①ハウスメーカー、②工務店、③不動産会社とありました。そうです、そこに当時、私が目指していた職能、「建築家へ依頼する」という選択肢はなかったのです。もちろんすでに多くの優れた建築家がいましたし、歴史に残る名住宅はたくさんありました。私もそのような建築家に憧れていた1人でした。しかし彼らは一般に知られる存在ではありませんでしたし、ましてや家づくりを専らとし、ハウスメーカーや工務店に対抗する勢力になろうとする建築家ではなかったように思います。建築家がつくる住宅は一部の特殊な住み手のための特殊な家だったのです。

それからずいぶんと年月が経ち、その間、住宅を取り巻く業界は大きく変動しました。バブル経済の崩壊、数度に及ぶ大震災、誤った認定基準の露呈や偽造や審査の不備等によるコンプライアンス問題、技術に対する過信の露呈等々。そして同時に私たちは社会環境の大きな変化を受け入れます。終身雇用制度の終焉、世界最速の少子高齢化社会の到来、経済の停滞と超低経済成長社会です。

一般的な日本人が自分の家を当たり前のように持つようになったのは高度経済成長の頃からです。今から40年ほど前、所得倍増、終身雇用制度の中で、我家を持つことは男子一生の仕事となりました。住宅金融公庫（現在の住宅金融支援機構）をはじめ金融機関が広く住宅ローンを始めたのもこの頃です。それは国策でした。多くの工務店が生まれ、繁盛し、新たなハウスメーカーも誕生しました。

そして現在、いうまでもなく社会環境は全く異なる状況にあります。現代社会が目指す方向は未だ不透明ではありますが、それでもかつて目指した方向と異なることだけは皆がわかっています。すべてのことがかつてと全く逆の方向を向いているにも関わらず、家づくりに至っては、パッケージ化された中でのほんのわずかにカスタマイズされた住宅を、長期高額ローンによって買うというシステムが未だ主流にあります。終身雇用ではない環境下で、長期の高額住宅ローンに生命保険をかけて挑むのです。

おそらく皆が何かおかしいと思っていると思います。

オーダーメイドの注文住宅といっても、そこにあるのは供給者主体のビジネスモデルの中に取り込まれた「家」という名の商品でしかありません。建築家とつくる家づくりはその膨大なプロセスに対しての結果として、住み手、もしくは社会から正当な評価を受けられているかといえば、必ずしもそうではないと感じます。

これからの「家」は本当の意味での「住み手主体の家づくり」でなければならないと考えています。言い方を変えれば「家」をつくり手から切り離すということです。そのために「家」をいったんバラバラに分解してみる必要があります。そして住み手がやるべきこと、つくり手がやるべきことを明瞭にしてゆく必要があります。その過程においてのモノサシは経済ではなく文化です。家づくりを文化として見直すことで、戦後から始まった家づくりのベクトルを修正することができると考えます。

本書は家に「育てる」という価値観を持ち込みました。家は「買う」ものでもなく、「つくる」ものでもなく、「育てる」ものだという考え方です。家はスケルトンに近い状態、本書では「器」と呼んでいますが、この状態でつくり手から引き受けて、あとは住み手が住みながら「育ててゆく」のを良しとしています。

完成させないことが大切なのです。未完成だからこそ広がる可能性、修正を繰り返してゆくこと、本書では「リソート」と記しました。これこそが「育てる家づくりの方法」なのだと考えます。

## 04 建築家のやくわり

家が未完成の状態で住み始める。多少のストレスがあるかもしれません。しかしそれこそが家を「育てる」という方向に導いてくれるエネルギーになるのだと思います。パッケージ化された家に暮らせば楽に過ごせるかもしれません。しかしそれは満足からくるものではなく、思考しなくなることから始まる幻想にも似たものだと思います。

建築家のこれからのやくわりは特徴的な一作品をつくることではないと考えています。住宅という、人生を受け止めるべき「器」をつくり、住み手自らがそれを育てる知恵を身につける環境づくりとしくみづくりに貢献することだと考えます。「器」と「ツクリ」、「住み手」と「つくり手」、そして「住み手」と「住み手」のインターフェイスに努力することだと考えます。

家を、「育てる」ものだとした以上、そこには完成がありません。家をつくることを「文化」なのだとした以上、そこに終わりはないのだと考えます。

時の流れの中で少しずつ育まれる家、時間と共に成長してゆく家の礎を築くことが建築家のやくわりなのではないかと考えます。

佐々木善樹

商業系地域や狭小地での建築を想定して、このプランを元に3階建ての「器」も別途用意していますが、本書ではまずは「育てる家づくり」の考え方を理解するために2階建てをベースに話を進めています。

**「Thought-FACTORY」**

ソートファクトリーは佐々木善樹建築研究室が主宰する、オモイをカタチにするきっかけやアイディアをたぐり寄せる「場」です。1000冊の家づくりをはじめとした佐々木善樹セレクトの書籍を自由に閲覧できる環境は「台東区アトリエ店舗」として登録されています。

**「舎楽人の会」**

佐々木善樹と家づくりをした人のことを「舎楽人」と呼んでいます。「舎」つまり家を楽しむ人という意味です。

「舎楽人の会」は舎楽人が主体となって運営する「日々の生活を楽しむための会」です。

これらは家を育ててゆくためのサポート環境として活かされています。

資料

# 「育てる家づくり」の標準型（図面集）

ここで示す標準型は最初につくる「器」のカタチです。余計なものを削ぎ落とし、暮らしながら「ツクリ」を育ててゆくための「器」の仕様を示しました。この標準型をベースに計画地の予条件と住み手のオモイを加えて多様なプランが可能になります。

**図面リスト**



※第4章で示した建築費1400万円、設計料190万円、監理料40万円は、この「器」をそのままつくった時の概算費用（時の物価市況により変動します）です。

| 外部仕上 | | | |
|---|---|---|---|
| 屋根 | 葺き材 | ガルバリウム鋼板t0.35 | 1／10 |
| | 下地 | 通気スペーサー＋通気垂木t45＋構造用合板t12＋ルーフライナー | |
| 外壁 | 仕上げ | 弾性リシン吹き付け　t3 | |
| | 下地 | 構造用合板t9＋タイベックシート＋通気胴縁t18＋ラスモルⅡt15 | |
| 鼻隠し・破風 | ツガt20　ガルバリウム鋼板t0.35巻き | | |
| 軒裏 | フレキシブルボードt6二重貼り | | |
| 基礎 | 断熱材（スタイロフォームAT）t50の上薄塗りモルタルt3 | | |
| 庇・水切等金物 | ガルバリウム鋼板t035 | | |
| 開口部 | アルミサッシ見込80半外（ガラス：網入6.8+A+E3.4.5高断熱型） | | |
| 玄関ドア | 鋼製制作 | | 全て網戸付（サランネット黒） |

| 内部仕上 | | | | | | | | | | | | | | | | | | | | |
|---|---|---|---|---|---|---|---|---|---|---|---|---|---|---|---|---|---|---|---|---|
| | 部位 | 床 | | | | | 巾木 | | 壁 | | | | | | | | 天井 | | | |
| | 仕上 | 土間コンクリート金鏝仕上げ | 杉足場板貼り t35 | 無垢フローリング貼り t15 | FRP防水・砂付 | | シナ合板 h30 t55 | コンクリート | 寒冷紗パテシゴキ | 寒冷紗パテシゴキ | キッチンパネル t3 | シナ合板 t55 | モルタル左官 t20 | | | | 寒冷紗パテシゴキ | 寒冷紗パテシゴキ | 寒冷紗パテシゴキ | シナ合板 t55 |
| | 塗装 | | | | | | | BT | EP | NA | | | DP | | | | EP | NA | NA | |
| | 下地 | | | | | | | | PB1 | | | | | | | | PB1 | | FB | |
| 2F | 寝室 | | | ○ | | | ○ | | ○ | | | | | | | | ○ | | | |
| | クローゼット | | | ○ | | | ○ | | ○ | | | | | | | | ○ | | | |
| | 廊下 | ○ | | | | | | | | | | | | | | | | | | |
| 1F | 玄関・LDK | ○ | | | | | | ○ | ○ | | | | | | | | ○ | | | |
| | 廊下・階段 | | ○ | | | | ○ | | ○ | | | | | | | | ○ | | | |
| | 収納 | | ○ | | | | ○ | | ○ | | | | | | | | ○ | | | |
| | サニタリー | | ○ | | | | ○ | | | ○ | | | | | | | | ○ | | |
| | 浴室 | ○ | | | | | | ○ | | | | | ○ | | | | | | ○ | |

| 塗装記号 | | | | | 下地記号 | | | | |
|---|---|---|---|---|---|---|---|---|---|
| | EP | 合成樹脂エマルジョンペイント | DP | 弾性塗料 | | PB1 | 石膏ボードt12.5 | FB | フレキシブルボードt6 |
| | NA | アクリル樹脂系非水分散形塗料 | BT | 防塵テックス | | PB2 | 石膏ボードt15 | | |

特記

■本設計図は本書「育てる家のつくり方」の主旨に即してつくられる「育てる家」の一つの基本型です。寸法、面積、仕様等を検討し、ローコストで高品質な家を目指して計画されていますが、 実施にあたっては個別の敷地条件と住み手のオモイを勘案して調整を行う事を前提としています。

佐々木善樹建築研究室

## 建築概要

| | | | |
|---|---|---|---|
| 建築名称 | ＿＿＿＿＿＿＿＿＿＿＿＿＿＿＿＿＿＿ 邸新築工事 | 性 能 | |
| 建築主 | 氏名 | 構造 | 等級２以上 |
| | 住所 | 断熱 | 改正省エネ法4等級 |
| 建築場所 | 地名地番 | | |
| | 住居表示 | | |
| 用途 | ■専用住宅（１世帯・２世帯・その他）　□併用住宅（　　　）　□その他（　　　） | | |
| 工事種別 | ■新築　□増築 | | |
| 用途地域 | ■第　種低層住専　□第　種中高層住専　□第一種住居　□準住居 | | |
| | □近隣商業　□商業　□準工業　□工業　□指定無し | | |
| 防火 | □防火地域　■準防火地域　□その他　□２２条・２３条 | | |
| 地区・地域 | □高度地区（第　種）　□風致地区（第　種）　□その他（　　　） | | |
| 敷地面積 | 97.75 ㎡　29.57 坪 | | |
| 道路 | 種別 ■公道 □私道　実幅員 ４．０ m（認定幅員　　m） | | |
| | 道路番号 第　　号　42条　項　号 | | |

| | | | |
|---|---|---|---|
| 構造 | □在来木造　■金物木造（　　　）　□鉄骨　□鉄筋コンクリート造 | | |
| 建蔽率 | 60 %（緩和による建蔽率 ―― %）＝指定建蔽率 60 % | | |
| 容積率 | 200 %（前面道路幅員による容積率 160 %）＝指定容積率 160 % | | |
| 面積 | 建築面積 44.72 ㎡ 13.52 坪 | 建蔽率 | 45.75 % |
| | 法定延べ面積 69.56 ㎡ 21.04 坪 | 容積率 | 71.16 % |

| | | 各階床面積 | 各階緩和面積 | 各階容積率対象面積 | 備考 |
|---|---|---|---|---|---|
| | ロフト | ―― ㎡ | ―― ㎡ | ―― ㎡ | |
| | ３階 | ―― ㎡ | ―― ㎡ | ―― ㎡ | |
| | ２階 | 24.84 ㎡ | ―― ㎡ | 24.84 ㎡ | |
| | １階 | 44.72 ㎡ | ―― ㎡ | 44.72 ㎡ | |
| | 地階 | ―― ㎡ | ―― ㎡ | ―― ㎡ | |
| | 合計 | 69.56 ㎡ | ―― ㎡ | 69.56 ㎡ | |

| | |
|---|---|
| 設備 | ■給排水設備　■ガス給湯器による給湯設備　■オーダーキッチン（大工工事・現場塗装） |
| | ■土間部分に蓄熱式床冷暖房設備　■吹抜け上部に１台（別途工事） |
| | ■電灯・コンセント設備一式　■一般弱電設備一式 |
| | |
| 別途工事 | ■外構工事の全て |

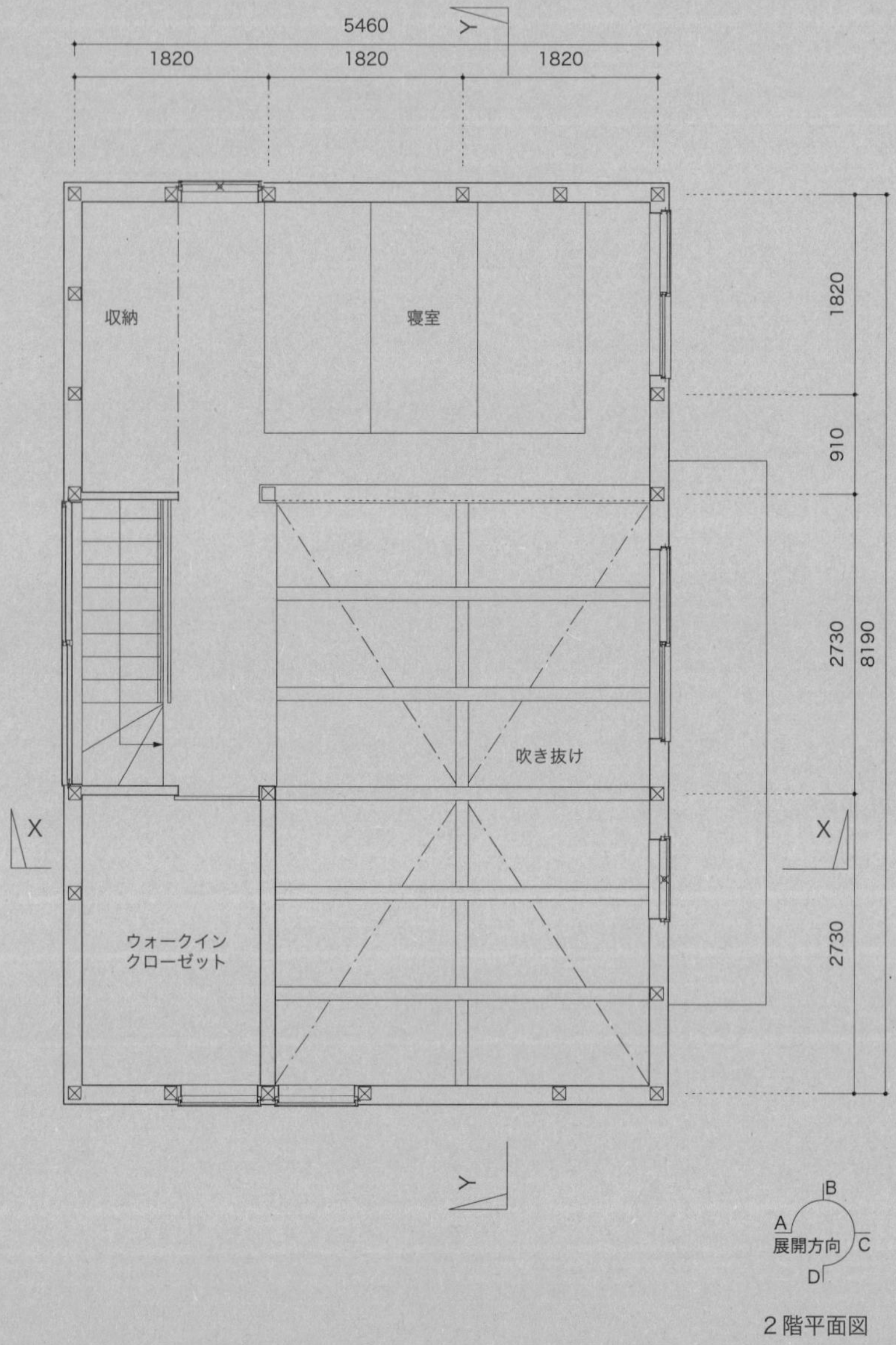


2 階平面図

佐々木善樹建築研究室

## 平面図

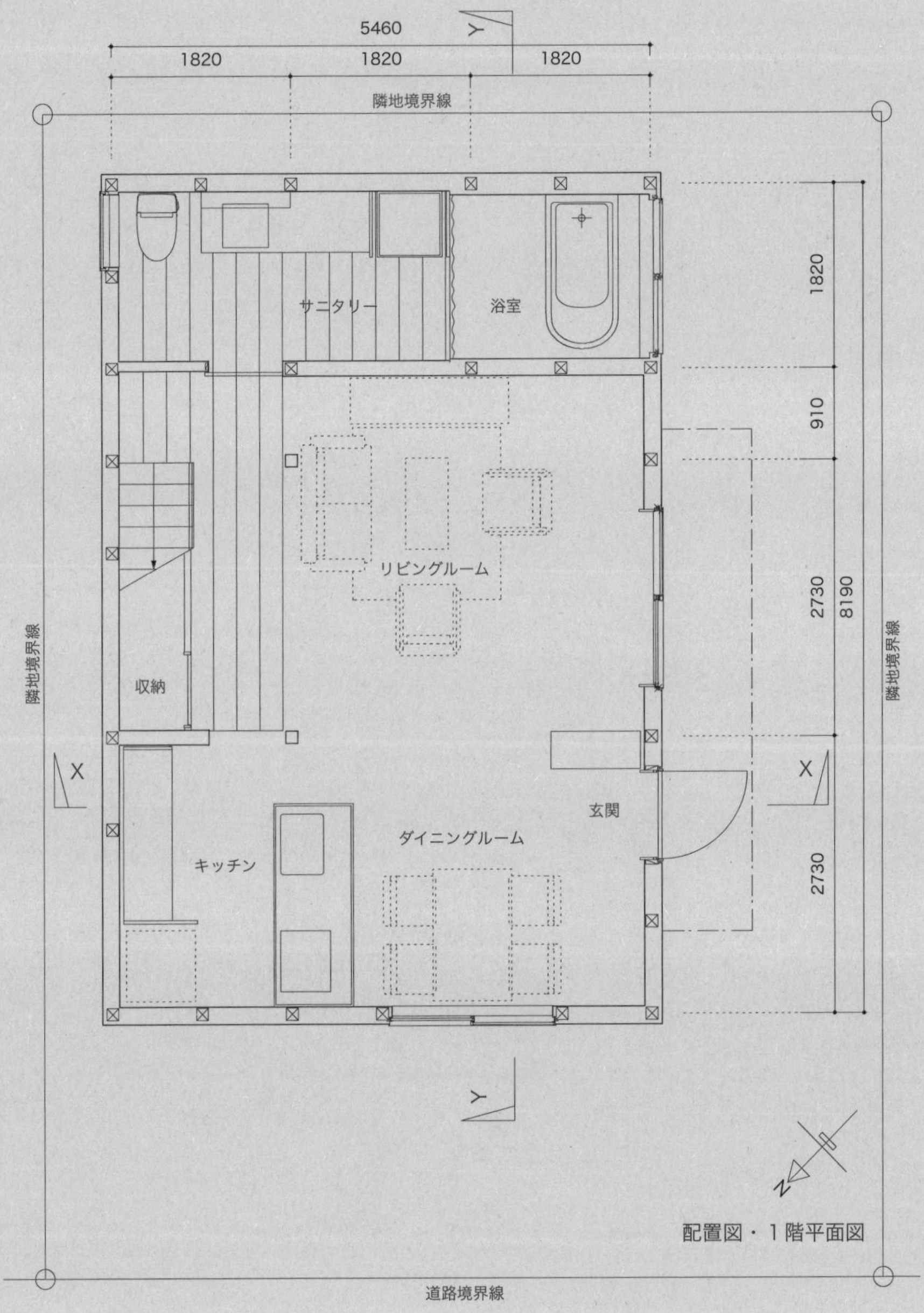


配置図・１階平面図

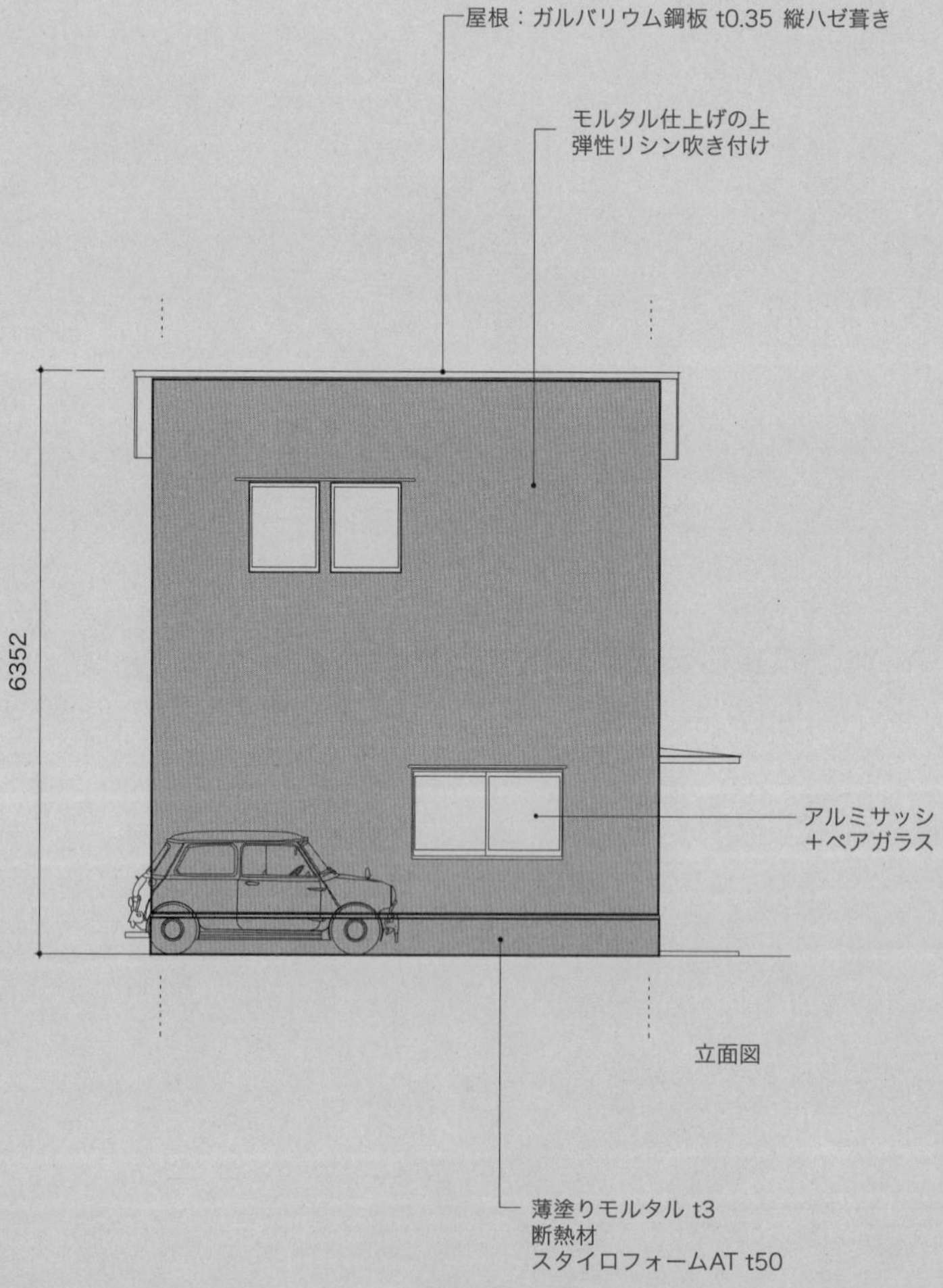


立面図

佐々木善樹建築研究室

## 断面図

**03**

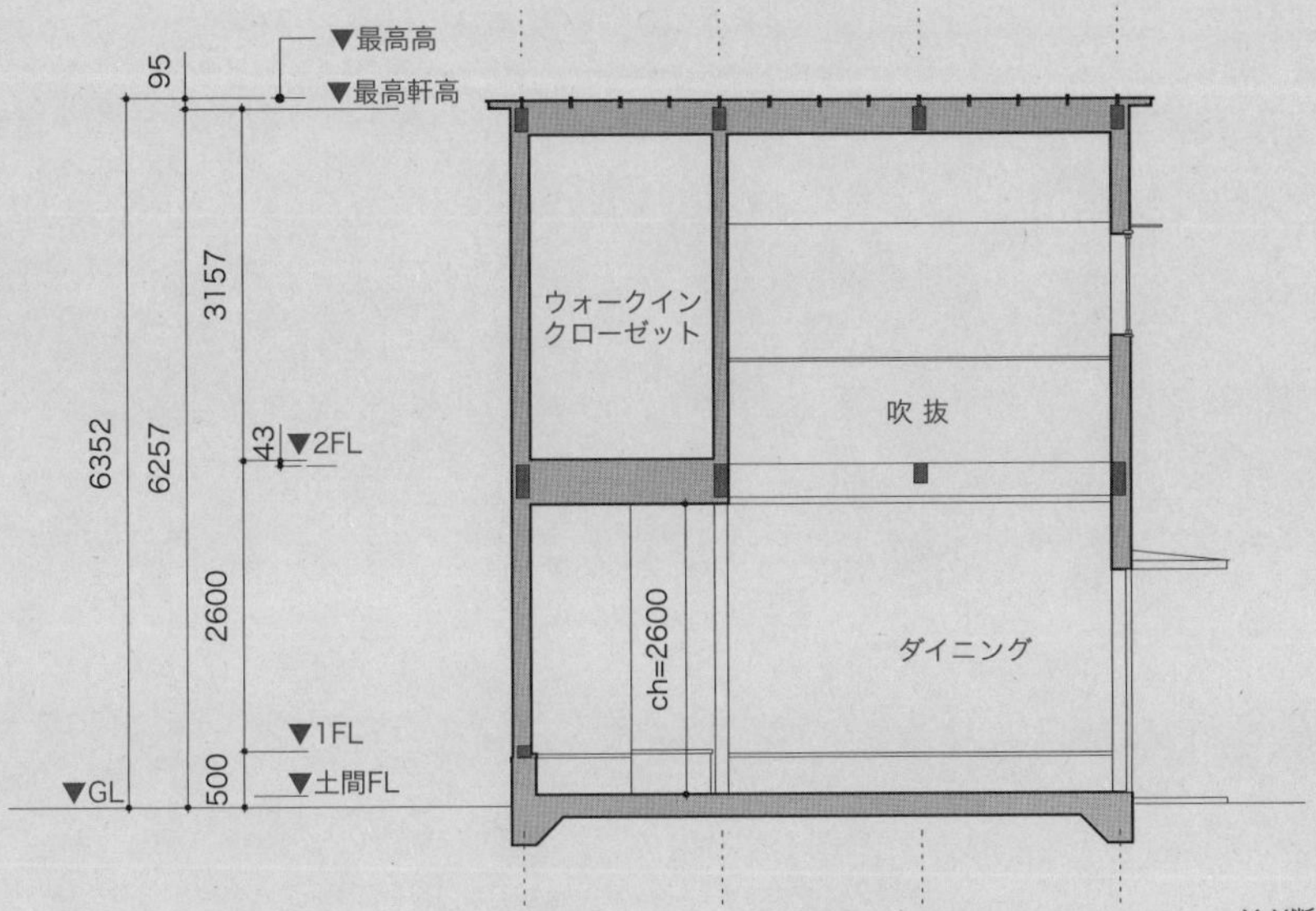


X-X断面図

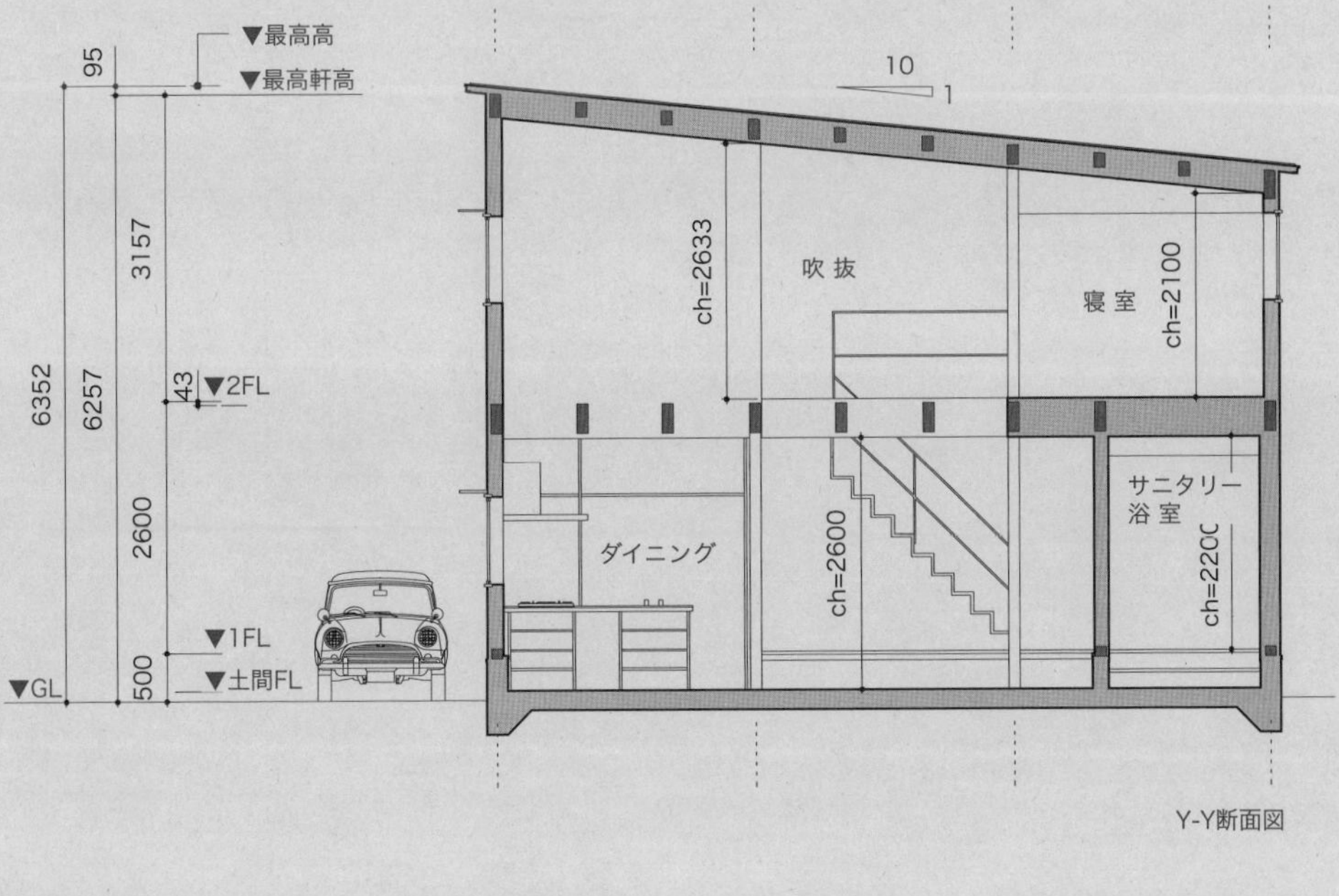


Y-Y断面図

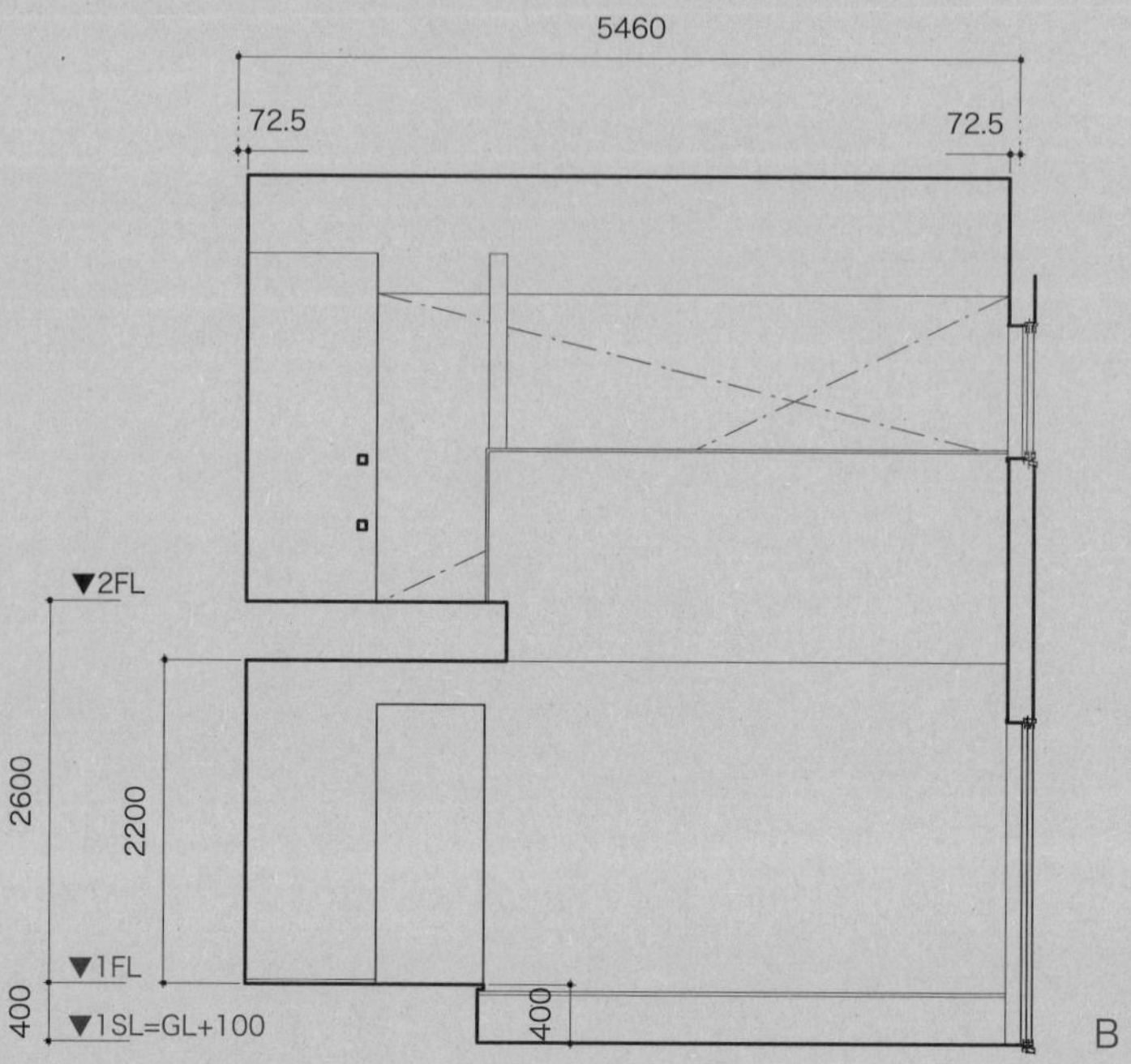
5460
72.5
72.5
▼2FL
2600
2200
▼1FL
400
▼1SL=GL+100
400
B

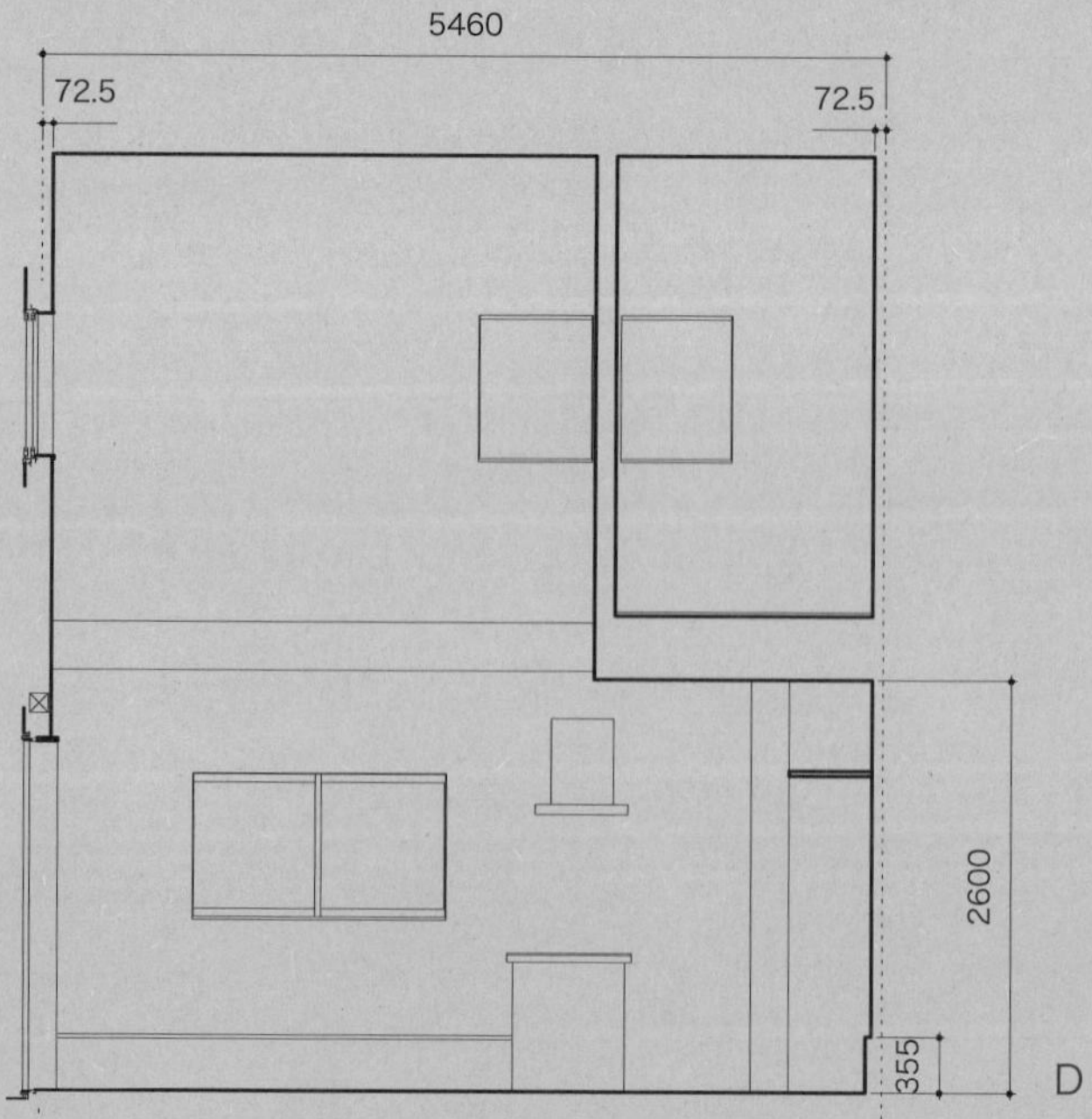
5460
72.5
72.5
2600
355
D

佐々木善樹建築研究室

## 展開図

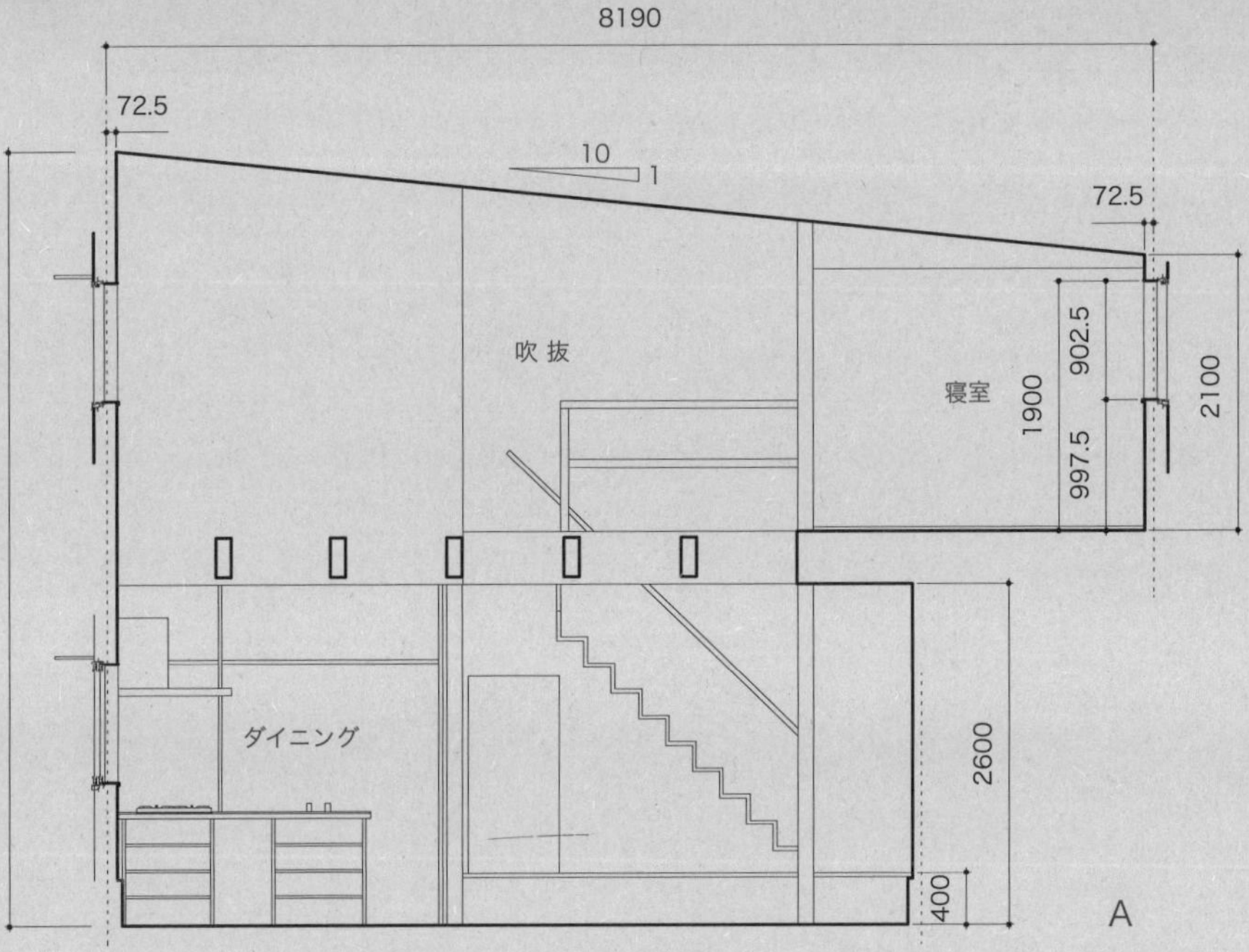
8190
72.5
10
1
72.5
吹 抜
寝室
902.5
1900
2100
997.5
5900
ダイニング
2600
400
A

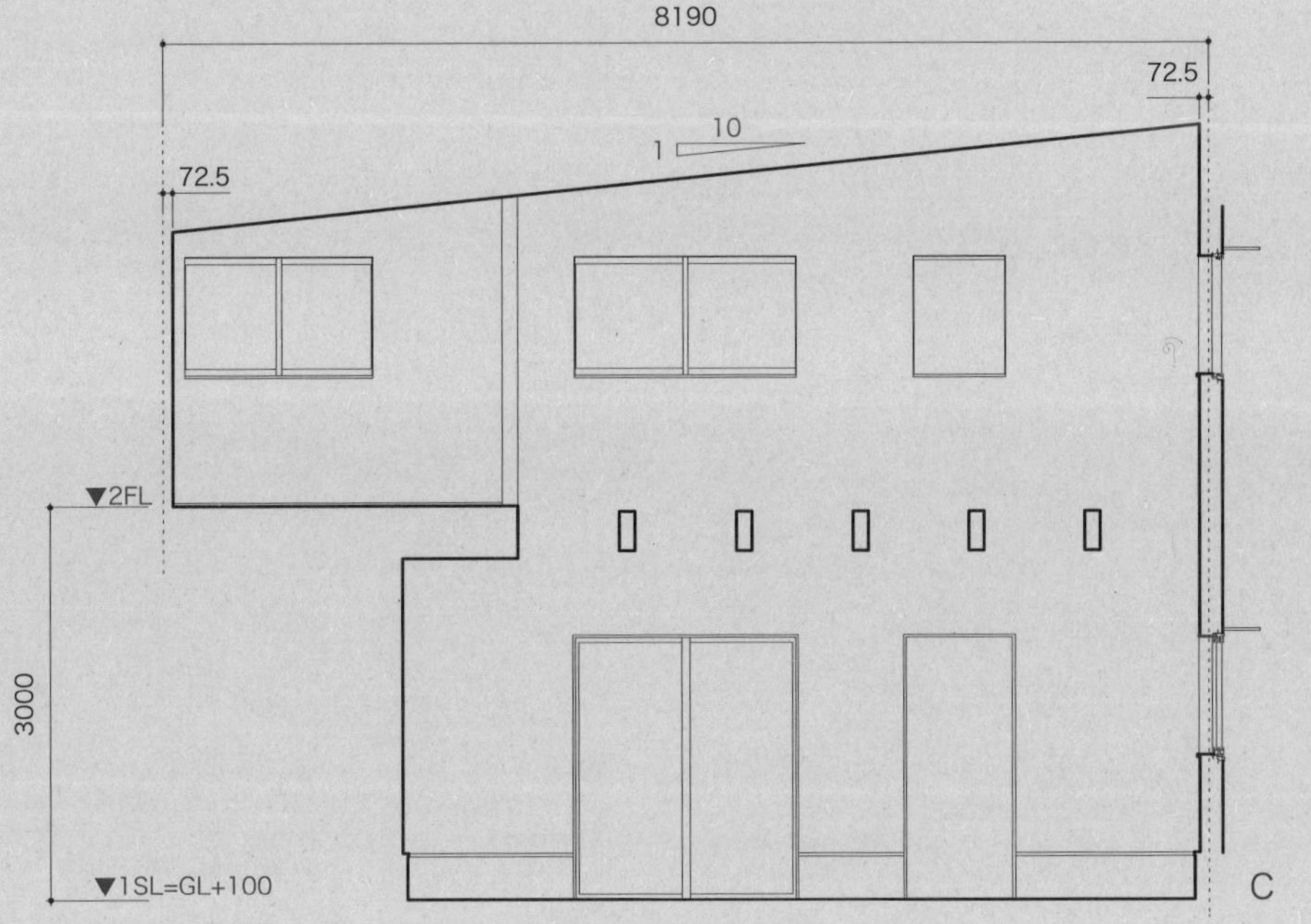
8190
72.5
1
10
72.5
▼2FL
3000
▼1SL=GL+100
C

## オーダーキッチン詳細図



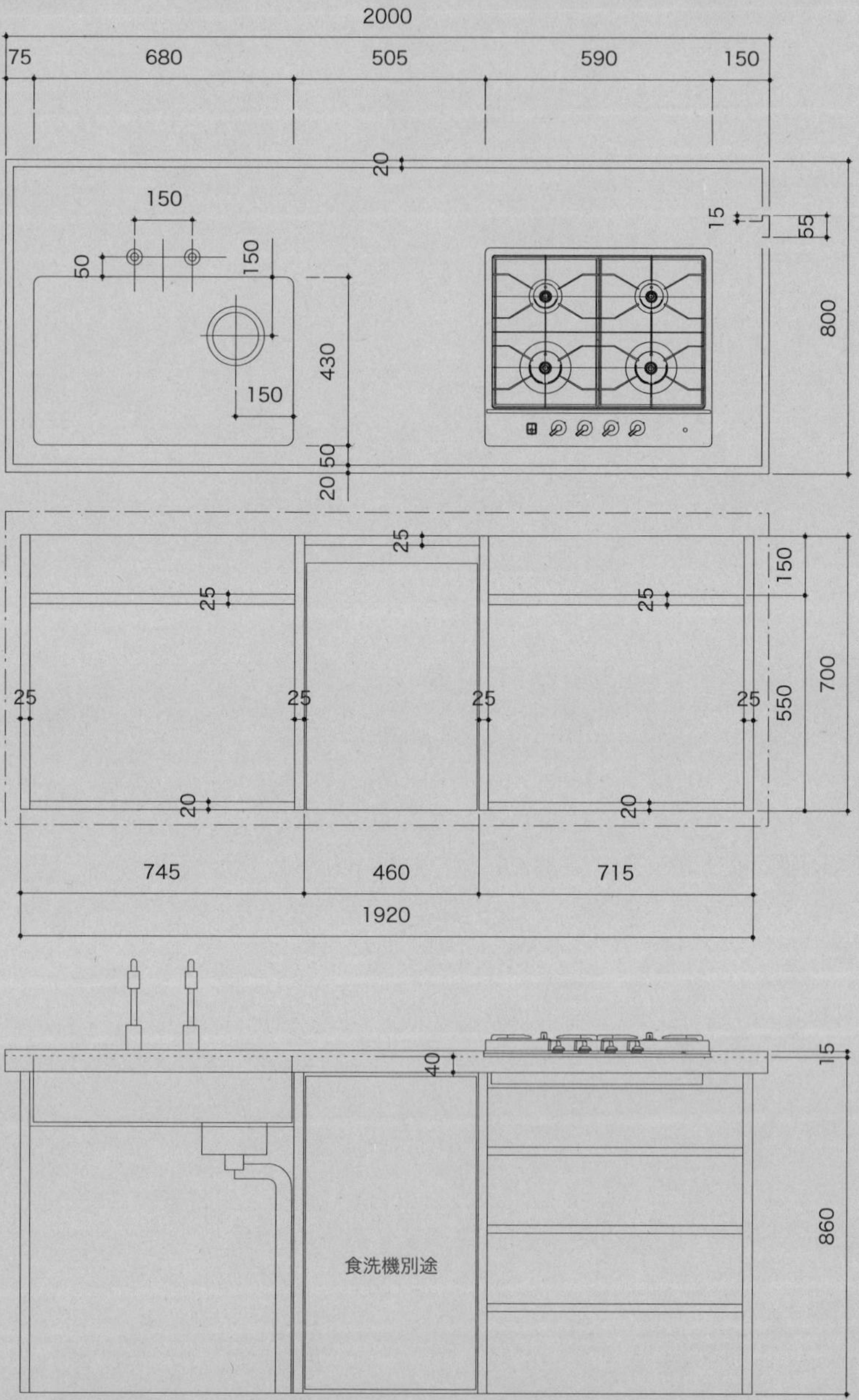


[仕様]

| | |
|---|---|
| 天板：ステンレス H.L t1.0 4方水返し付き | コンロ：リンナイドロップインコンロ |
| 側板：シナランバコア材 t25 EP塗装 | コンロ：単水栓 カクダイ707-007-13+796-913 数量2 |
| 棚板：（可動）シナランバコア材 t20 EP塗装 | 食洗機：別途 |

佐々木善樹建築研究室

## 断面詳細図

**06**

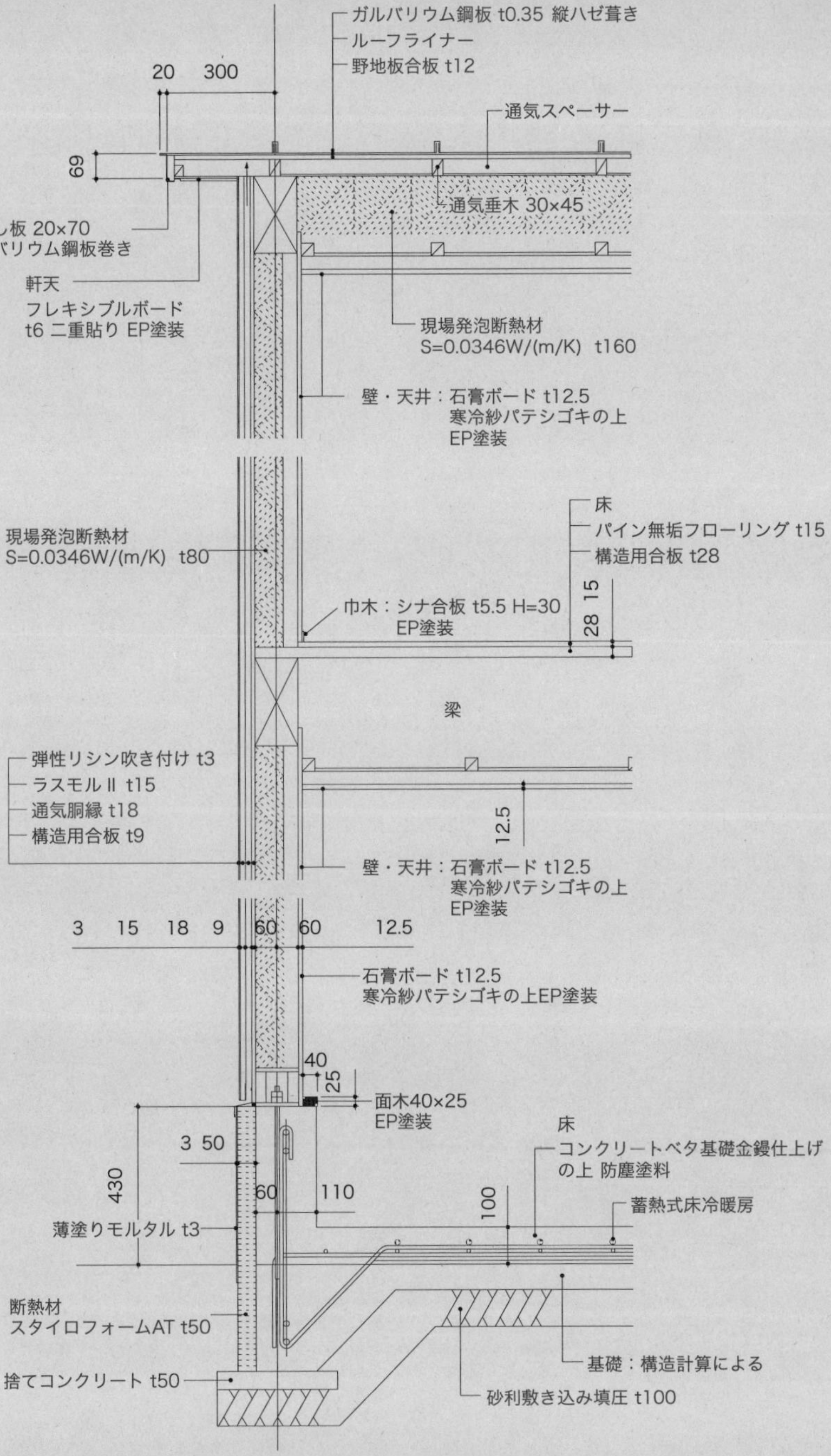
ガルバリウム鋼板 t0.35 縦ハゼ葺き
ルーフライナー
野地板合板 t12
20
300
69
通気スペーサー
通気垂木 30×45
鼻隠し板 20×70
ガルバリウム鋼板巻き
軒天
フレキシブルボード
t6 二重貼り EP塗装
現場発泡断熱材
S=0.0346W/(m/K) t160
壁・天井：石膏ボード t12.5
寒冷紗パテシゴキの上
EP塗装
床
パイン無垢フローリング t15
構造用合板 t28
現場発泡断熱材
S=0.0346W/(m/K) t80
28
15
巾木：シナ合板 t5.5 H=30
EP塗装
梁
弾性リシン吹き付け t3
ラスモルⅡ t15
通気胴縁 t18
構造用合板 t9
12.5
壁・天井：石膏ボード t12.5
寒冷紗パテシゴキの上
EP塗装
3
15
18
9
60
60
12.5
石膏ボード t12.5
寒冷紗パテシゴキの上EP塗装
40
25
面木40×25
EP塗装
床
コンクリートベタ基礎金鏝仕上げ
の上 防塵塗料
3
50
430
60
110
100
蓄熱式床冷暖房
薄塗りモルタル t3
断熱材
スタイロフォームAT t50
基礎：構造計算による
捨てコンクリート t50
砂利敷き込み填圧 t100

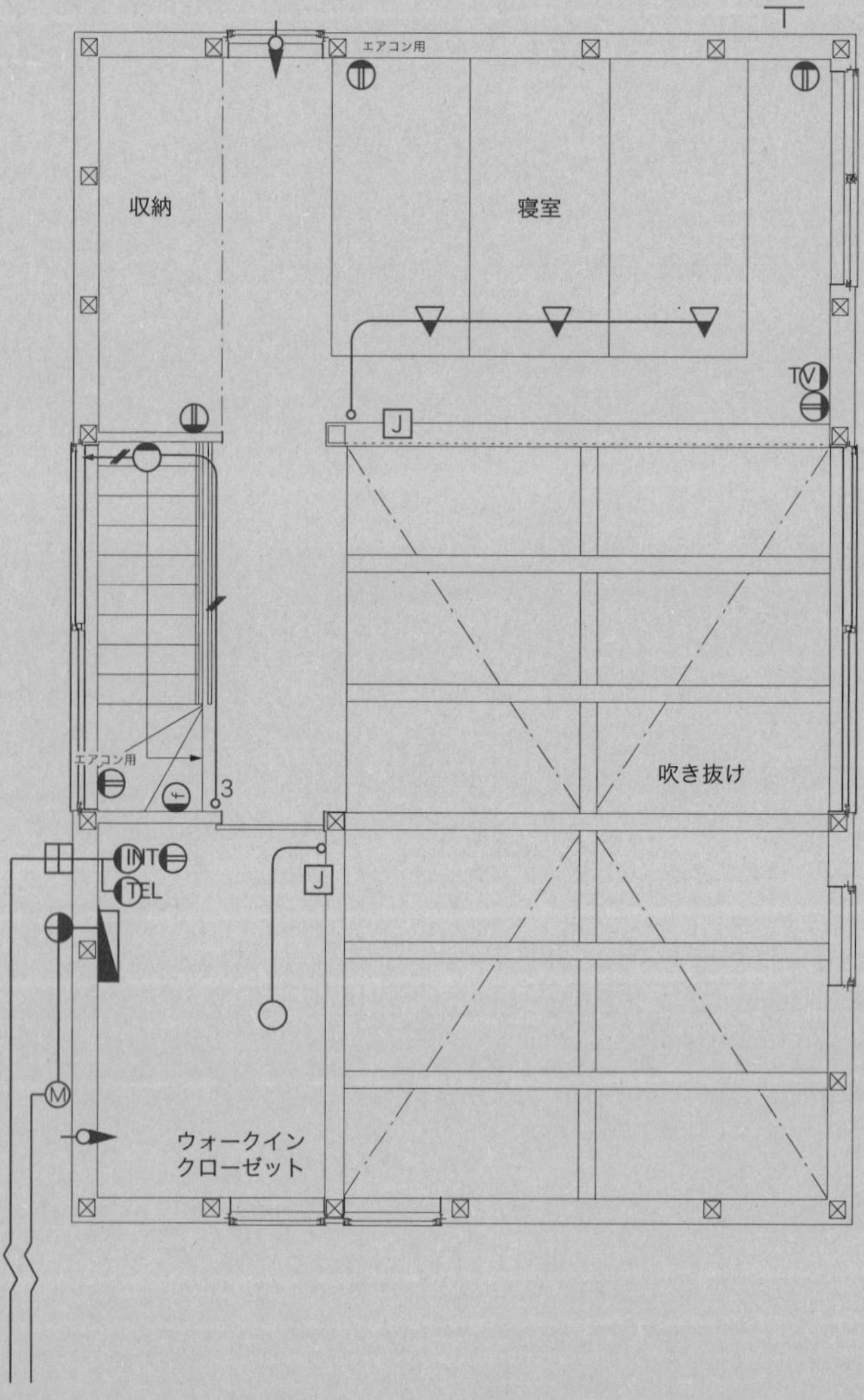


2階電灯コンセント図

| 記号 | 名称 |
|---|---|
| | 引掛けシーリング |
| | ブラケットライト |
| | ダウンライト |
| | フットライト |
| | スポットライト |
| | ペンダントライト |
| | 配線ダクトケーブル |
| | 2口コンセント |
| e | アース付コンセント |
| WP | 防水コンセント |
| TV | テレビ端子 |
| INT | インターネット端子 |
| TEL | 電話端子 |
| t | 照明タイマー |
| | スイッチ |
| tv-int | カメラ付<br>インターホン親機 |
| i | 玄関インターホン |
| | 電気引き込み |
| M | 電力メーター |
| | 電話引き込み |
| | 分電盤 |
| 24 | 24時間換気扇 |
| | 局所間換気扇 |
| | 給気口 |
| | テレビ共聴アンテナ |
| J | ジャンクション<br>ボックス |

佐々木善樹建築研究室

## 電灯コンセント図

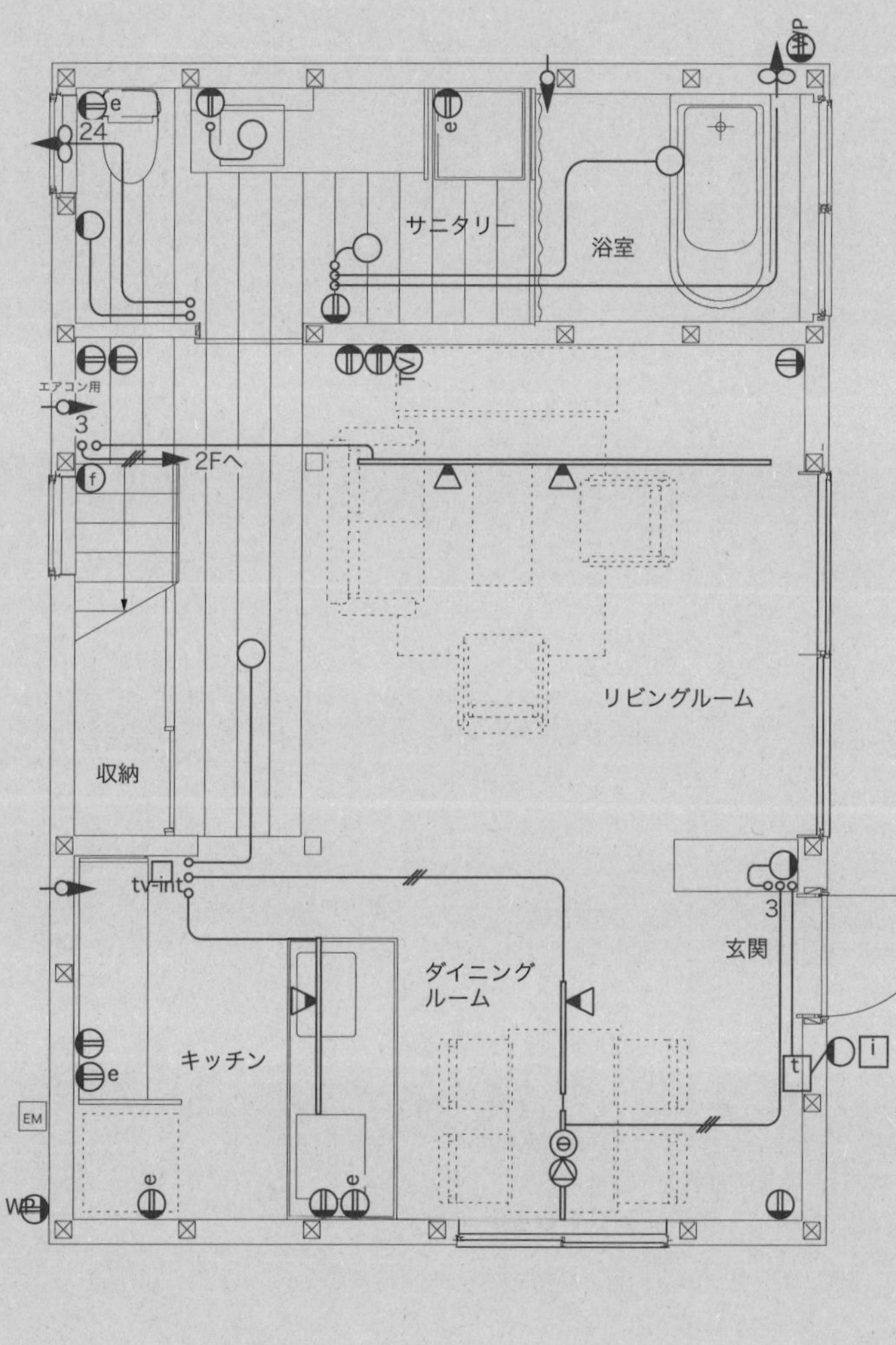


1階電灯コンセント図

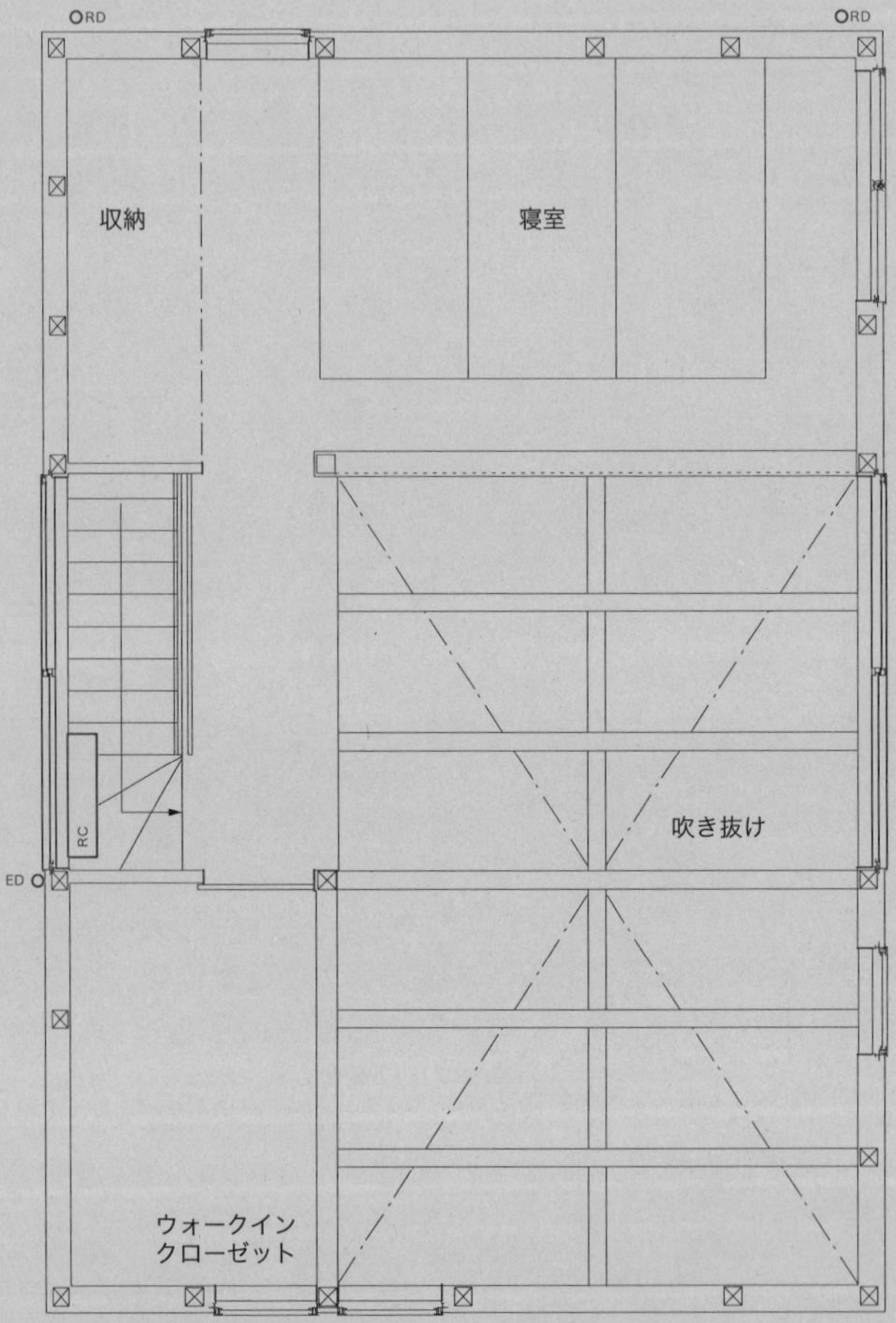


| 記号 | 名称 |
|---|---|
| | 混合栓 |
| | 単水栓 |
| | 排水口 |
| | 掃除口 |
| | トラップ |
| ORD | 雨樋 |
| OED | エアコンドレン |
| | 屋内掃除口 |
| | ガス栓 |
| M | 上水メーター |
| | 止水栓・遮断弁 |
| | ガスメーター |
| | ガス給湯器 |
| —H— | 給湯管 |
| -·C·- | 上水道管 |
| —G— | ガス管 |
| RC | エアコン |

2階給排水衛生設備図

佐々木善樹建築研究室

## 給排水衛生設備図

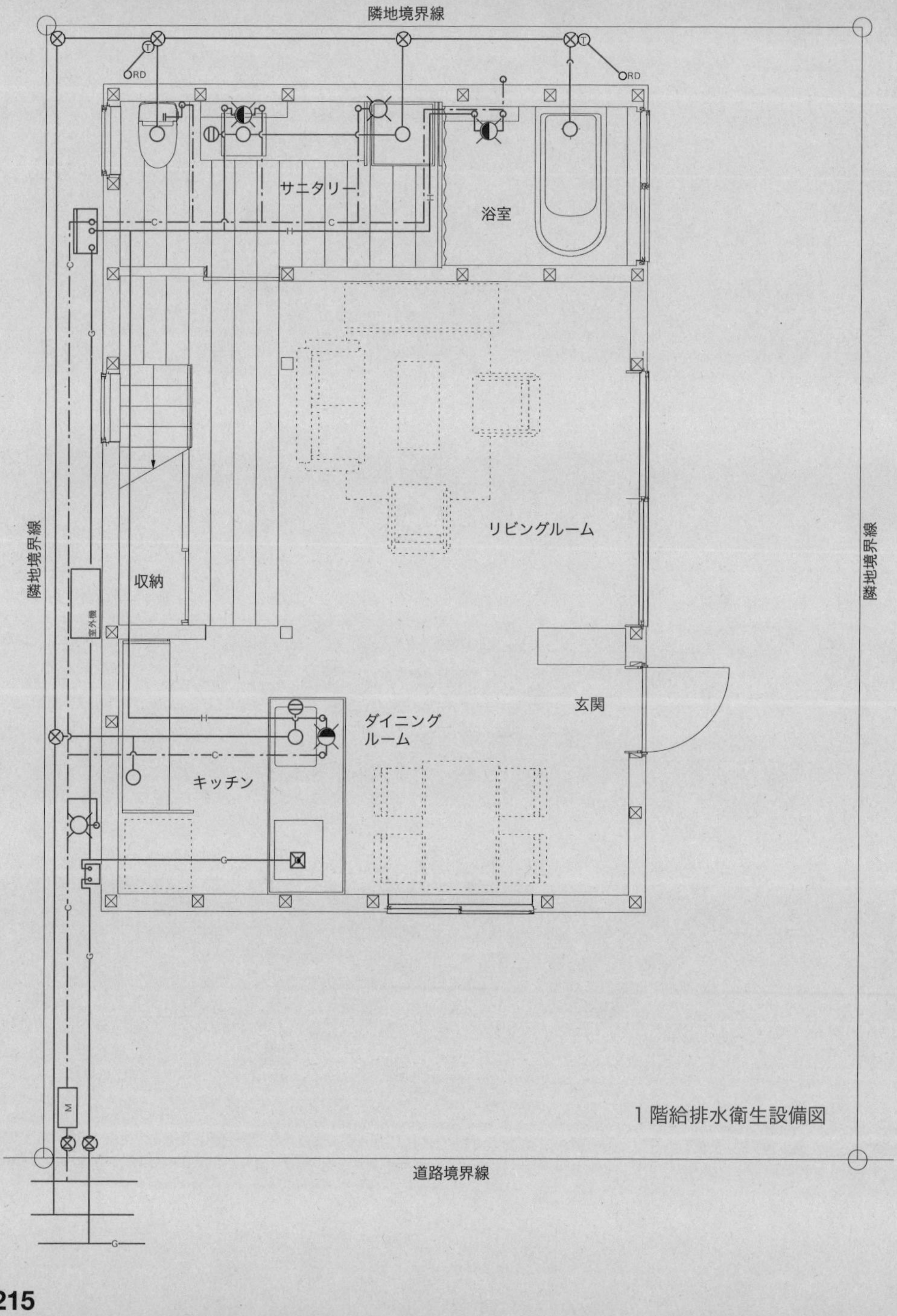


1階給排水衛生設備図

文・イラスト
**佐々木善樹［ささき・よしき］**

1962年生まれ、建築家
1984年 日本大学生産工学部建築工学科卒業
1988年 日本大学理工学部大学院建築学修士課程修了
設計事務所・読売新聞社を経て
1996年 有限会社佐々木善樹建築研究室設立
住宅の設計を専門とするが集合住宅・店舗の設計でも多くの実績がある。マンションリノベーションでは2015年住まいの環境アワード・ブルー＆グリーン賞を受賞
2011年〜2015年 日本大学生産工学部創生デザイン学科にて兼任講師、現在に至る
2013年より事務所を浅草に移し、「オモイ」を「カタチ」にする場としてThought-FACTORYを併設。約1000冊の家づくり関連書籍を集めて多くの人が自由に閲覧できる態勢を整え、セミナーを開催するなど、家づくりの「学び」と「共創」の場づくりを実践している。また「舎楽人の会」（佐々木善樹と家づくりをした人達の有志の会）の拠点として多彩な活動を行っている
2014年より「台東区アトリエ店舗」に登録。東京建築士会・日本建築家協会正会員
e-mail：sasaki@sasstyle.com
URL：http://www.sasstyle.com

**家は買うものでなく**
**つくるものでもなく**
**育てるもの**

2015年8月28日　初版第1刷発行

著　者　佐々木善樹

発行者　澤井聖一
発行所　株式会社エクスナレッジ
〒106-0032東京都港区六本木7-2-26
http://www.xknowledge.co.jp/
本書に関するお問合せ先
編集／Tel 03-3403-3843
Fax 03-3403-1619
info@xknowledge.co.jp
販売／Tel 03-3403-1321
Fax 03-3403-1829